ダビデ・ソロモンから神武へ

天皇家はユダ族直系！

泉パウロ

万世一系最後の超ひみつ

ヒカルランド

◉ユダ族の「万世一系」はイスラエル国内でユダ族21代（約400年）、日本国内で皇室126代（約2600年）、合計147代、約3000年来も奇蹟的に保たれているのです！

◉エルサレム市章はユダ族の獅子マーク。イスラエル国旗もダビデの星、すなわちこれもユダ族のしるしです。ユダ族が一番重要なのです。

◉応神天皇の諡号《しごう》「誉田天皇広幡八幡麿」（ホムタノスメラミコト・ヒロハタ・ヤハタマロ）とは、ヘブライ語で「ユダ族が豊かに住む王国の丘陵にて、都を立ち上げ、栄光の神を奉れ！」という信仰を宣言し、人々を激励する言葉です。名前の中に「ユダ族」が含まれています。天皇家は代々、ユダ族です。

◉イエス・キリストは「ユダ族から出た獅子、ダビデの根」なるお方で、天国から来てユダ族の歴史に割って入った王の王です。

◉神様が人類史に介入されて、地上のダビデ王の子孫と天国の王イエス・キリストの歴史が一つに結ばれました。この霊的なリンクによる「神が人となった」のが、イエス・キリストの新契約、天国の万世一系です！

◉聖書外典に記された「遠くの国」「アルツァレト」と呼ばれる「果ての地」こそ「日本」であり、その意味はヘブライ語で「聖書に従う国」なのです！

カバーデザイン　三瓶可南子
校正　麦秋アートセンター
本文仮名書体　文麗仮名（キャップス）

目次

第一章　愛子様　影武者事件

第二章　今も着々と進むGHQの皇室弱体化のシナリオ

第三章　神がダビデと結んだ契約こそが日本皇室（ユダ族）「万世一系」

第四章　首里城火災、ユダヤ人と結合された杖の国

第五章　ユダ族イエスの血と天皇の血が一致するとき、世界が日本に従う

第六章　ゴルゴダの丘の地下で「契約の箱」は発見されていた⁉

第七章　モーセとパウロ（聖書を書いた二人）が告げる 新油田のありか（聖書は宝の地図）

第八章 イスラエルの7つの祭りは、実はすべて日本・皇室で行われていること！

第一章

愛子様　影武者事件

万世一系が終わるとき、世界の人類史も終わる！

東京大学名誉教授、理学博士、科学啓蒙家であった竹内均氏は科学雑誌「Newton」初代編集長でしたが、生涯約450冊もの書籍を書き、中でも『驚くべき旧約聖書の真実』と『科学が証明する旧約聖書の真実』の2冊を通じて、聖書の歴史と預言の正確さを考古学的にも科学的にも立証しました。聖書の歴史と預言は、間違いなく本物です。問題は、人がいかに正確に神様の預言を解き明かせるかにかかっています。

最近、私も真剣に聖書を研究しているうちに、大変な事実を発見しました。

それは聖書の預言を突き詰めると、皇室の「万世一系が終わるとき、世界の人類史も終わる」という預言を発見したのです。

聖書の預言は歴史中、すべて書かれた通りに確実に実現してきましたから、そのことをよく知る牧師の私にとっても、この預言発見は驚愕《きょうがく》です。

皆に知らせないといけないと思いました。

実に、私たちの生きているこの時代こそ、皇室典範改正によって男系男子という従来の万世一系のありかたが変えられる可能性の高い、大変危険な時代なのです。

私は個人的には皇室制度に対して、賛成も反対もしない無関心派でしたが、聖書の預言を悟ったとき、これは無関心ではいられない。日本国民のみならず、世界の人類史に直接関わる大変なことだと気づいて、恐れながら本書を書きました。その重要な終末のときを告げる聖書の預言とはこれです。

エレミヤ33：17「まことに主はこう仰せられる。『ダビデには、イスラエルの家の王座に着く人が絶えることはない。』」

エレミヤ33：20－22「主はこう仰せられる。もし、あなたがたが、昼と結んだわたしの契約と、夜と結んだわたしの契約とを破ることができ、昼と夜とが定まった時に来ないようにすることができるなら、わたしのしもべダビデと結んだわたしの契約も破られ、彼には、その王座に着く子がいなくなり、わたしに仕えるレビ人の祭司たちとのわたしの契約も破られよう。天の万象が数えきれず、海の砂が量れないように、わたしは、わたしのしもべダビデの子孫と、わたしに仕えるレビ人とをふやす。」

この意味は、人間には自然法則を変えられません。日中は太陽が昇って万物が活動しやすい明るさと温かさとなり、光合成が食物を育て、夜はこれが沈んで代わりに月星が柔らかく照らしながら睡眠しやすい照度になって万物に休息を与える。ただただ、神様の創造の偉大さをほめたたえるばかりですが、もしこのような自然法則が破棄されるなら、それは世界の破壊のときです。聖書の言葉は逆説的にも真理です。

言い換えれば、「自然法則が正常に続く限り、ダビデ王の一族であるユダ族も永続する」というエレミヤ書の約束の預言ですが、さらに逆説的に言い換えれば、「ダビデ王の一族であるユダ族が続かなくなるとき、自然法則も正常に続かなくなる、すなわち世界の終わりが来る」という意味にもなります！

これが、もし今から本書で述べる「皇室がダビデ王の一族であるユダ族の末裔《まつえい》だ！」と仮定するなら、彼らだけに継承されている特別な「万世一系が断たれるとき、世界の人類史も終わるとき」です。天皇家に特別な霊的力があるとか、優れた支配権や統治能力があるという意味では決してありません。彼らは立派な人格者ですが、普通の人間です。

しかし、神様は皇室の彼ら、その自覚さえなくなったユダ族の末裔に「世界の終焉《しゅうえん》のときを正確に告げる時計」のような役割を与えられたのです。その自然界の法則を賭けてまで誓われた神様の重大な契約が今も有効で効力を有しているのです。

つまり「皇室の万世一系こそユダ族の万世一系」「皇室の万世一系崩壊のときイコール世界の終焉のとき」なのです。

愛子様および徳仁様のすり替え疑惑

今からこれを詳細に見てみましょう。

最初に愛子様および徳仁《なるひと》様のすり替え、影武者説をご紹介します。人目を引くことによる利益だけが主目的の週刊誌やワイドショーのように捉えないでいただきたい。他人に干渉することが嫌いな私があえて最初の章にこの説を取り上げて詳細に説明する目的は、現在の時代錯誤のような皇室内における影武者登場が、実は神様の契約を根本的にくつがえす、実は大変危険な行為であり、優秀な国民をあざむいてはいけないと主張したいのです。

愛子様および徳仁様の影武者に関してだけを言えば、ネット検索でもっと詳細にカラー画像付きで解説しているサイトも多数あります。しかし、このことはまず深い本題を述べるにあたって避けて通れない第一関門の現実として、特にネット検索などしない皇室支持層の高齢者の皆様にこのことを知っていただきたいのです。

被害者一人目　氏名：敬宮《としのみや》　愛子内親王《あいこないしんのう》

生年月日：２００１年12月１日

知る人ぞ知る愛子様すり替え問題。著名人に多い影武者ですが、影武者とは古来、権力者や武将などが、敵をあざむいたり味方を掌握するため、自分とよく似た風貌や服装の人物を身代わりとすることです。また、その身代わりの人物そのものを言い、古くから古今東西を問わず、国際社会で常習的に行われてきました。が、近年ではインターネット普及と画像解析技術の向上、そしてオタク文化の台頭で、これを見抜く専門家が急増し、容易にはできなくなってきました。

一般の賢者が本人でない影武者を鋭く見抜きます。愛子様のケースもそうです。

そもそもまだ若い愛子様にどうして替え玉の偽物愛子様が必要だったのか、その真実は背景を鑑みるとき、同情はできます。

皇室では万世一系、天皇は男系男子継承と皇室典範が定める歴史の中で、雅子様を外部の皇室外、一般人からお嫁さんに選んだ当時、皇太子殿下（現在、天皇）の判断は正しかったと思います。

その起源は聖書にあるのですが（レビ22：12、出34：16、申7：3）、旧約時代はユダヤ人はユダヤ人とだけ結婚して、子孫を残すというしきたりがありました。異邦人と呼ばれた外国の女をめとることは、雑婚と言われ、ユダヤ人にとって大罪でした。

エズラ10：10「祭司エズラは立ち上がって、彼らに言った。『あなたがたは、不信の罪を犯した。外国の女をめとって、イスラエルの罪過を増し加えた。』」

そのような厳しい旧約時代の背景の中で、ユダヤ人のユダ族であった初代神武天皇が伝統としてこれをそのまま導入して、代々、王位継承をしてきたため、絶対数の少ない皇室内近親同士の掛け合わせの結果、ＩＱを下げる悲劇を招きました。

有名な話ですが、大正天皇には病により帝国議会の開院式で詔勅《しょうちょく》を読んだ後、その勅書をくるくると丸め、遠めがねにして議員席を見渡したとされる「望遠鏡事件」など隠しきれない失態があります。隠ぺいされた裏話では、近年も近親交配の繰り返しで脳に障害のある女性が生まれてしまい、皇室が生活費も何もかも出すから結婚してくれと頼んで嫁に出した人もいるようです。

このような悲しみを身近な親族に見聞する背景の中で、一般人から招かれたのが、雅子様その人でした。近親同士の掛け合わせでこれ以上ＩＱを下げることを繰り返さないためです。皇室の期待は当然男児出産です。しかし、天皇の家系は不妊が多く、天皇も精が薄かったと思われ、なかなか身ごもらずに国民批判を受けたのは雅子様でしたが、彼女を擁護して、自分のせいであると公言するわけにもいかず、沈黙のうちに雅子様にプレッシャーと不安が襲いかかり、後に表面化されたように、心の病が始まったようです。皇室は男児期待のもと、精が薄い夫のゆえにも卵管不妊に対する治療法として体外受精を雅子様に強いたのは、やむをえない事情がありました。当時の担当医のこんな言葉が漏れたと言われます。「徳仁様（天皇）は無精子症に近いほど精子の数が少なく、動きも悪いため自然妊娠は不可能という事で人工授精するしかない」。これゆえ体外受精を選択したわけですが、他の理由もありました。体外受精の技術の利点は、自然による授精に比べ数倍受精率は良く、誕生する赤ちゃんは、男の子のほうが女の子よりも圧倒的に多いことです。万世一系、天皇は男児継承、絶対男児希望の皇室に適《かな》うものでもあったのです。ところが、体外受精療法の選択がかえって裏目に出てしまいました。

日本産科婦人科学会の調査によると、1978年、イギリスで世界初の体外受精が成功してから30年以上、全世界ではすでに、600万人を超える赤ちゃんが体外受精によって生まれています。日本でも、1983年に、東北大学医学部附属病院（現・東北大学病院）産婦人科で初めて体外受精が行われ、2016年までに体外受精、顕微授精で53万6737人の赤ちゃんが生まれ、最近では、日本で18人に1人が体外受精（IVF）や顕微授精（ICSI）で生まれた赤ちゃんと言われています。

しかし、リスクも高く、ガラス容器内で受精培養を行うために試験管ベビーとも呼ばれ、その技術はまだ完璧ではないようです。手順は、麻酔下で腹腔鏡を用いて卵巣から排卵直前の卵を採取し、この卵とすでに採取して前培養を施した精子とを体外で受精させ、約48時間培養後、ホルモン処置を施した被実施女性の子宮腔内へ受精卵を戻して妊娠、分娩します。しかし、あえて不妊に悩む若い患者夫婦に否定的データ開示と厳しい現実を突きつける産婦人科病院は皆無で、日本ではほとんど報道されていない現実ですが、体外受精は、一般的な自然受精に比べて発達障害児が生まれる率が高いのです。

　これはコロンビア大学のピーター・ベアマン教授が行なった研究で、データベースはアメリカ疾病対策予防センターによる大規模な疫学調査です。研究結果によると「顕微授精に代表される生殖補助医療によって生まれた子は、そうでない子に比べ、自閉症スペクトラム障害であるリスクが2倍である」と言います。「自閉症スペクトラム障害」とは発達障害の一つであり、症状は「臨機応変な対人関係が苦手で、自分の関心に強いこだわりがある」ことが特徴です。

　皇室の場合、確かに天皇陛下の種で愛子様は生まれたようですが、悲しいことにこの発達障害の「自閉症スペクトラム障害」に該当するのではないかと、巷《ちまた》でささやかれています。そしてそのことを隠すために、替え玉の別人、健常者の良く似た影武者がいるとメディアから指摘を受けました。

　発端は「週刊新潮」が2006年3月16日特大号で、「特集　雅子様 追っかけ日誌」の中で愛子様には影武者がいるのではないか？　その疑惑スクープです。噂《うわさ》は、破竹の勢いでインターネットで広まり、多くの人が知る影武者の暴露となってしまいました。私もいつまで影武者たちの演技は続くのだろうと思って静観していましたが、最近の偽物愛子様は本物とよく似ています。本物愛子様は皇室内で極秘裏に障害治療としつけ、一般常識や習慣などを学ぶことに専念していると思われますが、コミュニケーションの徹底トレーニング完了で公の場に再登場する日は来る

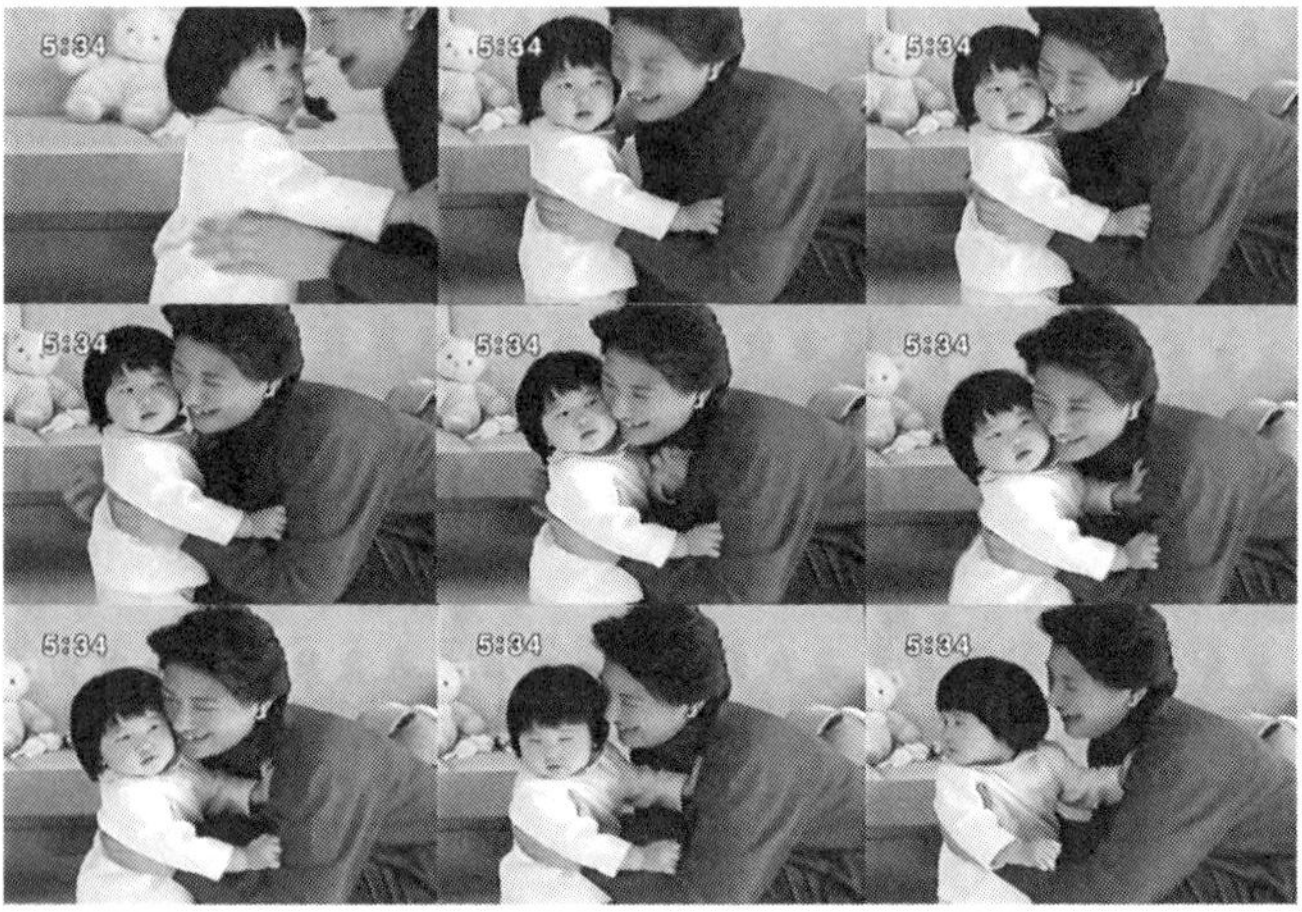

のでしょうか？　大問題は替え玉として演じてきた偽物愛子様の踏みにじられた人格と生涯です。大人たちの都合で偽りを演じ続け、国民をあざむき続ける、これはある意味恐ろしいことです。偽物愛子様は一生涯、巨大な秘密を握ったまま生活するしかないのでしょうか。国民をあざむき続けた天皇、皇后、彼ら一族の失墜した信頼、悲しい罪だけが残ります。今から替え玉、影武者の偽物愛子様について写真で比較検討します。これに関しては海外でも指摘が多く、ネットサーフィンで得た画像を転載しますが、わかりやすくまとめ直しました。ただし、本書の主題はここではないし、何だか本書が最初から週刊誌みたいでとても気が引けます。

まずは本物愛子様。雅子様から直接育児されなかったでしょうか。本物愛子様にとって見慣れないおばさんかのように、愛想なく、そっぽ向いてなつきません。

次に、成長して三角帽子をかぶって男の子とお遊戯する本物愛子様の姿。悲しいことにその放心表情から分析者たちにより知的発達の遅れが指摘されています。特に6年間の学習院初等科卒業の際に撮影された表情のアップには口元のヨダレが指摘されています。

本物の愛子様の表情に自閉症的傾向が現れている？

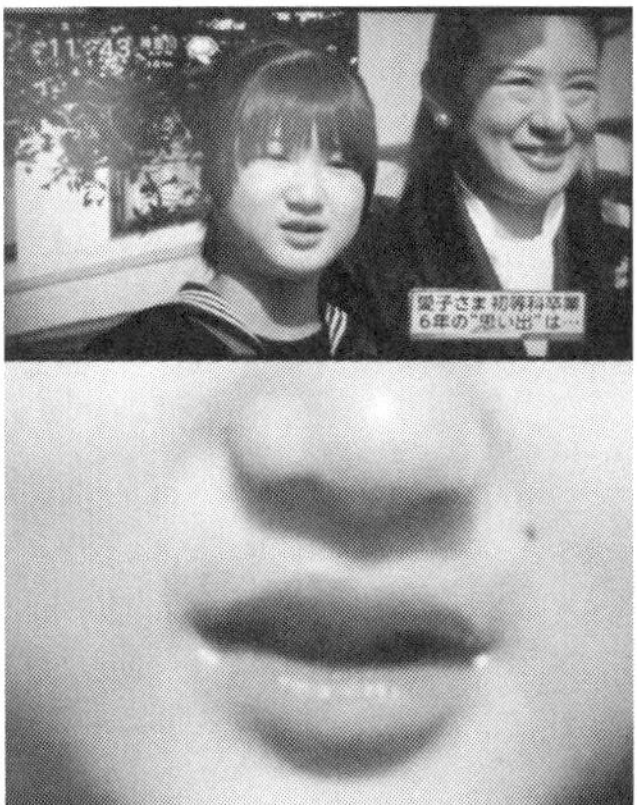

口元

足元

CHANEL

次に足元に注目。天皇、皇后の真ん中で手をしっかりつながれた愛子様。体クネクネ、足は人呼んでシャネル足。一流ファションブランドのCの字がクロスしたロゴマークに似ている上品さからだと言いますが、それはご挨拶で一説では発達性協調運動障害と呼ばれる手と手、目と手、足と手などの個別の動きを一緒に行なう運動が困難な障害の症状ではと指摘する声もあります。

では手元はどうでしょうか。やはりそこにも運動機能障害、自閉症的、アスペルガー症候群的な症状が見られるようです。常に左手で振り、人々の方には手の甲が向いた逆さバイバイ。手の指が不自然にこわばり、振り方も弱々しく、いつも左手の動きがにぶいです。どうやら本物愛子様は左手の動作が若干、不自由なようです。

手元

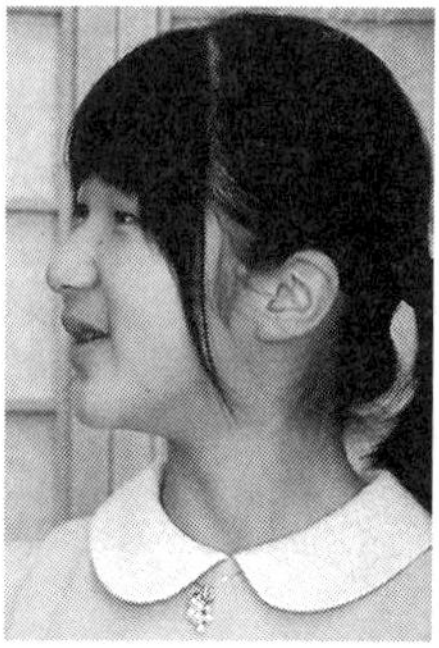

やがて巷ではこんな話も浮上しました。東京都目白の学習院創立百周年記念会館で学習院OB管弦楽団の定期演奏会があり、天皇がドボルザークのチェロ協奏曲を演奏され、3曲目は客席に戻り、雅子様と並んでドボルザークの交響曲「新世界より」を鑑賞されたときのこと。天皇の演奏時に奇声らしきものが場内に響き渡り、観客が一斉に見ると愛子様が体をゆらゆら揺らしながら、変な大声を上げていたそうです。愛子様が天皇を応援する意味で発せられたのでは？　と擁護されていますが、その直後に愛子様が母雅子様に連れられて退席されたようです。退席理由に関して宮内庁東宮職は「理由はわからない」と言っています。

また、次のような証言もあります。「子供が学習院で愛子様と一緒のクラスでした。愛子様には護衛がついています。いじめることなんてできません。愛子様が暴れたり暴力を振るい始めたので、クラスの男の子が制止したのです(当時、男子にいじめられたから不登校になったという報道があった)。

小6のフラフープの演目も本来は小1の演目です。愛子様のレベルに合わせて変わりました。先割れスプーンもそうです（箸《はし》が使えなかった愛子様に合わせて、学習院初等科では、昼食はそれまでの〝先割れスプーン禁止〟から一転して〝箸禁止〟〝先割れスプーン使用のこと〟となった)。

箝口令《かんこうれい》も凄まじかったです。多くの生徒が中学から他校に移っていきました。もちろん私の子供もそうしました（学習院を去っていなかったら、こうした書き込みもできなかったであろう）」

本物の愛子様は、箸で上手に食べることができず、スプーンや手づかみで食事をとるそうです。周りの友達の美味しそうなおかずを手づかみで奪いとって食べてしまうこともあり、同級生はふたで隠して食べていたそうです。小学生の頃から一人別室で、椅子の下にビニールシートを敷いて食事することが多かったそうです。期末テストなども別室。再試験は受けず、テスト用紙を自宅に持ち帰って提出。不登校が明らかになった頃からは、昼食後の午後のわずかな時間だけ別室に通う登校スタイルだと報道されていました。

このような証言が増え続けたため宮内庁は火消しに必死となり、ついに「週刊現代」で2013年の天皇家に近い元皇族の談話をさりげなく発表しました。しかし、やりすぎたり持ち上げすぎたりするとかえって嘘《うそ》が目立ってバレるものです。

「愛子様は、学業が大変優秀で、通信簿はほぼオール5。常に学年でトップクラスの成績だそうです。特に国語がお好きで、放っておいてもご自分で本を読み、読めない漢字は漢和辞典を引いて勉強されています。ややもすると、午前0時を回っても本を読んでいることがあって、皇太子殿下が苦笑しながら早く寝るよう促すこともあるとおっしゃっていました」

「漢字のテストは毎回ほぼ100点です。何度か満点をとれなかったことがあるのですが、読めなかった漢字、書けなかった漢字をそれぞれノートに100回書くことを、自らに課しているようです。また英語の実力も相当なもので、皇太子殿下が『愛子は私よりきれいな英語を話す』とおっしゃっていました。科目の中では算数があまりお好きではないらしく、教えるのがお上手な雅子様が、つきっきりで指導することもあるそうです。ただ、好きではないだけで苦手ではなく、成績は5の評価。何でもできて、本当に優秀でいらっしゃいます」

「実は、愛子様をエスカレーターで学習院大学に行かせるのではなく、東京大学へ進ませるお考えを持っていらっしゃるのです」

スーパープリンセスの行方

学習院女子高等部でトップの成績で偏差値は72、英語が流暢だそうです。

「平成28年度から、東大にも各科類合わせて100名程度の推薦枠ができるのです。これを使えば『国民を押しのけて』といった批判が起きることはない。推薦枠ができることで、愛子様の東大進学の可能性はぐっと広がったと思います」(宮内庁担当記者)

しかし、2014年の「週刊現代」には以下のような記事。

「登下校の際には6〜8人のSPが警護に付き、皇宮警察の覆面車両が何台も学習院の周囲をグルグル走り回る厳戒態勢です。生徒の間にも、初等科の頃よりもきつい箝口令が敷かれ、もちろんインターネット上での愛子様に関する書き込みもかたく禁じられています。クラスメイトの父兄の中には、先生に『もう面倒だから、ウチの子のクラスを替えてくれないか』と申し出る人まで出ている」

最近の報道では、「学習院大学国際社会学部にご進学」だそうです。

このような虚偽に満ちたスーパープリンセスの建前と真実の諸事情の蓄積から察すると、２０１５年12月に本物愛子様は公生涯から退いて、幽閉!? 偽物愛子様に完全にすり替わりました。本物愛子様は一般人の入れない東宮御所から出られないで暮らしているようです。恐ろしいことです！ 海外の情報通の間では、この幽閉こそ自由を奪う人権侵害の児童虐待罪だと指摘されています。では、すり替わった影武者の偽物愛子様とはどんな役者でしょうか？ 本物は一人なのに偽物愛子様が二人います。

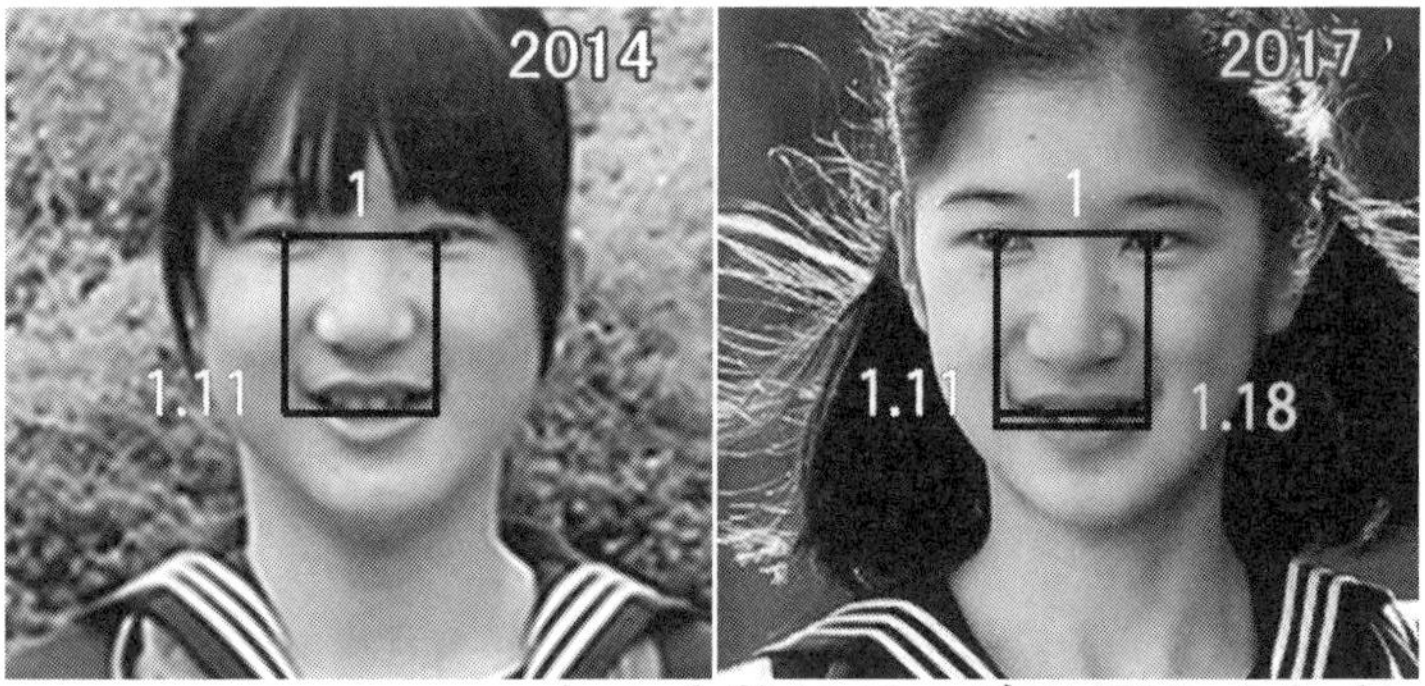

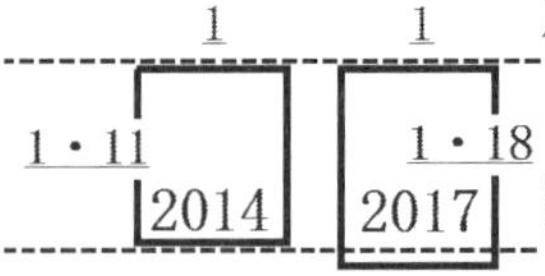

左の本物は目の瞳孔間を１とすると、前歯の先まで目歯比率は１・１１。右の偽物は目の瞳孔間を１とすると、前歯の先まで目歯比率は１・１８の別人!?

目歯比率は絶対に変わらない（ごまかせない）

２０１５年12月以降、突如と現われ、新しくすり替わった一人目の偽物愛子様はこの人です。

左２０１４年撮影が本物で右２０１７年撮影が偽物ですが、あまり似てません。この影武者は皇后の雅子様が赤ちゃんのときからしばし抱きかかえていた別人です。顔に四角形と数字がついていますが、これは目歯比率を用いて数値的に別人であることを証明する方法です。人間の頭蓋骨は10歳頃までに96％がほぼ完成し、「顔認証システム」で使われる「目歯比率」は10歳以降では生涯変わらないと言われています。目歯比率は、瞳と瞳の距離である「瞳孔間距離」を1とした場合、瞳孔間を結ぶ直線と上顎の歯列の下端線との距離との比率のことで、この比率はいくら年をとっても生

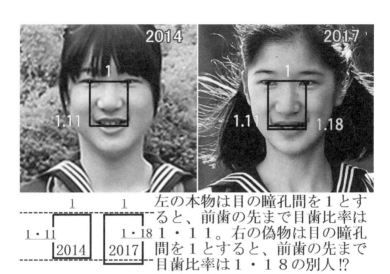

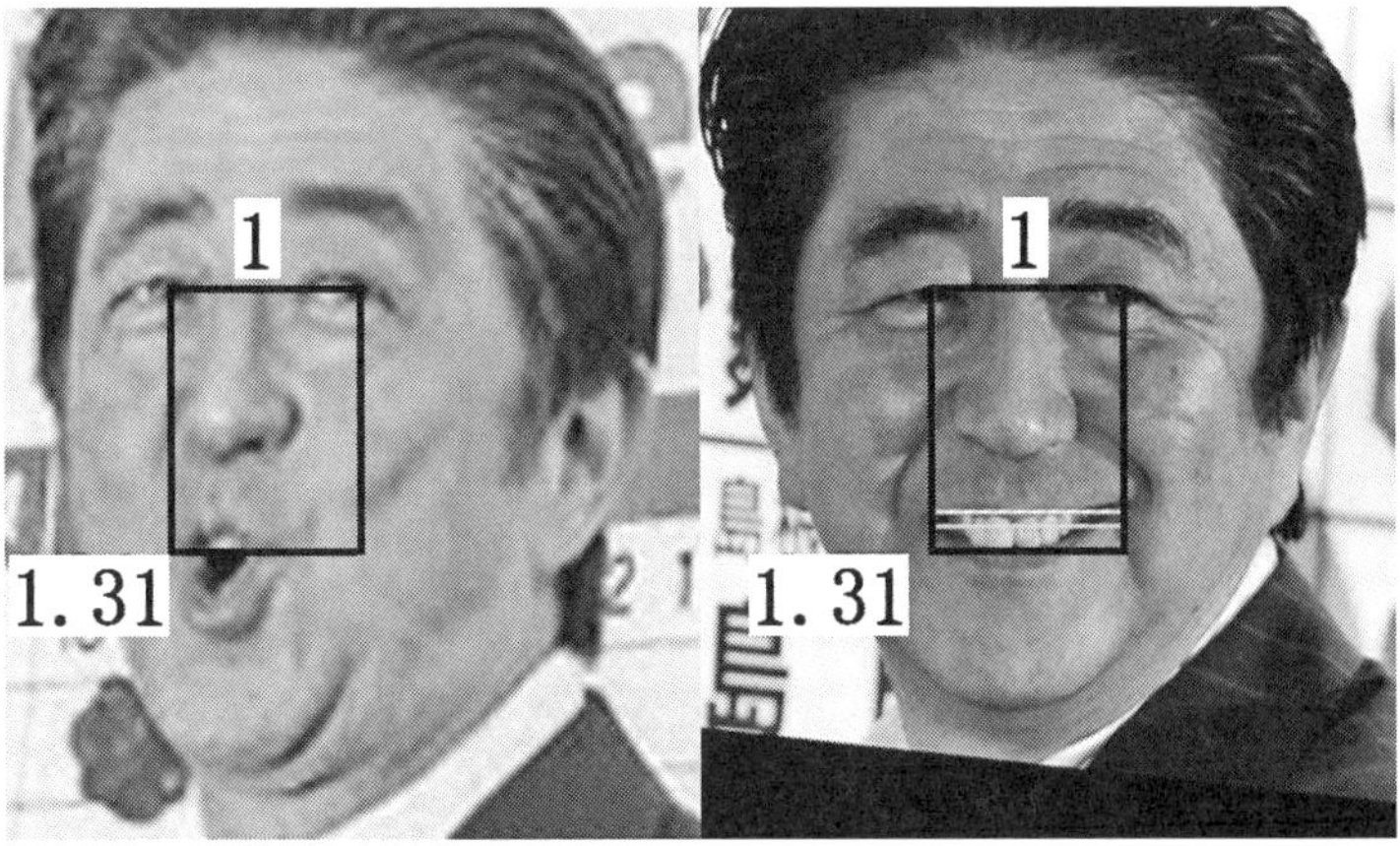

涯変わりません。本物は1：1・11。しかし偽物は1：1・18で科学的に明らかな別人です。

安倍総理が笑っても、おどけて長い顔しても1：1・31は変わりません。

目歯比率が変わるように歯を入れ替えない限り変わりません。

また、耳は同一人物か否かを見分けるうえでわかりやすいです。この偽物愛子様は15〜16歳の愛子様を演じて、2017年途中まで活動しました。あまりに似ていないため、今は次の太った良く似た愛子様に影武者の仕事を引き継いで引退しましたが、その後、一生をどう暮らすつもりでしょうか。いくら皇室関係者の娘であったとしても世間の目は甘くないです。一生涯、残りの人生を後ろめたく隠れながら暮らすつもりでしょうか。ある意味、この人の偽り人生も皇室維持のために踏みにじられた犠牲でしょう。

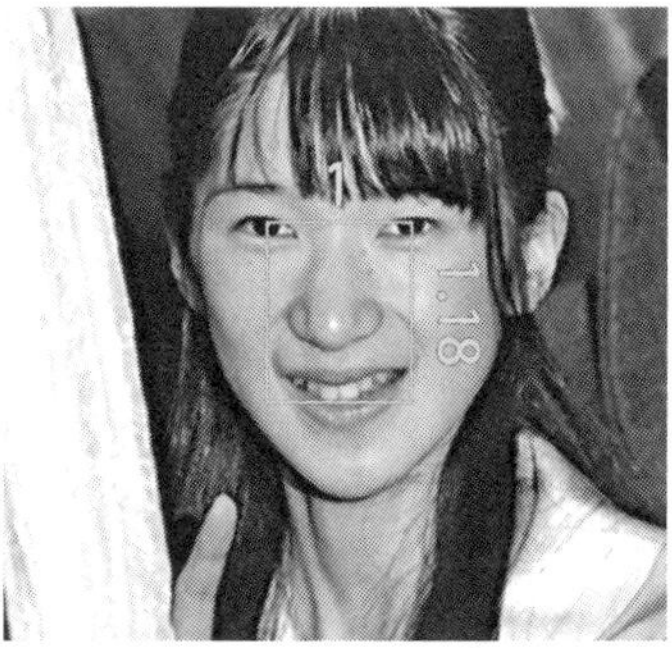
1
1.18
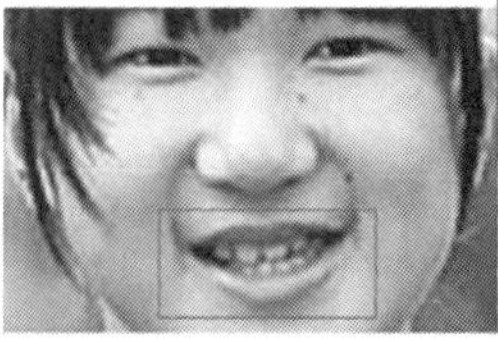
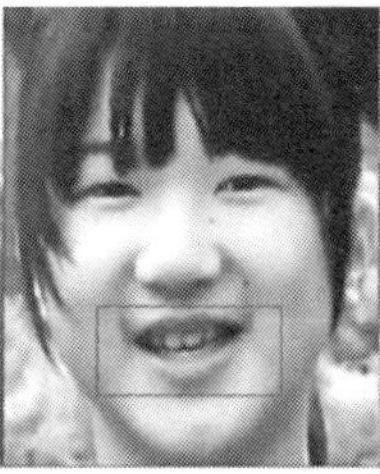
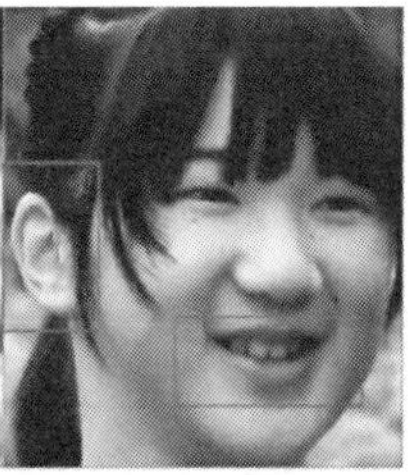
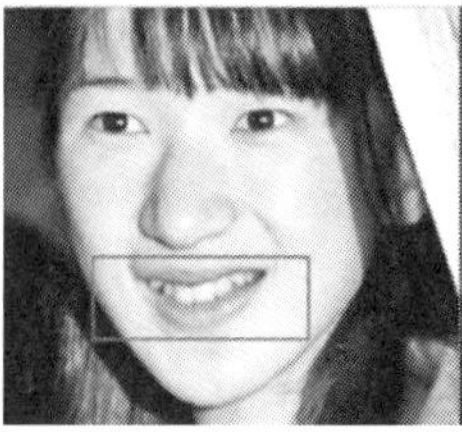
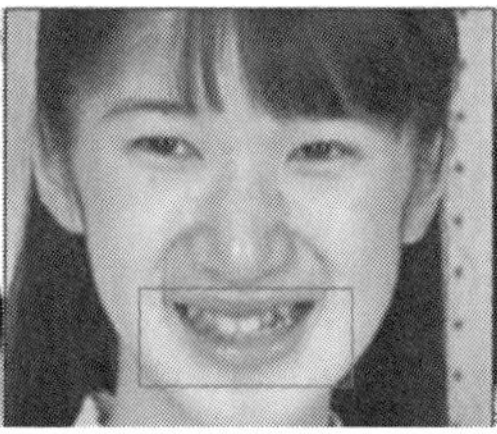
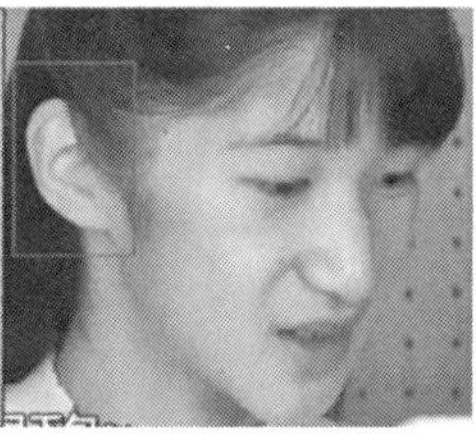
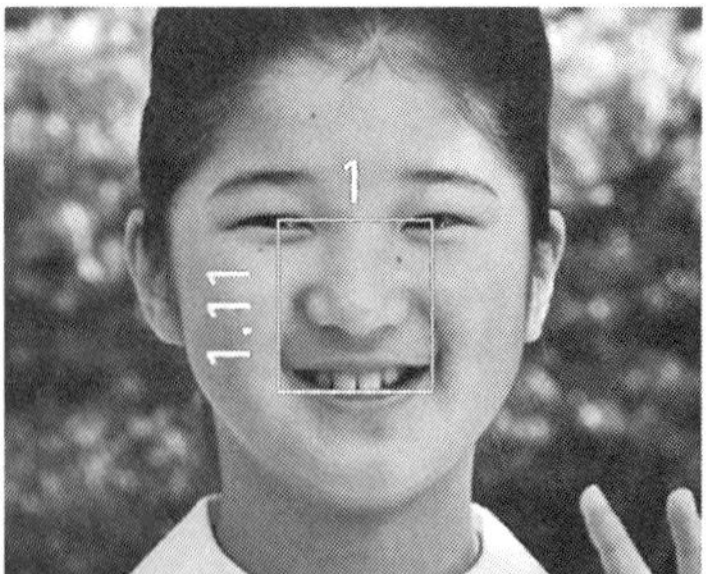
1
1.11
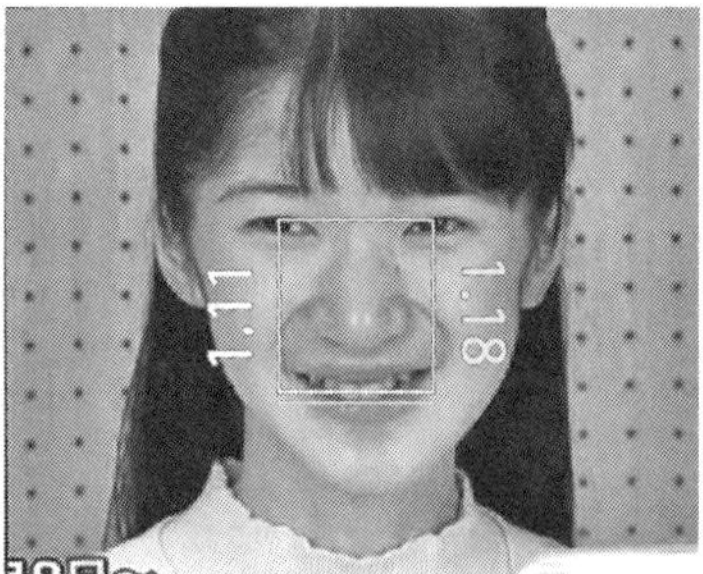
1.11
1.18
愛子さま

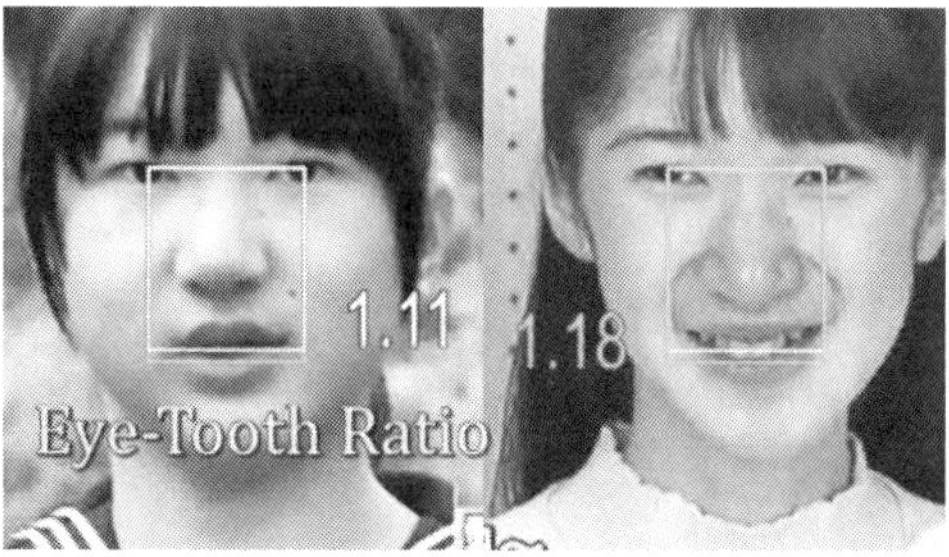
1.11
1.18
Eye-Tooth Ratio

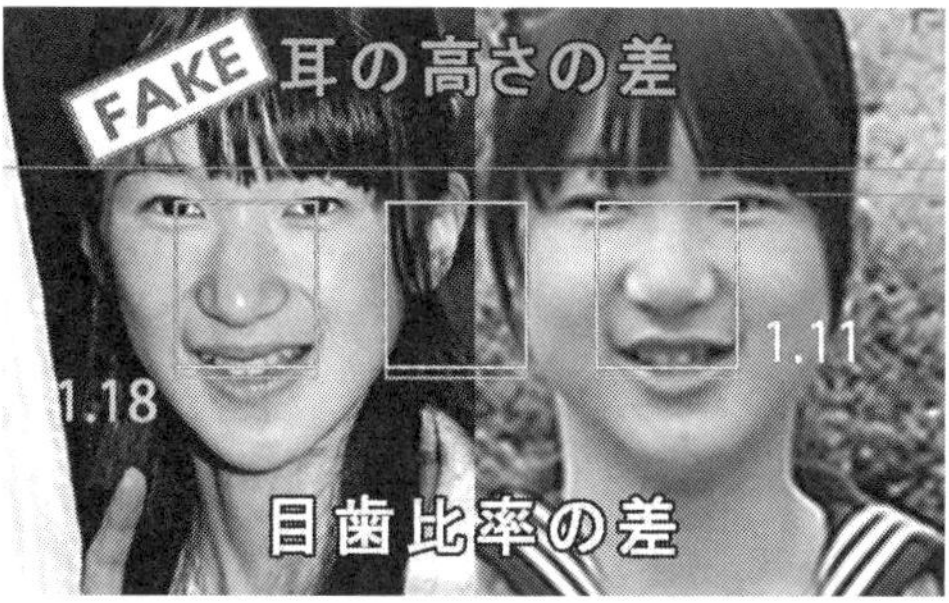
FAKE
耳の高さの差
1.11
1.18
目歯比率の差

愛子様
影武者？

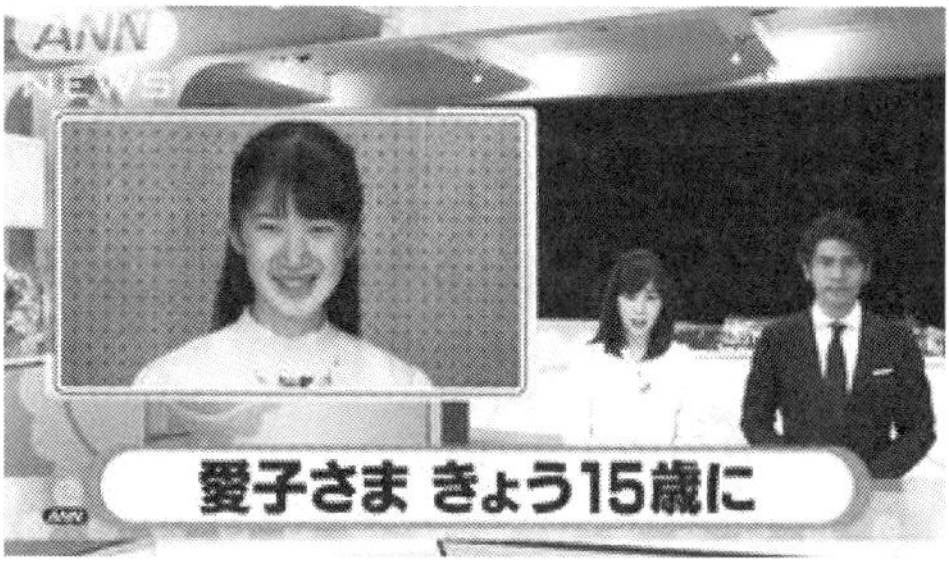
ANN
NEWS
愛子さま きょう15歳に

いずれの写真でも目歯比率が1：1・11が本物愛子様で1：1・18が偽物愛子様。

いずれも左が偽物愛子様の整形前（2016年6～8月）と、右が偽物愛子様の整形後（2016年11～12月）、同一人物の写真。本物愛子様にいっそう近づけるためにほくろの位置を真似ただけでなく、この時期、鼻の形まで大きくして整形で真似をして見栄えが悪くなりました。この期間は整形がばれないよう、腫れが引くまで不登校を演じて外出時にはマスクを着用していました。

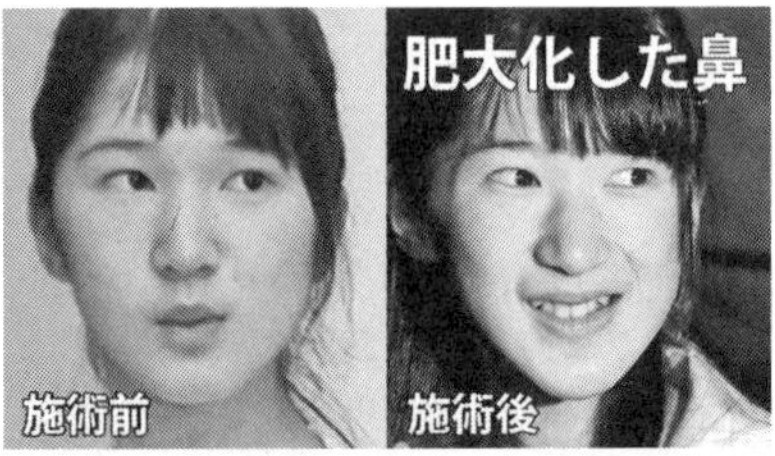

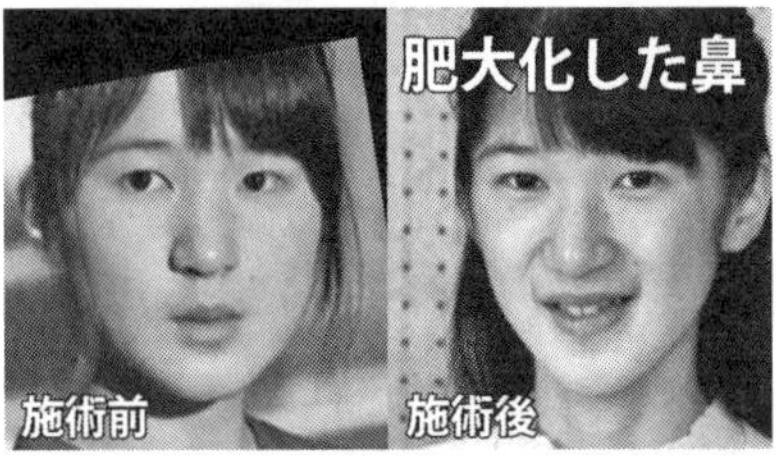

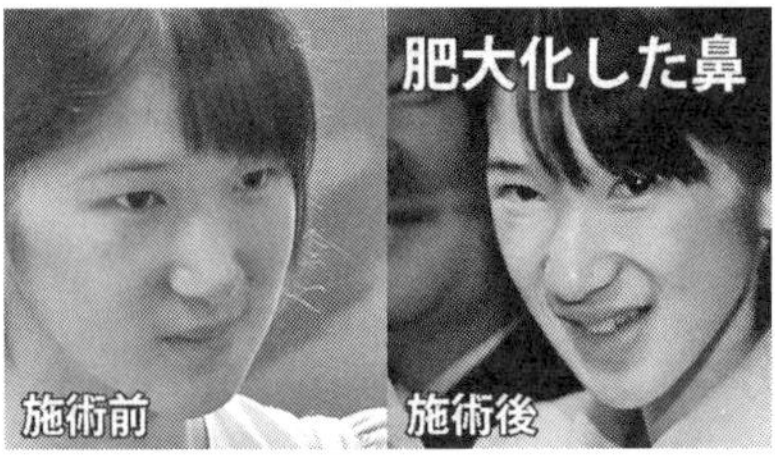

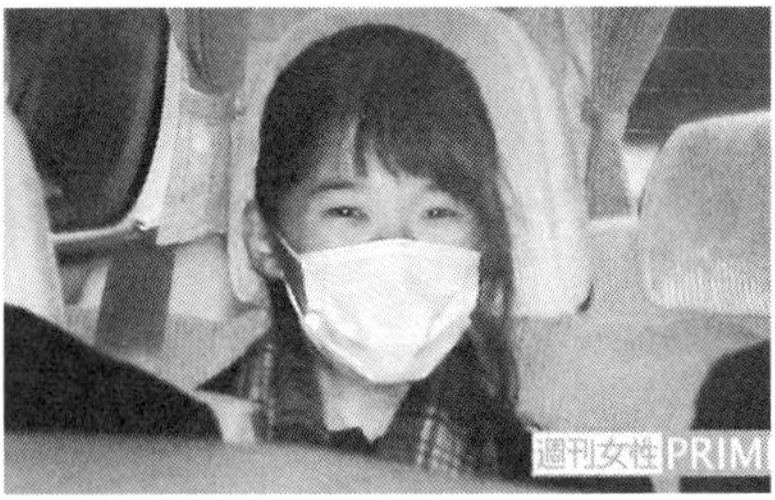

彼らはここまであざむいているのです。ちょうどこの時期、偽物愛子様は学内いじめ騒動や様々な憶測を呼びながら国民を心配させ、２０１６年9月26日から学習院女子中等科を長期にわたって不登校しています。「週刊文春」の取材によると当時、東宮職の中では不登校理由を詮索しないようにと箝口令が敷かれたと言います。本物愛子様と入れ替わった異変をカモフラージュするために、同時期、不登校するまで悩んで激やせしたなどという噂も拡散しています。

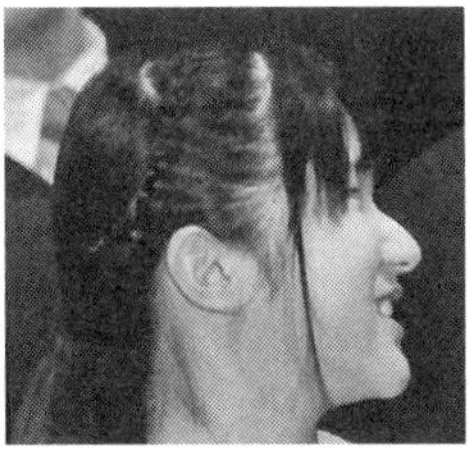

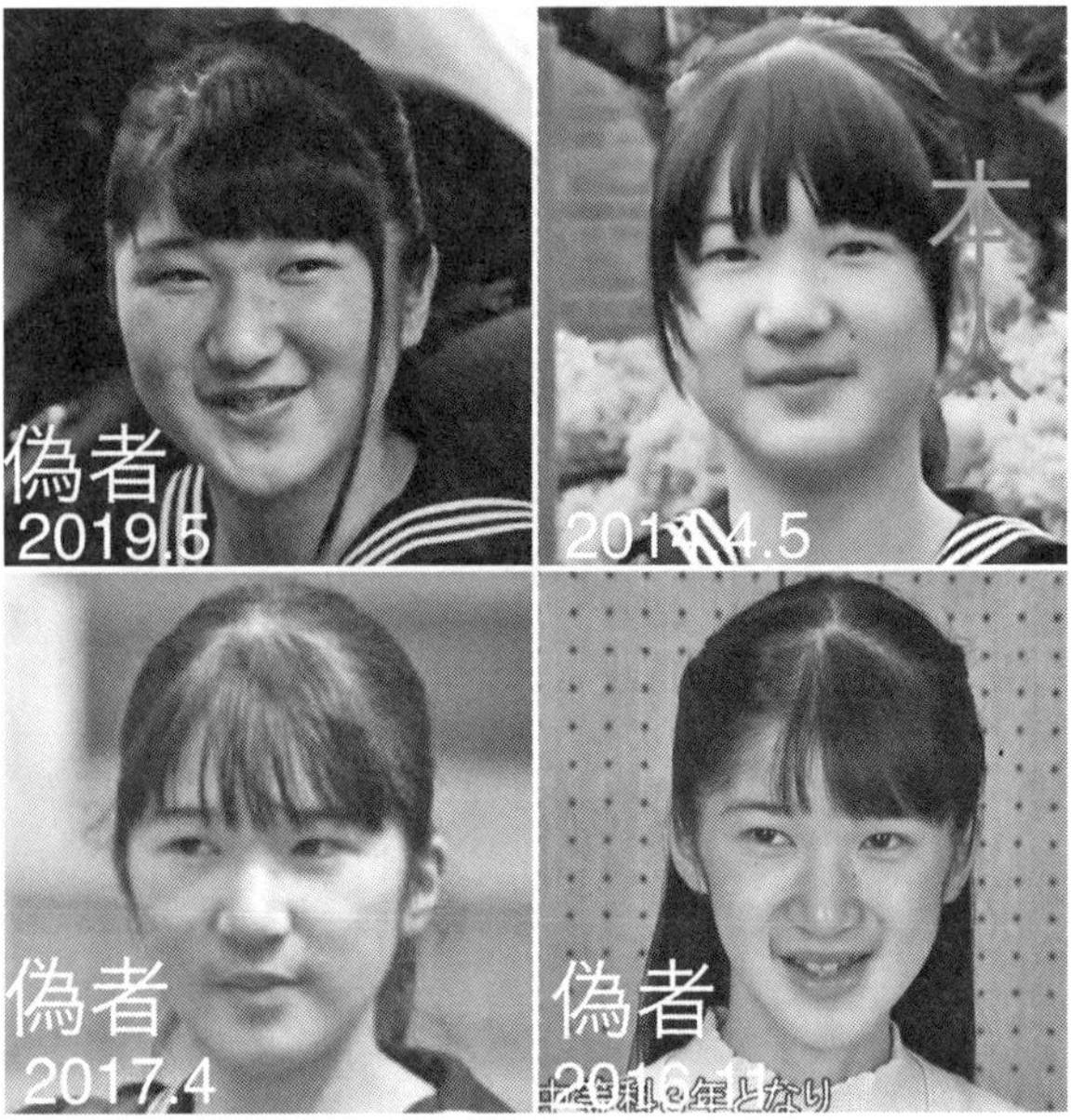

女系女子天皇を狙う偽物愛子様の野心の目?!

悲しいかな。一族揃って集団で、この偽物愛子様を囲みニコニコ記念撮影。上皇と上皇后、天皇と皇后、この偽物とあまり仲良く笑わないでほしい。きっと心では泣いていると信じたい。子供たちまで巻き添えに。そして偽物愛子様は鼻を整形しても、本物とあまり似ていないので、失格、引退。さらに別人の偽物愛子様二人目に2017年から交代します。その人は先代の偽物愛子様（この写真の人物）よりいきなり15キロも太った影武者ですが、その代わり幽閉されている本物愛子様と「目歯比率」が近く一見よく似ています。ここから二番目の偽物愛子様の写真です。

2017年から現在まで　太った偽愛子様

現在二人目の偽愛子様活動中、
天皇、皇后が偽愛子様と偽家
族を演じている？

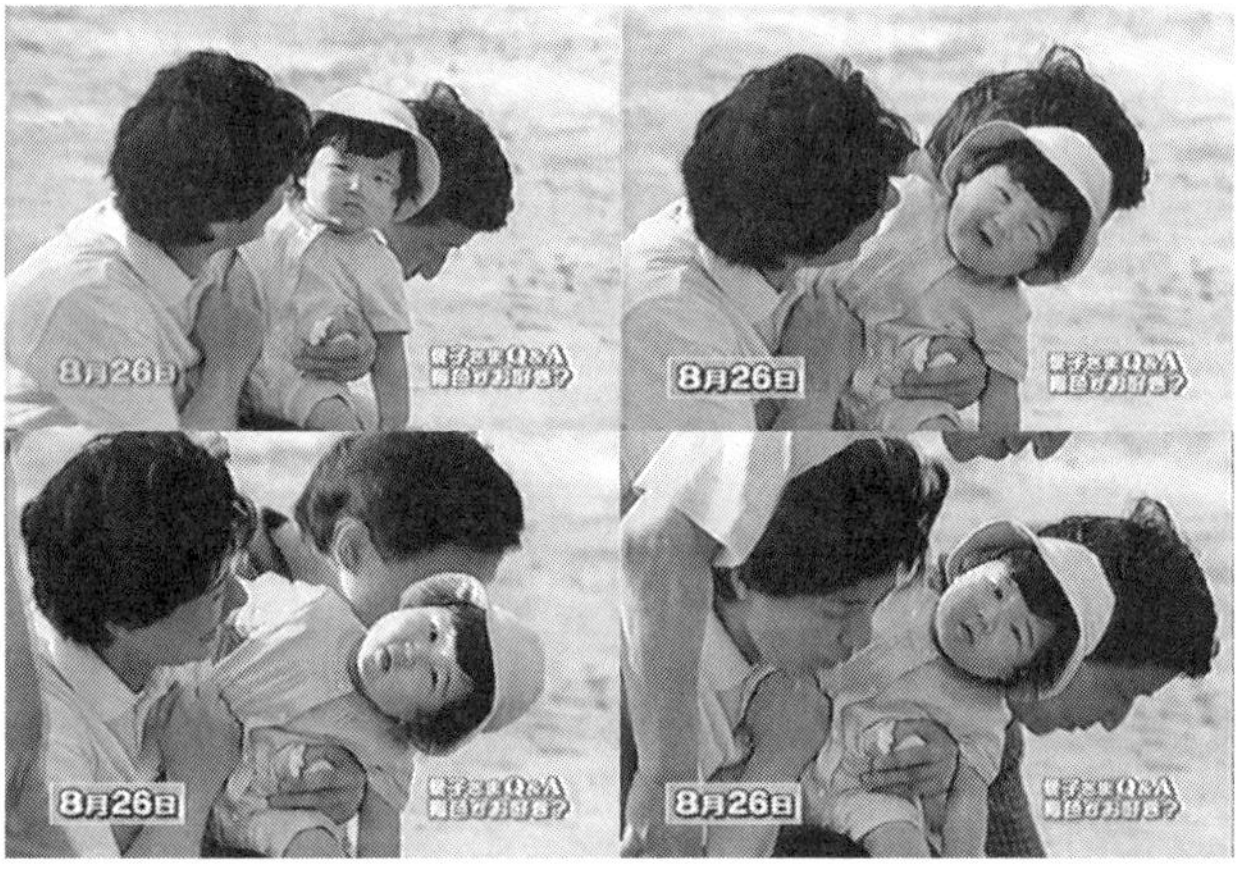

二人目の偽物愛子様。知らない他人の雅子様にあやされても見向きもせず、なつきませんが、恐らくカメラ近くで手を振る、産み育ての代理母の存在を見つけてようやく安心して笑いました。

左が本物愛子様、右が現在の偽愛子様。
本物は昔も今も歯並び悪く、偽物は歯並び良く、現在も大きな八重歯がある……。

いずれも本物愛子様

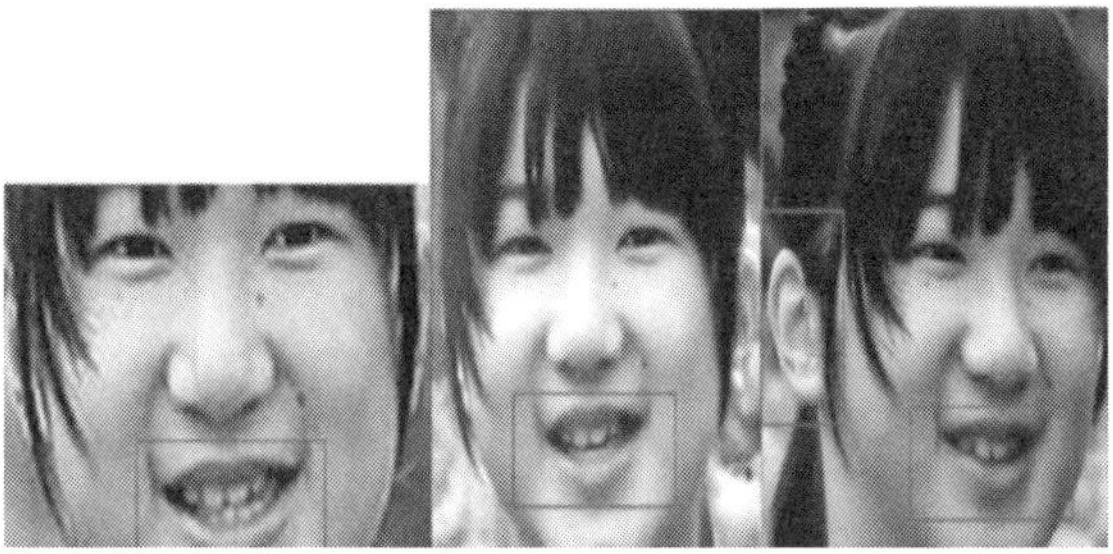

いずれも偽物愛子様

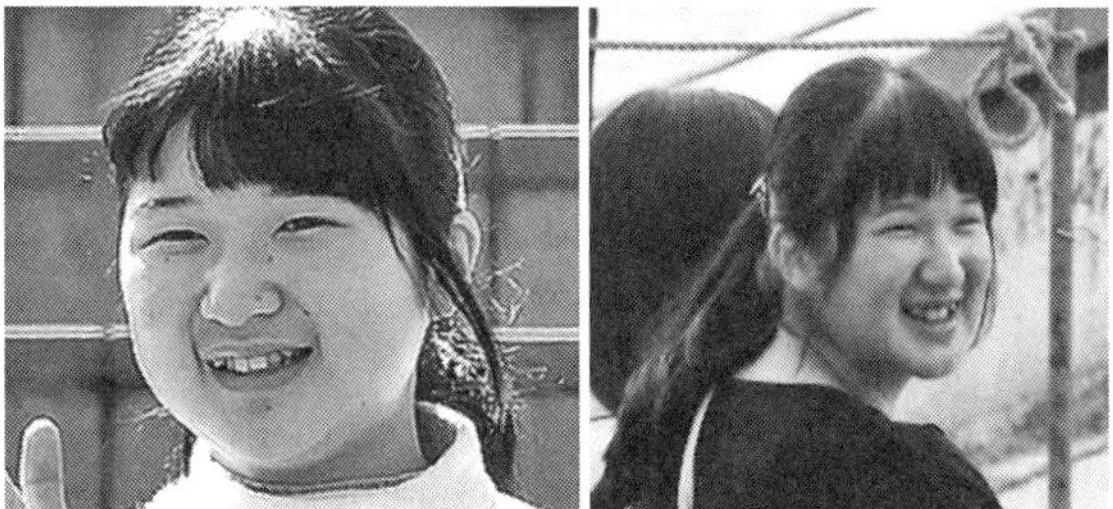

短期間で 激ヤセ から 激太り

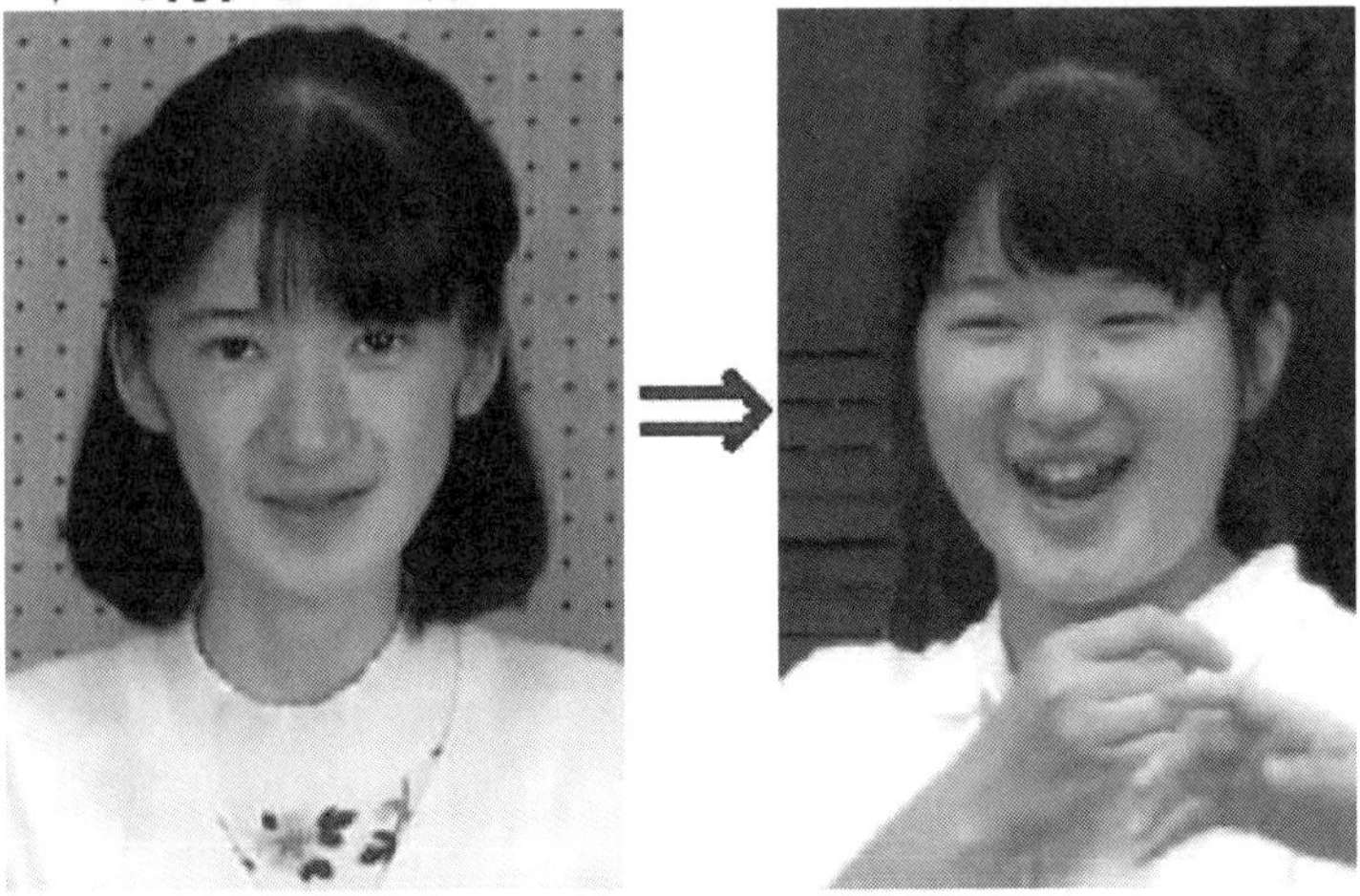

拒食症の人がこうなることは医学的にありえない

偽物愛子様一人目から偽物愛子様二人目に代替わりして15キロ急増

偽物愛子様一人目（右）から偽物愛子様二人目（左）に代替わりしましたが、顔も足も明らかに違います

本物愛子様、「目歯比率」で縦を１とすれば、横は0.92

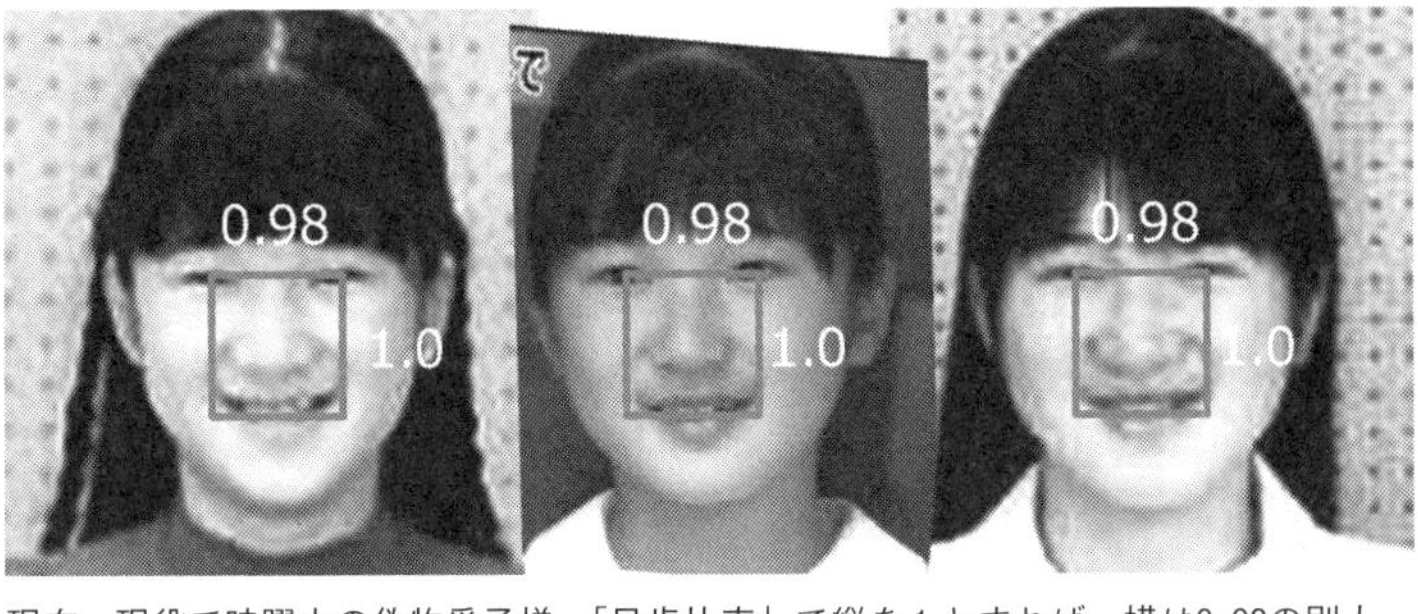

現在、現役で暗躍中の偽物愛子様、「目歯比率」で縦を１とすれば、横は0.98の別人。いくら太っても目と歯の間の比率は一生涯同じはずなのに広がった。本物１：0.92と偽物１：0.98、科学的に明らかに別人です

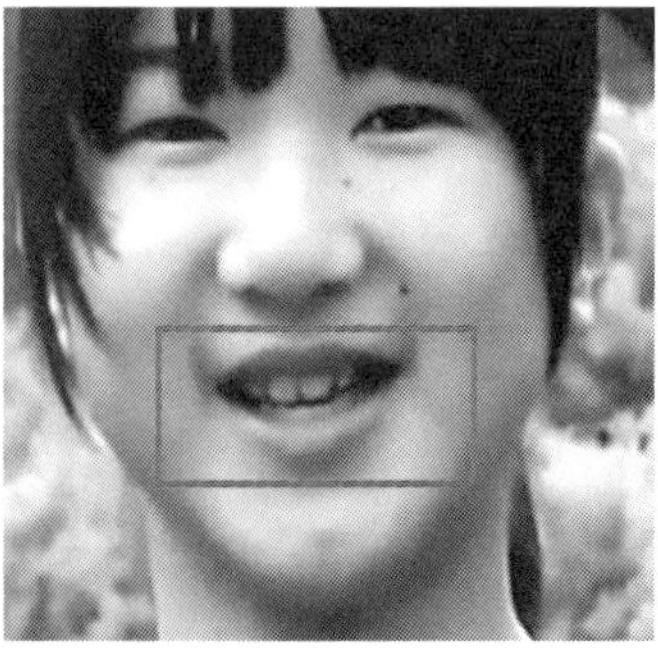

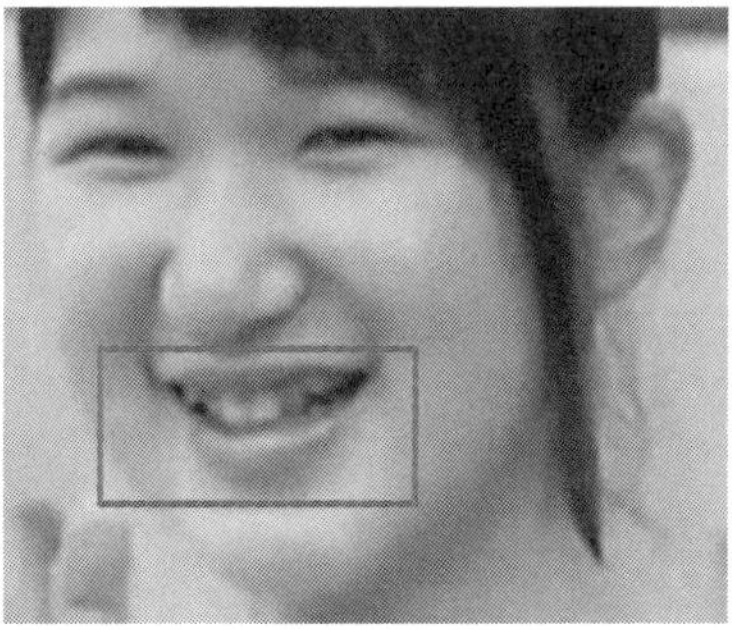

左は本物愛子様、右は現在の二人目の偽物愛子様。「目歯比率」が違う別人で、耳も違います。また、前歯の並び方も隙間も全然違い、偽物には目立った長い八重歯が飛び出ています。この年で歯並びを修正しても突然八重歯が長く生えたり、西洋で嫌うドラキュラの歯をあえて付け加える人はいないです。さらに偽物は非常によく似た人ですが、彼らの失敗はこの写真撮影当時、本物愛子様に多いいくつかのほくろが偽物の顔にはないことです。後になってから偽物も本物に似せてほくろを整形して付け加えましたが、この当時はまだほくろがないです。ほくろミスった。

Aはいずれも本物愛子様

Bはいずれも一人目の偽物愛子様

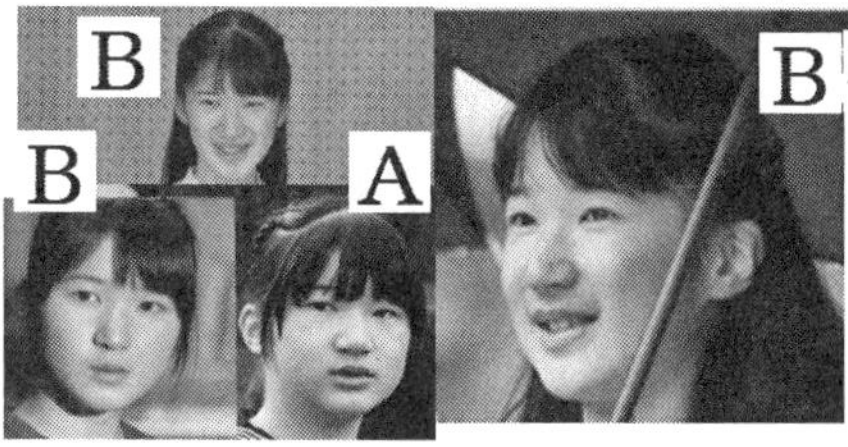

左が本物、右が偽物。耳介が違う。特に耳たぶが本物は丸く、偽物は薄く根元が違う。

左が本物。右は偽物

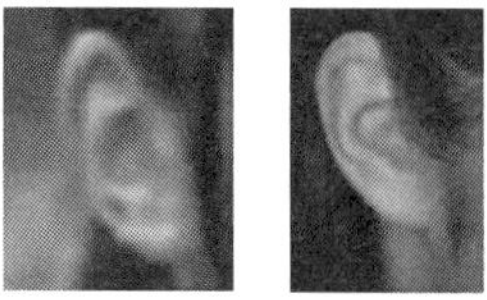

Aはいずれも本物愛子様　現在幽閉中

Bは二人目の偽物愛子様　現在活動中

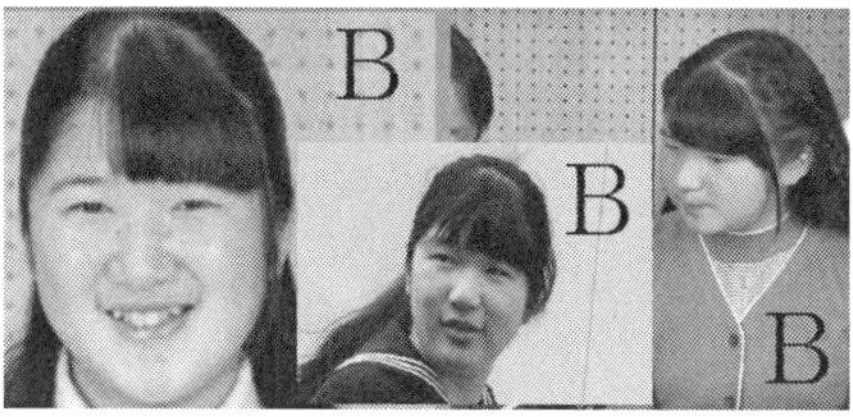

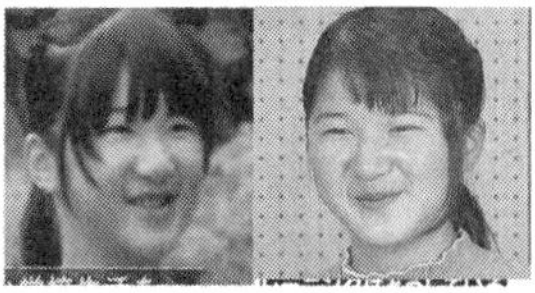

左が本物、右が偽物。
耳輪が随分違う。
耳たぶも対輪も形が違う。

左が本物の耳拡大。
右は偽物の耳拡大。

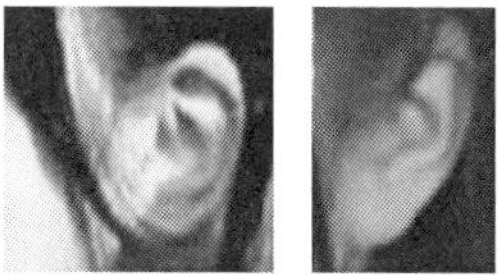

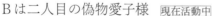

両人偽物。本物愛子様は今も幽閉されている⁉

２０１５年12月から現在まで2段階スライド式で影武者と完全に入れ替わった偽物愛子様たち。青春賭けた悲惨な仕事。友人も恋人もプライベートさえないでしょう。

週刊新潮より

現在に至るまでこの太った偽物愛子様の活動期間です

愛子さまが別人で影武者の真実に同級生が
気づいた？左手や歯が違うし耳も位置も！

影武者利用がこのような状況であれば、彼ら宮内庁に信用はすでにないです。これら偽物愛子様たち二人は代わる代わる赤ちゃんのときからしばしばメディアに登場しては雅子様に抱かれて撮影されています。雅子様もこのような最悪の嘘を繰り返し演じるから、いらいらして歯の裏側が黒くなるまで喫煙したり、精神障害を起こしたと言われます。恐らく公の場で撮影されなければならない公務の日に赤ちゃんの本物愛子様の調子が悪く暴れて泣き止まないから、穏やかな代役赤ちゃんを抱いて、心は泣きながら気丈にふるまったのでしょう。この偽物愛子様二人が順次、現在に至るまで代わる代わる世間をあざむいています。偽物愛子様二人がいつか罪責意識から精神障害を起こさないか心配です。

代理母による偽物愛子様も実は直系⁉

これは私見ですが、この二人の偽物愛子様は体外受精による皇室関係者の誰か代理母二人が別々に産んだ天皇・皇后の子孫だと思います。理由は二人とも本物愛子様と同時期に計画的に生まれていること。本物愛子様に似ていることです。現実、このように影武者を立てている皇室ですから、他にも嘘はいくらでもつけたはずです。もし、最初からまったく別人の男の子の赤ちゃんを養子縁組で連れてきて、雅子様が産んだと言えば、表向きは、めでたく男系男子の万世一系は守られて面倒な影武者を立てなくても済んだはずですが、そうはならない不可視で不思議な神様の摂理の力が働いたようです。聖書に定められた神様の御言葉です。

創世記49：8－10「ユダよ。兄弟たちはあなたをたたえ、あなたの手は敵のうなじの上にあり、あなたの父の子らはあなたを伏し拝む。ユダは獅子の子。わが子よ。あなたは獲物によって成長する。雄獅子のように、また雌獅子のように、彼はうずくまり、身を伏せる。だれがこれを起こすことができようか。王権はユダを離れず、統治者の杖はその足の間を離れることはない。ついにはシロが来て、国々の民は彼に従う」

「王権はユダを離れず、統治者の杖はその足の間を離れることはない」

この御言葉に動かされて、ユダ族の末裔である天皇家は男系男子の万世一系が代々、不思議と絶えなく続くのです。ユダ族には万世一系が絶えない統治者として代々、王が王を産むという王族特有の使命が与えられているのです。

ですから、代理母二人も雅子様同様、女の子たちを産んだので、やむなく一番近い雅子様の産んだ愛子様を公に立てたと思います。もし、代理母の一人でも男の子を産んでいたなら、間違いなくその子を雅子様が産んだと偽って発表し、将来の天皇に選ばれたと思います。その時点で2600年、126代続いた男系男子の万世一系は内部崩壊でした。しかし、神様の御言葉が実現するためには、代理母が男の子を産んで偽物天皇が立てられるという工作は通用しません。

今では出産前に性別判別できる時代です。当初の宮内庁と代理母たちが交わした密約は、きっとこのようでなかったでしょうか。

「もし雅子様が男の子を懐妊し、代理母たちの子供たちも男の子なら大アタリ！　雅子様の繰り返しの流産に備えた保険で影武者たちを生かす」

「もし雅子様が男の子を懐妊し、代理母たちの子供たちが女の子なら中アタリ！　不要だけど雅子様の繰り返しの流産に備えた保険で影武者たちを生かす」

「もし、雅子様が女の子を懐妊し、代理母たちが男の子を懐妊したら、小アタリ！　そのまま産ませてすり替え、雅子様が男の子を産んだと発表して将来は男系男子の影武者たち、うち一人が偽物天皇デビュー！」

ところが現実は、

「雅子様が女の子を懐妊！　代理母たちも女の子を懐妊！　これは大ハズレ！」

急遽《きゅうきょ》、代理母たちは雅子様の繰り返しの流産に備えた保険として影武者たちの「女の子を出産決定」こんな感じでないでしょうか？

本来ならば男の子を産ませる確率を高めるためにも代理母たちは多いほうが安全でしたが、2年前の1999年に稽留流産の手術を受けたばかりの37歳という高齢出産のため、雅子様の残りわずかな卵細胞ともともと、精の薄い天皇の関係で体外受精での着床、出産は雅子様を含めて3人が限界だったのでしょう。

あるいは他にも二人以外に体外受精でチャレンジしたけれど妊娠できなかった懐妊失敗の代理母たちがいたとしてもおかしくないです。

こうして生まれたのが雅子様を通じて本物愛子様一人。二人の代理母を通じて偽物愛子様たち二人でした。ですから、偽物愛子様たちは現在、国民をあざむく影武者として忌《い》まわしい仕事をしていることになるのでしょうが、本当は皇室に大いに関係ある悲しい運命を背負って保険目的で計画的に生まれた人たち、期待外れ女の子たちです。もし、本物愛子様が男や健常者であったならば、彼ら偽物愛子様たちも影武者に変身する必要もなく、代理母の元で静かに目立たず暮らしていたことでしょう。代理母たちには、代理母と偽物愛子様たちの生涯を保証する高額な謝礼を宮内庁から秘密裏に支給されたと思います。それゆえ偽物愛子様たちには本当の父親や実の兄弟姉妹たちが他にいてもおかしくないです。あるいは初産のシングルマザーでもできる行為です。偽物愛子様同士は幼い頃から秘密を共有できる腹違いの姉妹で親戚として唯一の親友かもしれません。本物愛子様だけは雅子様の胎から天皇の種を体外受精で受けて生まれたのでしょう。

代理母契約と血縁に関しては私の勝手な想像です。

宮内庁費	宮内庁の運営のための必要な人件費・事務費などの費用。 ２０１９年は１２３億２６５２万円。
皇室費	『内廷費』 天皇・内廷にある皇族の日常の費用その他内廷諸費に充てるもので、法律により定額が定められています。 ２０１９年は３億２４００万円。
	『宮廷費』 儀式、国賓・公賓等の接遇、行幸啓、外国ご訪問など皇室の公的ご活動等に必要な経費や皇室用財産の管理に必要な経費、皇居等の施設の整備に必要な経費。
	『皇族費』 皇族としての品位保持の資に充てるためのもので、各宮家の皇族に対し年額により支出されます。 ２０１９年は３０５０万円。

【２０１９年】
秋篠宮家　合計：１億２８０７万円
・秋篠宮さま（９１５０万円）

・紀子さま（1525万円）
・眞子さま（915万円）
・佳子さま（915万円）
・悠仁さま（305万円）
常陸宮家　合計：4575万円
・常陸宮さま（3050万円）
・華子さま（1525万円）
三笠宮家　合計：5856万円
・百合子さま（3050万円
・信子さま（1525万円）
・彬子さま（640・5万円）
・瑶子さま（640・5万円）
高円宮家　合計：3690万円
・久子さま（3050万円）
・承子さま（640・5万円）

本物の愛子様　現在幽閉中……?!

偽物愛子様の二人目　現在の愛子様とされる人物……?!

偽物愛子様の一人目　すでに引退した偽愛子様……?!

日本国民はどうであっても本物の愛
子様の帰りを待っています。

第二章

今も着々と進む
ＧＨＱの皇室弱体化のシナリオ

Friends Make Perfection
微笑みが生まれる

Friends Make Perfection
微笑みが生まれる

これって何のサイン？　似て非なるもの「I LOVE YOU」と「悪魔崇拝」

日本では、メロイックサインと呼ぶのが一般的ですが、正式名称はコルナとかコルナサイン。もともとは、イタリアで魔除けのジェスチャーとして使われていたのが、芸能人やロッカー中心に広がり、親指を中指と薬指の下にして握ると、「悪魔崇拝者」の意味で、親指を出すと英語の手話で「I LOVE YOU」の意味です。

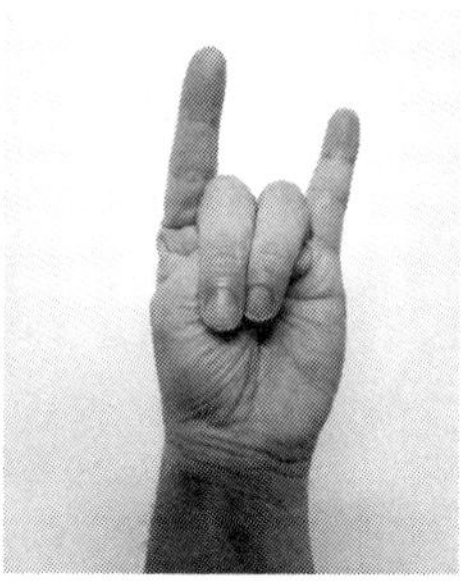

「悪魔崇拝者」仲間の合図

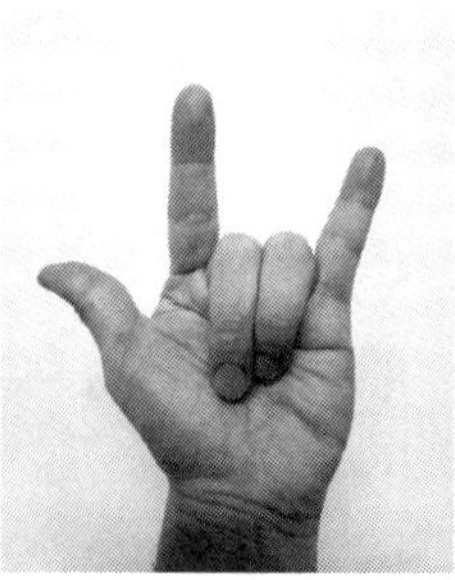

「I LOVE YOU」

もう一度良く見ると、天皇や小泉元総理、ちょっと気味悪いローマ教皇の親指は外に出ているため、この意味は「I LOVE YOU」。その他の全員は親指隠して「悪魔崇拝者」たちの親睦を深める内輪の挨拶と同じです。公の場で堂々と挨拶を交わす「悪魔崇拝者」たちが現実にいるのですね。

神武天皇の血を父親系統、男系男子で引き継いだ万世一系。男性はXY、女性はXXの性染色体を持ち、このうちY染色体は男性からしか遺伝しないので、初代の神武天皇のY染色体は男系でなければ継承されず、どんなに直系から遠くなってもY染色体は男系の男性の中で継承されます。かつて男系が途切れそうになったとき血縁関係から遠い6親等の男子が天皇に即位して男系の皇統を守ったこともあります。しかし、2004年11月、小泉首相（当時）は女性天皇出現について、国民も賛成だろうと皇室典範第一条の改正を視野に入れた国体の危機となる迷走発言をしました。悪魔崇拝者たちの闇勢力は世界的にも唯一、類《たぐ》い稀《まれ》なる万世一系をねたんで、これは元来、神様の聖書預言の実現だから、何とかして反抗して解体しようと迫害しています。

ズバリ正論を述べていた三笠宮寛仁親王が……

ヒゲの殿下の愛称で親しまれ、皇族の中では型破りの人生を歩んだ三笠宮寛仁親王《みかさのみやともひとしんのう》は、博学で聖書知識にも精通した人物でした。寛仁親王は生前こう言われました。「天皇様というご存在は、神代の神武天皇から百二十五代、連綿として万世一系で続いてきた日本最古のファミリーであり、また神道の祭官長とでも言うべき伝統、さらに和歌などの文化的なものなど、さまざまなものが天皇様を通じて継承されてきたわけです。世界に類を見ない日本固有の伝統、それがまさに天皇の存在です」

被害者二人目　氏名：三笠宮寛仁親王　1946年１月５日－2012年６月６日（66歳）

「会議の構成について私が口を挟むわけにはいきませんが、二千六百六十五年間も続いてきた世界でも類を見ない、まことに稀有な伝統と歴史を、一年、わずか十七回、三十数時間の会議で大改革してしまうというのでしょうか。果たして認められるのでしょうか、あまりに拙速にすぎませんか、ということは強く申し上げたい。それから、憲法の第一条には『天皇は、日本国の象徴であり日本国民統合の象徴であって、この地位は、主権の存する日本国民の総意に基く』と書いてあるわけですから、国民にじっくり考えてもらわなくてはなりませんが、考えるだけの情報があるのかというと、必ずしもそうではない。百二十五代の天子様のうち、何方をご存知でしょうか。たとえば、かつて十代八方の女帝がいらしたことが、女帝論議に火をつけているような部分がありますす。あの方たちはたしかに存在なさいましたが、そのほとんどは皇女、つまりお父様が天皇でいらした男系の女子です。また、もともと皇后でいらして、天皇が亡くなられたため即位された方も多く、ほとんどが御家系の中の適齢期の方が即位されるまでの中継ぎ役、ピンチヒッターとしての即位でした。また、独身で即位された方は終生、配偶者を求められていません。つまり結婚なさいませんでした。これらの女帝と、今、認められようとしている女系の天皇というのはまったく意味合いが違い、これからやろうとしていることは二千六百六十五年間つながってきた天皇家の系図を吹き飛ばしてしまうことだという事実を、国民にきちんと認識してもらいたい」

「皇室の伝統を破壊するような女系天皇という結論をひねり出さなくても、皇統を絶やさない方法はあると思うのです。たとえば、継体天皇、後花園天皇、それから光格天皇のお三方は、それぞれ十親等、八親等、七親等という、もはや親戚とは言えないような遠い傍系から天皇となられています。光格天皇の場合は、前の天皇の内親王様のところに婿入りされて、内親王様は皇后となられている。そんなに古い時代のことではありません。光格天皇という方は孝明天皇のお祖父様ですから、明治天皇から見ると曾祖父様で、我々からもすごく近いところにいらっしゃる方です。また、宇多天皇という方は一度、臣籍降下なさって、臣下でいらっしゃった間にお子様も儲けられているのに、その後、皇室に適格者がいなくなったのか、皇族に復帰されて、皇太子になられ、天皇に即位されています。お子様も一緒に皇族になられて、その後、醍醐天皇になられています。こういった事実はいくつもあり、選択肢もたくさんあることをメディアはもっと発表すべきです。そうすることで国民が事実をよく理解し、選択肢の中のどれかをやってみて、それでもどうしようもなくなった時、初めて女性、女系の議論に入るという方法もあるではないですか。『有識者会議』では、そういった議論をしていなかったように思います」

「戦後、ＧＨＱの圧力で皇室弱体化のために皇籍を離脱させられた十一の宮家もあります。その後、後継者がなく絶家になってしまったところもありますが、今でも少なくとも八つの旧宮家には男系男子がいるのですから、宇多天皇のようにその方々にカムバックしていただくという手も

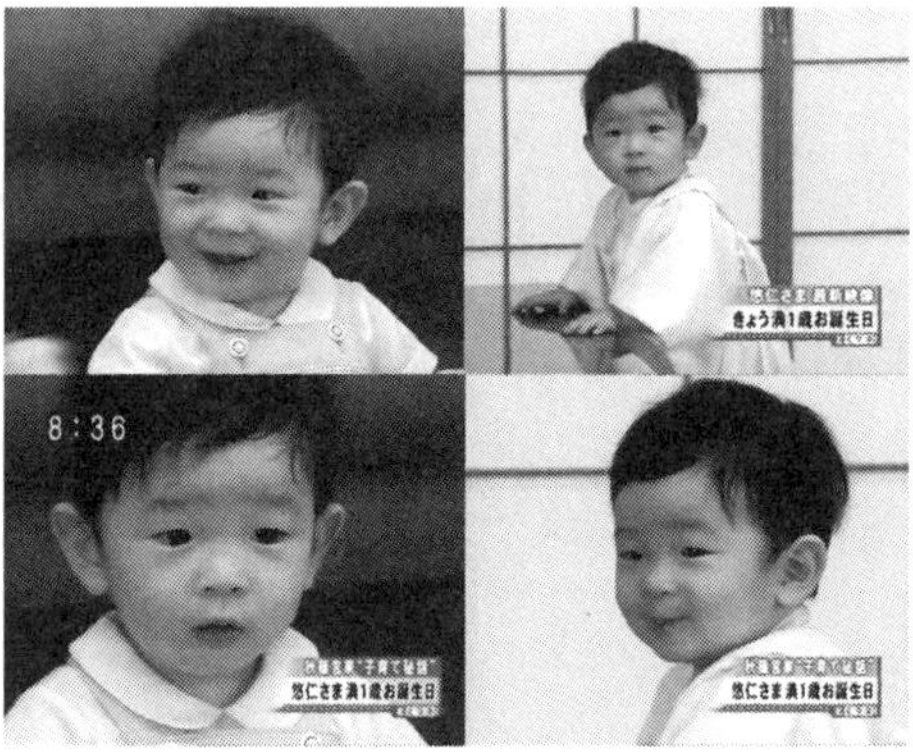

あります」

まことに的を射た博学な正論だと思います。皇籍を離脱させられた十一の宮家まで行かなくても、現在では天皇の弟の長男である秋篠宮文仁親王と同妃紀子の第1皇男子、悠仁親王が生まれたので、この継承問題は解決を見ます。

この子が生まれるまでは当時、女系女子天皇への道は秒読み段階で国会では大論争でした。その渦中に亡くなられたのが、ヒゲの殿下の三笠宮寬仁親王です。

陰謀あるこのご時世に、三笠宮寬仁親王は多臓器不全のため薨去《こうきょ》とされていますが、巷では万世一系を阻止しようとする闇勢力による口封じの暗殺だったとささやかれています。主な理由が、小泉元総理をはじめ、女系天皇導入で皇室の伝統を破壊しようとする反対勢力との意見衝突があったこと。そして亡くなられた当時の状況が、闇勢力がやりがちなサインがここかしこに見られるからです。悪魔は本当に実在して、皇室内に現われる不思議な万世一系、すなわちユダ族の繁栄、国の安泰に神様の力と介入を認めて恐れ、これをなんとか破壊しようと攻撃しました。その矢面に立たされた被害者、殉教者が三笠宮寛仁親王だったと言われます。

三笠宮寛仁親王はヘブライ語堪能で聖書と皇室のルーツやユダヤの歴史にも精通していました。博学ゆえに男系男子の天皇こそ万世一系であるという正論のもと、皇室への反対勢力から狙われたようですが、他にも八咫鏡《やたのかがみ》にまつわる話があります。八咫鏡の本物は、伊勢神宮に安置されている三種の神器の一つですが、皇居内には、そのレプリカもあります。一般人も伊勢神宮の神官も、見ることは許されず、天皇さえも見られません。その神聖不可侵とされる「八咫鏡」の裏面に、ヘブライ文字が記されているという噂が昔からありました。この真理探究に勢い余って積極関与したことが自らの暗殺脅威を高めたと言われています。すなわち天皇＝ユダヤ人。こんなことが国民に暴露されれば宮内庁は立ち行きませんから。

まず、明治時代の文部大臣・森有礼が伊勢神宮の八咫鏡の裏面に、ヘブライ文字で אֶהְיֶה אֲשֶׁר אֶהְיֶה「エヘイエ・アシェル・エヘイエ」（我は在りて有る者）と刻まれているのを見たと証言しています。この言葉は、神様がモーセに語られた言葉ですが、口語訳聖書では「わたしは、有って有る者」、新改訳聖書では「わたしは、『わたしはある』という者である」と書かれ、永遠の過去から永遠の未来までいつもおられる神様を意味します。英語では"I Am Who I Am."。

イエス様は御自身を差してこう言われました。

ヨハネ8：24『わたしはある』ということを信じないならば、あなたたちは自分のうちに死ぬことになる。」

黙示録22：12－13「見よ。わたしはすぐに来る。わたしはそれぞれのしわざに応じて報いるために、わたしの報いを携えて来る。わたしはアルファであり、オメガである。最初であり、最後である。初めであり、終わりである。」

ギリシャ語の「アルファ」と「オメガ」は英語の「A」と「Z」に位置しますが、イエス様は永遠の過去から永遠の未来までいつもおられる神様だと言われました。

また、1948年5月10日にホーリネス教会の機関誌に、同教会の生田目俊造牧師が、「神秘日本」と題する一文を載せました。「その日、中田重治監督未亡人が、いつになく厳かに語られた。まず、『今から語ることは、口にも筆にもしてはいけない』と堅くことわって言われるには、きのう青山学院の友近義弼博士が、突然わが聖書学院に来訪されて、非常に厳かなことを語られたという。宮中の神聖な場所に、古くからご神体と仰がれている鏡（八咫鏡）があった。その鏡の裏にあらわされてあったものが、はじめは模様と見られていたが、それは模様でなく、驚くべきことにヘブル語である事が明らかになった」と。

宮原忠牧師は、中田重治監督より直接この話を聞いたとも述べています。

さらに1952年頃、元海軍大佐の犬塚惟重を会長として、「日猶懇和話会」という団体が結成された翌年、例会が港区のミハイル・コーガンというユダヤ人の邸宅で開かれました。この例会には、皇族の三笠宮寛仁親王も臨席され、この席上、尾崎喬一牧師が、宮中の八咫鏡にまつわる話をしました。すると、三笠宮寛仁親王が、真相を調査してみようと語りました。このことは、東京イブニングニュースの「神鏡のヘブライ出所説を三笠宮氏が調査！」という記事になりました。新聞記事によると、三笠宮寛仁親王はこう語りました。

「自分で、問題の鏡を見ることはできない。なぜならば今日でも、鏡と玉と剣の三種の神器は、皇居内の奥深い聖所から取り出すにはあまりに恐れおおいと考えられている。天皇すらも鏡を見たことがあるとは思われぬので、宮内庁の記述か、口述か、いずれかの報告を基礎にして、自分が調査書を作成することになろう…」

しかし、その後、三笠宮寛仁親王が調査結果を発表したという話は出ません。一説には、三笠宮

寛仁親王は、噂が本当だったので、恐れおののいて公表をはばかったのではないかと言われます。

また、元海軍のエリート将校、矢野祐太郎も、当時の伊勢神宮の宮司から、極秘裡に許しを得て八咫鏡の裏面の模様を見せてもらい、自分の手で丁寧に描き写したそうです。

さらに、キリスト教の雑誌「HAZAH（ハーザー）」というのがありまして、私も依頼されて4年間連載しましたが、その中で2001年2月号で小林隆利牧師のインタビューが載りました。私の知り合いクリスチャンがこの月刊誌に小林牧師を紹介しましたが、彼は当時、小林牧師のカバン持ちをしていて、インタビュー記事同様の話を聞いています。それは小林牧師の母親は「仁《しのぶ》内親王」という女性で、その父が明治天皇。小林牧師の母は明治天皇から次のように聞かされたそうです。

「仁、私は天皇の権限で日本という国を調べた結果、日本は、神道である。しかし神道は、本来はユダヤ教である。そしてキリスト教はユダヤ教を完成させるものだ」「仁、おまえが結婚して男の子が与えられたならば、キリスト教の牧師にするのだよ。きっと役に立つ時がくるぞ」これに応えて小林牧師の母は明治天皇の遺言通りに、彼を牧師にさせたそうです。

さて、八咫鏡と皇室ルーツの秘密を握ったまま三笠宮寛仁親王は亡くなられましたが、ガン発見から治療は計16回を数え、16の6だけでなく不思議と6の怪が続きます。特に食道ガンや舌の付け根・首のリンパ節・喉などは、6回のガン手術を行っておりました。しかし、2012年6月6日、多臓器不全のため薨去。66歳没。薨去時の皇位継承順位は、第6位でした。

その2年後の2014年6月8日には、弟の宜仁親王も薨去。66歳没。二人とも皇位継承順位は、第6位でした。驚愕は宜仁親王が亡くなられたときの霊柩車の葬送ルートで、わざわざ遠回りしながら走行し、逆さになった6が三つ描かれています。冗談かこじつけのようですが、まぎれもなく666の数字をむさぼる闇勢力の足跡、暗殺を暗示しています。こんなに簡単にも口封じ目的で人の尊い命を手にかける闇勢力の性質を考えると、今や用済みで、その存在さえ邪魔者となった一番目のやせた鼻を整形した

桂宮さまの葬送ルート

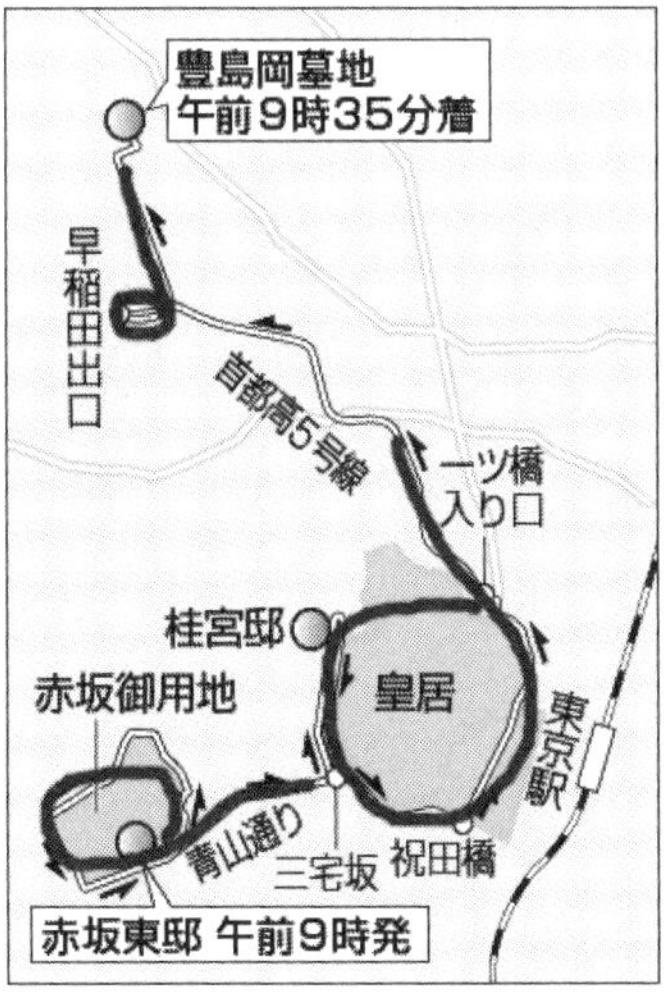

偽物愛子様、今後は皇室の秘密厳守のため、少しでも目立てば暗殺の脅威があるのではないでしょうか？　幽閉された本物の愛子様もまだ生きているのかさえわからない死亡説まであります。

皇室典範改正の企み、その真意とは？

平成には佞臣《ねいしん》たちが将来にわたって皇位継承を愛子様・眞子様・佳子様という三人の孫に限定させようと皇室典範改正を企みましたが、悠仁親王の誕生でとりあえず阻止されました。当時、女系女子天皇を望み、皇室典範改正を試みた小泉元首相は国会開催中に側近がメモを渡して秋篠宮文仁親王と同妃紀子の夫婦が男児を懐妊した知らせを受けて、その場で大変驚いていたのが中継されていました。まさに闇勢力の思惑が崩された瞬間映像でした。

ところで、こうして絶妙なタイミングで生まれた、秋篠宮文仁親王と同妃紀子の第1皇男子、悠仁《ひさひと》親王殿下は将来天皇になる可能性が一番高い人物ですが、本当に彼は今も本人なのでしょうか？　愛子様同様、ここにも護身目的の影武者説が浮上しています。噂の理由、

一つ目は、悠仁様が1歳になる頃、すでに歩き始める子も多い中、まだつかまり立ちをしていたそうで、成長が遅れているのではないかという疑惑です。

二つ目は、体格が小柄だったことやおしゃべりを始めるのが遅かったということから、発達障

害の噂が広がったようです。

三つ目は、顔つきに関して、幼い頃から現在の写真を比較するとかなり雰囲気も変わったようです。

眉も目も下がり気味で、たれ眉、たれ目の可愛らしい顔立ちが、突如、切れ長な、つり目に変わっています。発達障害の方は「目つきが細くキリッとしている」「表情が乏しい」などの特徴があるようです。悠仁様も当てはまる要素です。

そして影武者を必要とした要因四つ目は、お茶の水女子大学附属中学校のナイフ事件です。皇室のありかたに不満を抱く男が教室の悠仁様の机に加工したナイフ2本を置いた事件で犯人は逮捕済みですが（皇室内の警備体制は古来ユダヤ人の伝統的スタイルと同じスタイルです）、必然的に護衛が堅くなったわけです。

ただでも秋篠宮文仁《ふみひと》親王には批判があるのに、皇位継承順位第1位となる将来の天皇候補ですから暗殺リスクは高いです。秋篠宮文仁親王への批判が高まった原因は宮邸の自宅リフォームが決まり、その総費用が44億円もかかることです。天皇陛下の即位礼は、お金をかけずに執り行うと言ってましたが、自宅リフォームに44億円。バッシングされますね。

影武者は聖書にも登場する

影武者というのは、そもそも古来イスラエルにもありますが、聖書にこうあります。

第一列王記22：29－30「イスラエルの王とユダの王ヨシャパテは、ラモテ・ギルアデに攻め上った。そのとき、イスラエルの王はヨシャパテに言った。『私は変装して戦いに行こう。でも、あなたは、自分の王服を着ていてください。』こうして、イスラエルの王は変装して戦いに行った。」

この戦争では結局、戦車隊長たちがユダの王ヨシャパテを見つけたとき、「確かにあれはイスラエルの王に違いない」と思ったので、彼のほうに向かっていって戦おうとすると、影武者を演じていたヨシャパテ王は助けを叫び求め、その悲鳴の声で、戦車隊長たちは、彼がイスラエルの王ではないことを知ったと書かれています。どんなにうまく化けても影武者は追い詰められたら最後には必ずバレるということを聖書は教えています。さて、疑惑の悠仁親王殿下、比較。

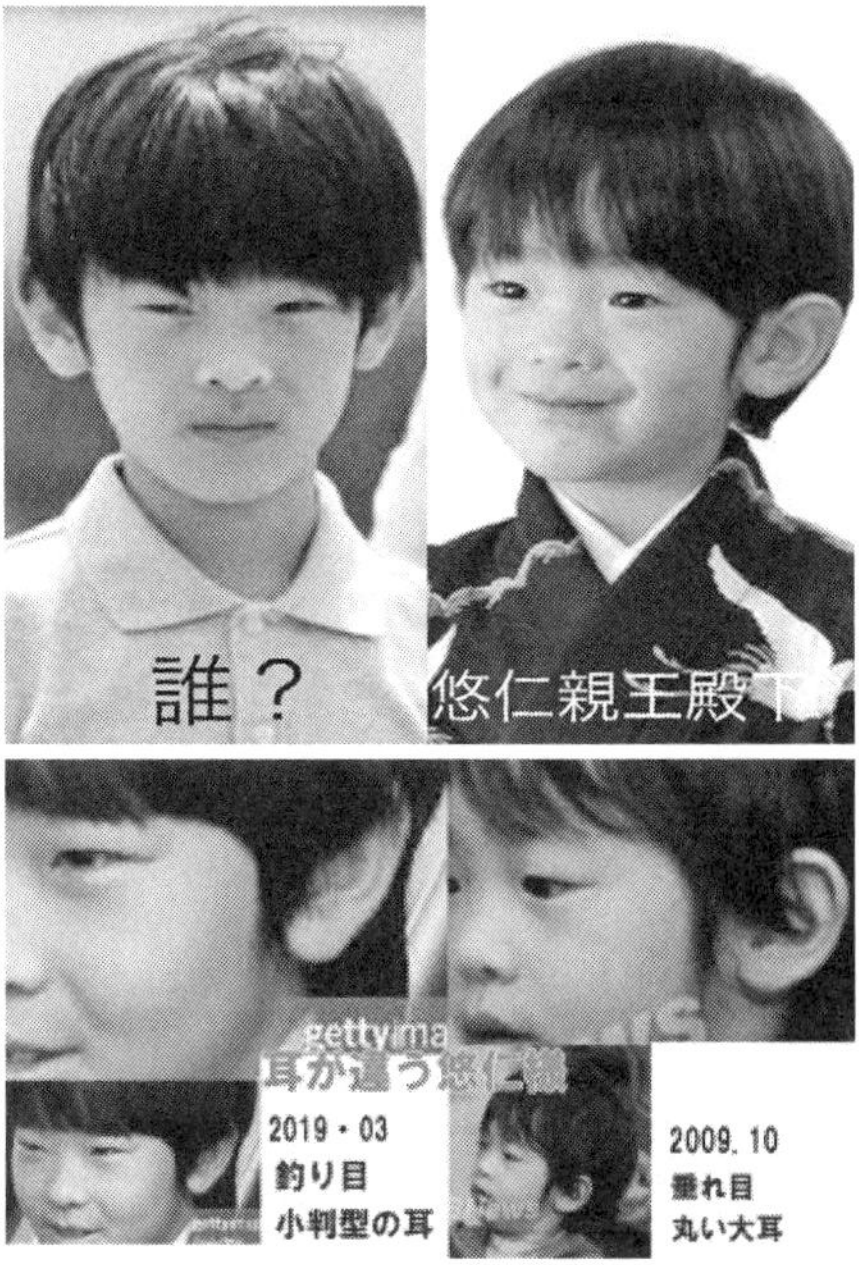

右が本物で耳が丸い、左が偽物で耳が長いつり目

右が本物で、左が偽物。耳の形と目が違う

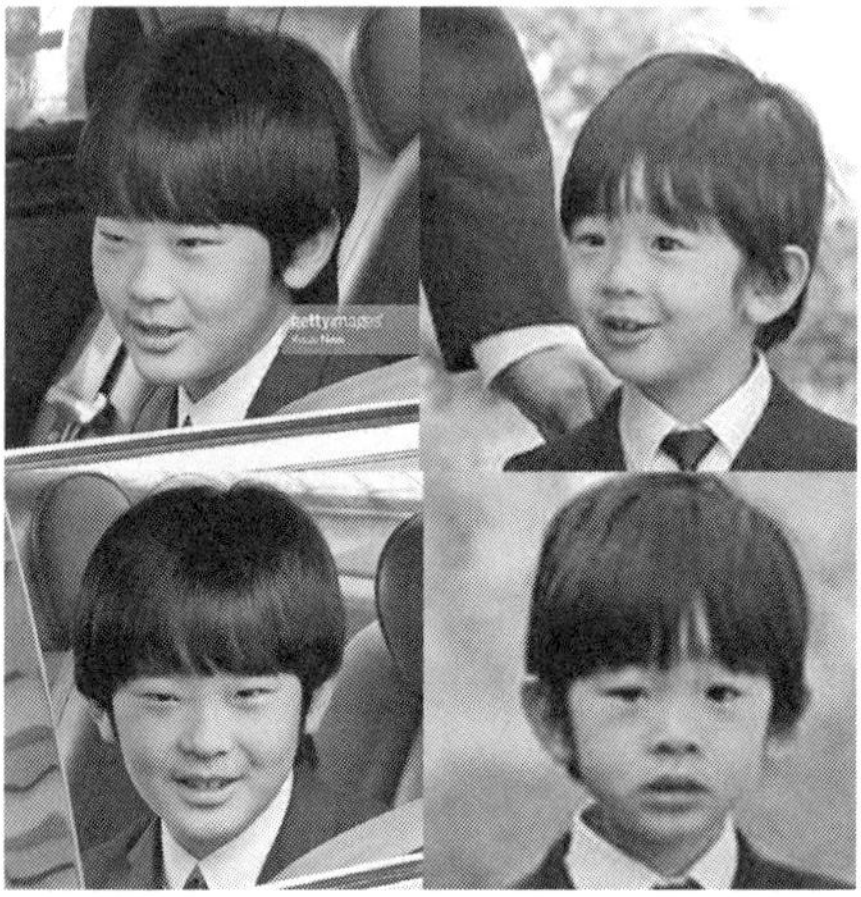

右が本物で、左が偽物

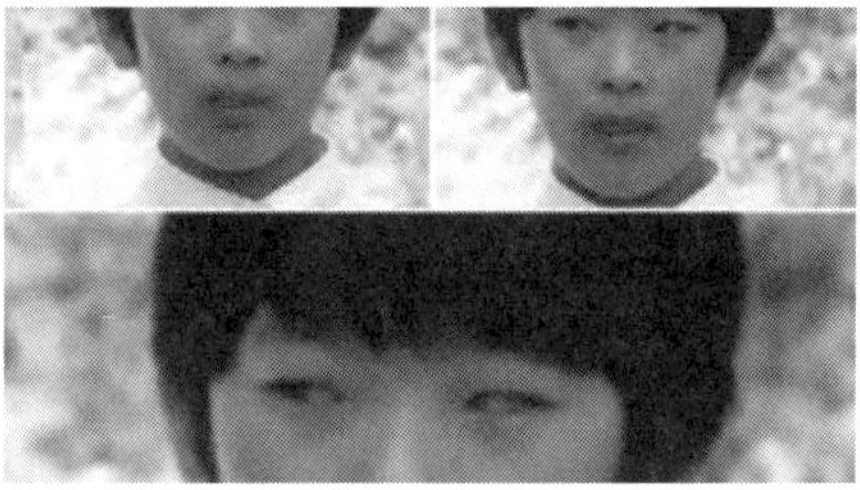

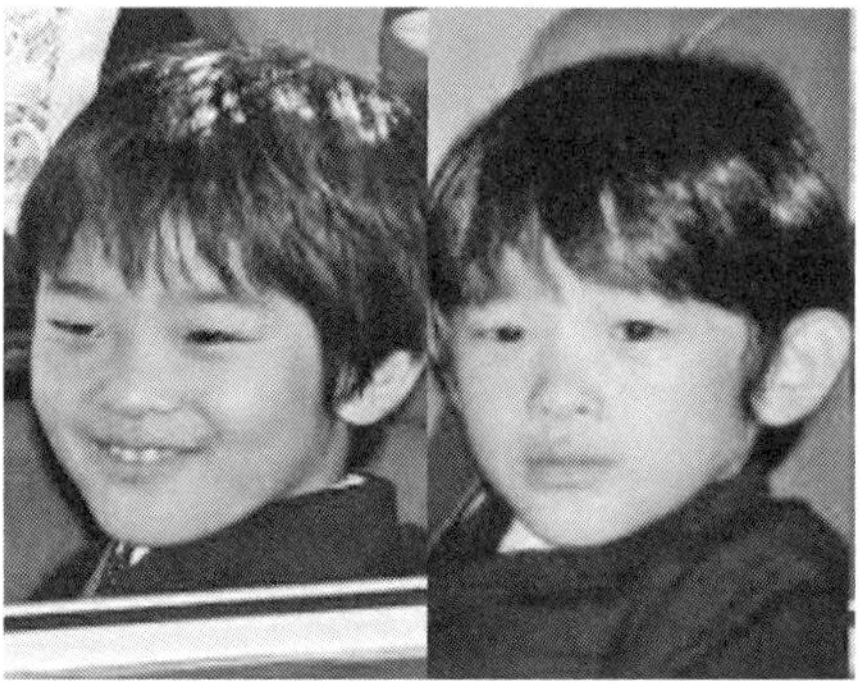

右が本物で、左が偽物

右が本物で、左が偽物

影武者二人目登場。右が一人目の偽物で、左が二人目の偽物

2枚は2019年３月と４月に撮影。わずかひと月で変化。似ているけど、耳の高さと形、あごの形と長さが違う。ここまでが影武者一人目。さらにもう一人影武者がいます

２０１９年８月にブータンを私的に訪問。

ブータンはさすがに幸福度世界一で、指導が徹底した行き届いた国ですから、悠仁親王殿下も良い御影響をお受けになって細いつり目も大きく開かれ、少しハンサムに癒されたようです。そんなわけないよ！

二人目の偽物。ＢＥＦＯＲＥも目のつり上った偽物で、ブータン以降登場したＡＦＴＥＲも別人。本物含めて三人いることになります。

悠仁親王殿下の場合は今後どのように本物と偽物の二人を使い分けるのか不明ですが、偽物が将来、本物に取って代わられたまま天皇即位なら万世一系の終焉であり、大変なことになります。

エレミヤ書33：20－22「主はこう仰せられる。もし、あなたがたが、昼と結んだわたしの契約と、夜と結んだわたしの契約とを破ることができ、昼と夜とが定まった時に来ないようにすることができるなら、わたしのしもべダビデと結んだわたしの契約も破られ、彼には、その王座に着く子がいなくなり、わたしに仕えるレビ人の祭司たちとのわたしの契約も破られよう。天の万象が数えきれず、海の砂が量れないように、わたしは、わたしのしもべダビデの子孫と、わたしに仕えるレビ人とをふやす。」

第三章

神がダビデと結んだ契約こそが日本皇室(ユダ族)「万世一系」

ダビデ王朝の血筋をふり返る！

神様がダビデと結んだ契約とは、昼と夜が正常に来る限り、「ダビデには、イスラエルの家の王座に着く人が絶えることはない」こと、すなわち日本でいう、同じ血筋の王が継続する「万世一系」の約束です。ダビデの子が王になり、その子がまた王になると代々、王の血筋が絶えなく続く約束です。

南ユダのダビデ王朝の血筋とは無縁な北イスラエルの初代王ヤロブアムを例に考えても、この約束は至難の業を神様ご自身が公約したものです。

ヤロブアム王の家系は時代の流れの中で、やがて別の家系の人物バシャに王座を奪われ、バシャの家系も他人に王座を奪われています。権力闘争の激しい戦国時代、たった一つだけの王族が途切れることなく代々続くことのほうが至難の業です。しかし、南ユダのダビデ王朝は同じ血筋の王が継続する「万世一系」が聖書で判明しただけでも４００年間も続いているのです。

ダビデ王 ↓ ソロモン王（ダビデ王の子）↓ レハベアム王（ソロモン王の子）↓ アビヤム王（レハベアム王の子）↓ アサ王（アビヤム王の子）↓ ヨシャパテ王（アサ王の子）↓ ヨラム王（ヨシャパテ王の子）↓ アハズヤ王（ヨラム王の子）↓ ヨアシュ王（アハズヤ王の子）↓ アマ

ツヤ王（ヨアシュ王の子）→ウジヤ王（アマツヤ王の子）→ヨタム王（ウジヤ王の子）→アハズ王（ヨタム王の子）→ヒゼキヤ王（アハズ王の子）→マナセ王（ヒゼキヤ王の子）→アモン王（マナセ王の子）→ヨシヤ王（アモン王の子）→エホアハズ王（ヨシヤ王の子）→エホヤキム王（ヨシヤ王の子）→エホヤキン王（エホヤキム王の子）→ゼデキヤ王（ヨシヤ王の子）

しかし、その後の南ユダはバビロン捕囚で４００年の歴史が途絶えてしまい、「万世一系」は終焉を迎えたのでしょうか？

聖書ではこの系図の最後のゼデキヤ王についてこうあります。

第二列王記25：7「彼らはゼデキヤの子らを彼の目の前で虐殺した。王はゼデキヤの目をつぶし、彼を青銅の足かせにつないで、バビロンへ連れて行った。」

ゼデキヤの子らは全滅です。ユダ族滅亡でしょうか？　いいえ、そんなことは絶対ありません。聖書に神様が「ダビデには、イスラエルの家の王座に着く人が絶えることはない」と公約されたからです。聖書の歴史に書かれていないだけで、南ユダが失われたイスラエルの部族として不明になっただけで、「万世一系」は場所を変えて海外の日本で今に至るまで脈々と続いていたのです。ゼデキヤ王より7代さかのぼる先代のヒゼキヤ王の時代に、ユダ族はバビロン捕囚に備えて場所を変え、ダビデ王朝の王位継承をしていたのです。

ヒゼキヤ王（アハズ王の子）→インマヌエル王（神武天皇）（ヒゼキヤ王の子）→
歴代天皇125代→現在126代目　今上天皇

神様は自然法則を賭けてまで、ダビデ王朝は絶えないと書かれているではありませんか。もし、ダビデ王朝の「万世一系」が破られるときが来れば、その日は、「昼と夜とが定まった時に来ない」ような究極の天体異常のときで、それは世界の終わりのときではないでしょうか！　聖書に世界の終わりの記述があります。

黙示録6：12－14「私は見た。小羊が第六の封印を解いたとき、大きな地震が起こった。そして、太陽は毛の荒布のように黒くなり、月の全面が血のようになった。そして天の星が地上に落ちた。それは、いちじくが、大風に揺られて、青い実を振り落とすようであった。天は、巻き物が巻かれるように消えてなくなり、すべての山や島がその場所から移された。」

ユダ族の万世一系は終末時計になっている⁉

ダビデ王朝の末裔である皇室の天皇による「男系男子」の「万世一系」が破られるとき、世界の終わりのときではないでしょうか！　天皇制度こそ世界の終わりを告げる「終末時計」であり、世の終わりの鍵を持たされている特別な王族なのです！

神様は御自身の契約に忠実なお方ですから、「わたしのしもべダビデと結んだわたしの契約」であるユダ族の「万世一系」が太陽の軌道が変わらない限り継続するように、見えざる御手《みて》で今も昔もいつの時代も支えておられるのです！　天皇家が優れているからではありません。彼らの行ないや人格などとは無関係に、3000年前の神様とダビデ王との間に誓って結ばれた契約に忠実な神様ゆえにそうなのです。

詩篇132：11、12「主はダビデに誓われた。それは、主が取り消すことのない真理である。『あなたの身から出る子をあなたの位に着かせよう。もし、あなたの子らが、わたしの契約と、わたしの教えるさとしを守るなら、彼らの子らもまた、とこしえにあなたの位に着くであろう。』」

南北王朝の系図

北王国(イスラエル)				
歴代	王名	在位年数	累計年数	参照箇所
	－			
	－			
1	ヤラベアム	22	22	上14-20
2	ナダブ	2	24	上15-25
3	バアシャ(謀反人)	24	48	上15-33
4	エラ	2	50	上16-8
5	ジムリ(謀反人)	七ヶ月	50	上16-15
6	オムリ	12	62	上16-21
7	アハブ	22	84	上16-28
8	アハジヤ	2	86	上22-51
9	ヨラム	12	98	下3-1
10	エヒウ(謀反人)	28	126	下10-36
11	エホアハズ	17	143	下13-1
12	ヨアシ	16	159	下13-10
13	ヤラベアム	41	200	下14-23
14	ゼカリヤ	六ヶ月	200	下15-8
15	シャルム(反逆人)	一ヶ月	200	下15-13
16	メナヘム(反逆人)	10	210	下15-17
17	ペカヒヤ	2	212	下15-23
18	ペカ(反逆人)	20	232	下-15-27
19	ホセア(反逆人)	9	241	下17-1
	北の合計	**241年**		

在位年数は列王紀(上)(下)より抜粋した。

北王国はかつてサウル王を支持した部族である。
北では、力のある者が王位を奪う下克上が繰り返された。
そのため王位継承は不連続である。これがサマリヤ人に続く。

南王国(ユダ)				
歴代	王名	在位年数	累計年数	参照箇所
	ダビデ	40	列王紀上 2-11	
	ソロモン	40	列王紀上 11-42	
1	レハベアム	17	17	上14-21
2	アビヤム	3	20	上15-1
3	アサ	41	61	上15-9
4	ヨシャパテ	25	86	上22-41
5	ヨラム	8	94	下8-16
6	アハジヤ	1	95	下8-25
アタリヤ(アハジヤの母)		6	101	下11-3
7	ヨアシ	40	141	下12-1
8	アマジヤ	29	170	下14-1
9	アザリヤ(ウジヤ)	52	222	下15-2
10	ヨタム	16	238	下15-33
11	アハズ	16	254	下16-2
12	ヒゼキヤ	29	283	下18-1
13	マナセ	55	338	下21-1
14	アモン	2	340	下21-19
15	ヨシヤ	31	371	下22-1
16	エホアハズ(エジプト)	三ヶ月 兄	371	下23-31
17	エホヤキム(隷属)	11 弟	382	下23-36
18	エホヤキン(捕囚)	三ヶ月	別名エコニヤ	下24-8
19	ゼデキヤ(処刑)	11	393	下24-18
	南の合計	**393年**		

南王国はエルサレムが首都のダビデ王朝である。
アハジヤの母が一時実権を握ったが、アハジヤの子が王位を継承
したのでダビデの王朝は継承された。これがユダヤ人へと続く。

II歴代誌7：17、18「あなたが、あなたの父ダビデが歩んだように、わたしの前に歩み、わたしがあなたに命じたことをすべてそのまま実行し、わたしのおきてと定めとを守るなら、わたしが、あなたの父ダビデに、『あなたには、イスラエルを支配する者となる人が絶えることはない。』と言って契約を結んだ通り、あなたの王座を確立しよう。」

北イスラエルにおいて19人の王たちすべての歴史が背教史でした。南ユダも21人の王たちの中でダビデ王のような神様に忠実な「主の目にかなうことを行なった」王たちも数人いましたが（列王記第二12：2、14：3）、大半は背教史でした。しかし、不忠実な悪王たちが統治しても南ユダの

「万世一系」が崩壊しなかったのは、神様がいつもこらえて「ダビデに免じて」赦《ゆる》されたからでした。悪王アビヤムの場合もそのようです。

第一列王記15：3－5「彼（アビヤム）は父がかつて犯したすべての罪を行ない、彼の心は父ダビデの心のようには、彼の神、主と全く一つにはなっていなかった。しかし、ダビデに免じて、彼の神、主は、エルサレムにおいて彼に一つのともしびを与え、彼の跡を継ぐ子を起こし、エルサレムを堅く立てられた。それはダビデが主の目にかなうことを行ない、ヘテ人ウリヤのことのほかは、一生の間、主が命じられたすべてのことにそむかなかったからである。」

アビヤムのような悪王たちが統治しても、王家は継承されて「万世一系」を奇蹟的に死守できたのは、「ダビデに免じて、彼の神、主は、エルサレムにおいて彼に一つのともしびを与え、彼の跡を継ぐ子を起こし、エルサレムを堅く立てられた」からです。罪犯すアビヤムが立派だからではなく、ダビデが立派だったから、神様がダビデと契約を結ばれたから、「ダビデに免じて」守られた、ただそれだけの理由です。

現在の日本の天皇制度が長く続くのも、歴代天皇たちが優れて立派だったからではないです。先述の第一章の通り、偽物愛子様を囲んでニコニコしながらちゃんと座って集合写真を撮ってるような人たちです。私たちと変わらない、神様の御前ではみんな弱さある罪人です。しかし今まで滅ぼされないで2600年来126代も続いたのは、ユダ族の血を引くダビデ王の末裔だったからなのです。「ダビデに免じて」赦され、守られてきたのです。しかし、その幸いは「万世一系」が続く限りのことです。この男系男子の制度大崩壊のとき、世界の終わりが来るのではないでしょうか！　今の令和の時代がまさに影武者ばかりを起用して、自ら栄えあるユダ王族の血筋を断とうとしている大変危険なときなのです。近年の天体異常気象も、ゆらぐ万世一系を象徴しているかのようです。

第二歴代誌23：3「こうして、全集団が神の宮で王と契約を結んだ。そのとき、彼はこう言った。『ご覧のとおり、主がダビデの子孫について約束されたように、王の子が王となるのです。』」

アビヤム王の孫ヨシャパテ王が南ユダ王国に即位した時代、先述でも少し触れましたが、列王記第一22章によると、北イスラエルのアハブ王はヨシャパテ王に「私は変装して戦いに行こう。でも、あなたは、自分の王服を着ていてください」とアハブ王の影武者になることを願い、ヨシャパテ王は愚かにもこれを受け入れました。

すると戦地で敵国アラムの王は、自分の配下の戦車隊長たち32人に命じて「兵や将校とは戦うな。ただイスラエルの王アハブを目ざして戦え」と命じていたので戦車隊長たちは王服を着たヨシャパテ王を見つけたとき、「確かにあれはイスラエルの王に違いない」と思い、彼のほうに一斉に向かっていきました。絶体絶命のヨシャパテ王は助けを叫び求めました。すると戦車隊長たちは、彼がイスラエルの王ではない影武者であることを知って、彼を追うことをやめ、引き返しました。戦車隊長たち32人の攻撃を受けずに済んだヨシャパテ王ですが、九死に一生を得たことも神様がダビデと契約された通りにユダ王族の血筋を守るために他ありません。ヨシャパテ王が奇蹟的に生き延びられたから、後にはその子ヨラムが南ユダの王となり、万世一系はここでも保たれました。

ダビデ王朝存続の危機は、その後、ヨラム王の息子アハズヤが死んだときにも訪れました。アハズヤ王の母アタルヤが王権をとって7年間、あわや「万世一系」崩壊の絶体絶命、ダビデの家系滅亡の大ピンチでした。

第二列王記11：1－3「アハズヤの母アタルヤは、自分の子が死んだと知ると、ただちに王の一族をことごとく滅ぼした。しかし、ヨラム王の娘で、アハズヤの姉妹のエホシェバが、殺される王の子たちの中から、アハズヤの子ヨアシュを盗み出し、彼とそのうばとを寝具をしまう小部屋に入れて、彼をアタルヤから隠した。それで、彼は殺されなかった。こうして、彼はうばととともに、主の宮に六年間、身を隠していた。その間、アタルヤがこの国の王であった。」

ユダの悪王、アハズヤ王が死んだあと、その母アタルヤがただちに王位継承順位の高い「王の一族をことごとく滅ぼして」、「男系男子」の血筋に背く女性の王として自らが即位しました。アタルヤはダビデの血族ではない部外者なのに、「万世一系」を7年間暴虐で奪いました。しかしその治世の7年目にこれではいけないと、内乱革命が起きました。部外者で女系女子のダビデ契約外の女帝であるアタルヤは王宮で剣にかけて殺され、代わりに正規のユダ族のダビデ王の血筋である男系男子、ヨアシュが7歳で王となり、ダビデ契約の「万世一系」は見事に回復しました。同じ一世代の中で王位を正規継承者に原状回復する動きは、ちょうど明治天皇すり替え事件と同じことで、この時代にも起きていたのです。ヨアシュ王はアタルヤが不正に王権をとった大混乱のとき、ユダ王族の王子たちが大虐殺される最中にまだ生まれたばかりの赤子だったので、小さく目立たずにこっそりうばによって救い出され、主の宮に6年間、身を隠していたその子でした。こうして血統のヨアシュ王は7歳で王になりました。

第一列王記11：36「彼の子には一つの部族を与える。それはわたしの名を置くために選んだ町、エルサレムで、わたしのしもべダビデがわたしの前にいつも一つのともしびを保つためである。」

その後、南ユダ王国はBC586年にバビロン帝国に滅ぼされましたが、その直前に国外脱出した大量のユダヤ人難民が日本に集団移住しました。それは74年前のBC660年に日本で神武天皇が即位してすでに成功を収めている第二のユダヤ王国の噂を知っていたからでしょう。

ユダ族応神天皇の証拠はいくつもある⁉

宮内庁は天皇のDNA調査や墓の証拠品調査を固く拒絶していますが、天皇がイスラエルにルーツがあることが判明すれば、原油大国イスラム圏のアラブ諸国から敵視される国際問題を懸念してのことと思われます。しかし、古文書では15代目、応神天皇のときも19万人のユダヤ人が来日帰化しました。

ちなみに応神天皇の諡号《しごう》「誉田天皇広幡八幡麿」（ホムタノスメラミコト・ヒロハタ・ヤハタマロ）とは、ヘブライ語で「ユダ族が豊かに住む王国の丘陵にて、都を立ち上げ、栄光の神を奉れ！」という信仰を宣言し、人々を激励する言葉です。名前の中に「ユダ族」が含まれています。天皇家は代々、ユダ族です。

聖書を学ぶと良くわかりますが、ユダヤ人は最初のアダムが動物にそれぞれ出自の起源にふさわしい名前を付けた聖書記録から、人にも出自にふさわしい名前を付ける習慣があります。応神天皇の場合も「ユダ族」と告白しています。

その後、日本に舞台を移してもユダ族への「万世一系」破壊工作は執拗に続きました。なぜなら悪魔はいつも神様の御言葉と御計画に反対して、その実現を見ないよう邪魔する敵対者だからです。

その具体的な働きかけが人を通じて起きます。天平神護2（766）年、48代目、女帝・称徳《しょうとく》天皇の愛人として力を伸ばしてきた道鏡《どうきょう》の台頭もそうです。副天皇という、これまでになかった位で、皇族しか継げない聖域に、宮廷の誰もが道鏡が次期天皇かと疑念と不安を抱いていました。日本三大悪人の一人と言われる道鏡はユダ族の血筋ではないどころか一介の僧という部外者です。九州・大宰府から「道鏡を天皇にすべし」とする宇佐八幡の神託が届き、喜ぶ女帝に反対の声をあげる臣下ら。あわや国家を乗っ取りかけた大騒動の顛末《てんまつ》は、女帝が占い師に相談すると神の言葉は「国が始まって以来、主君と臣下は定まっている」。すなわち道鏡の即位は否定され、そうこうしているうちに女帝・称徳天皇は病死。道鏡は左遷されて一件落着しました。

第二列王記8：19「主は、そのしもべダビデに免じて、ユダを滅ぼすことを望まれなかった。主はダビデとその子孫にいつまでもともしびを与えようと、彼に約束されたからである。」

ここで10人の女性天皇が過去にいたではないか、という意見に関しましては、ヒゲの殿下の言葉をもう一度お借りします。

33代　推古天皇
35代　皇極天皇
37代　斉明天皇
41代　持統天皇
43代　元明天皇
44代　元正天皇
46代　孝謙天皇
48代　称徳天皇
109代　明正天皇
117代　後桜町天皇

「たとえば、かつて十代八方の女帝がいらしたことが、女帝論議に火をつけているような部分があります。あの方たちはたしかに存在なさいましたが、そのほとんどは皇女、つまりお父様が天皇でいらした男系の女子です。また、もともと皇后でいらして、天皇が亡くなられたため即位された方も多く、ほとんどが御家系の中の適齢期の方が即位されるまでの中継ぎ役、ピンチヒッターとしての即位でした。また、独身で即位された方は終生、配偶者を求められていません。つまり結婚なさいませんでした。これらの女帝と、今、認められようとしている女系の天皇というのはまったく意味合いが違い、これからやろうとしていることは二千六百六十五年間つながってきた天皇家の系図を吹き飛ばしてしまうことだという事実を、国民にきちんと認識してもらいたい」

つまり、現在までもユダ族の「万世一系」は奇蹟的にイスラエル国内でユダ族21代（約400年）、日本国内で皇室126代（約2600年）、合計147代、約3000年来も保たれているのです！

歴代天皇が優れていたからでもなく、日本が優れていたからでもないです。ダビデとの間に「万世一系」契約を交わされた神様が、御自身の契約に忠実だったからそうなっているのです。

この奇蹟を悟るだけでも人類史介入の神様の摂理と存在を感じます。

明治天皇と大室寅之祐入れ替わり説

皇室の歴史では、現在、問題進行中の愛子様や悠仁様のような替え玉入れ替わりがしばし行われていますが、その闇深い歴史は明治天皇すり替え事件でも良く知られています。以前から、長州藩に住んでいた南朝の末裔である大室寅之祐が、江戸時代最後の天皇であった孝明天皇の息子であり、本来なら明治天皇になるはずであった睦仁親王とすり替えられて明治天皇になったという説です。

大室寅之祐が孝明天皇の息子と入れ替わって明治天皇になった経緯を、明治天皇の実の孫、中丸薫さんの著述からまとめると以下の通りです。

鎌倉時代に、後醍醐天皇が幕府から統治権力を奪って建武の新政を敷いたが、結局は幕府勢力に破れて吉野の山に落ち、南朝を興した。以降、京都に残った天皇(北朝)との対立が続く南北朝時代に入るが、その後、北朝側では足利義満が、自分の娘を皇室に嫁がせたり、さらには自分が北朝の女性との間に子を作り天皇にしてしまったため、その時点で、神武天皇以来続いてきた男系の皇統が途切れてしまった。幕末になり、長州藩にいた後北条家の末裔の志士や吉田松陰が、やはり天皇家は本来の神武天皇の系統に戻すべきだと藩に進言し、長州藩により、天皇家の南朝への回帰作戦が開始された。大室寅之祐は、南朝(後醍醐天皇)の末裔であるが、大室家は毛利家に保護されて長州に住み着いていた。伊藤博文、岩倉具視らが、大室寅之祐に帝王学を徹底的に教え込み、最終的に孝明天皇の息子とすり替えて大室寅之祐を明治天皇として担ぎ上げたということです。ですから、皇室は北朝から南朝に戻り、結果、「男系男子」の「万世一系」は奇蹟的に今も続いているというのです。

エレミヤ33：17「まことに主はこう仰せられる。『ダビデには、イスラエルの家の王座に着く人が絶えることはない。』」

さらに終戦直後にも「万世一系」への重大な挑戦がありました。戦後60年にあたる2005年、外務省の秘密文書の存在が明かになりました。それは、1948年10月に作成された『皇室に関する諸制度の民主化』です。占領下の日本でGHQ（連合国軍総司令部）が、いかに皇室の弱体化に腐心したのか、詳細に記されていました。当時GHQ内では、皇位継承を男子に限っているのは、男女平等に照らして疑問だ、との声が上がっていたそうです。ただ文書には、「日本の歴史上女帝に弊害の伴った事例等を説明した結果、司令部側はこれを固執しなかった」とあり、「万世一系」あわや壊滅の危機でした。

第二歴代誌21：7「主は、ダビデと結ばれた契約のゆえに、ダビデの家を滅ぼすことを望まれなかった。主はダビデとその子孫にいつまでもともしびを与えようと、約束されたからである。」

こうして近年、今上天皇の精が薄い、皇后も流産と高齢出産という危機が訪れました。生まれた子は愛子様、女子。これで万世一系は断たれたかと思われる、皇室典範第一条改正が国会で議論される最中に奇蹟的に絶妙なタイミングで今上天皇の弟である秋篠宮文仁親王の夫婦が悠仁親王殿下を懐妊され出産したのです。

しかも男系男児ゆえ皇位継承順位1位。全世界は日本で起きているこのような神様の奇蹟的な見えざる手の動きを悟ってほしいです。神様の奇蹟が現代も不思議に働いています。

水面下では宮内庁への個人伝道、キリスト教の聖書の真実を広めようと名もなきクリスチャンたちが立派に活動しています。詳細は絶対言えませんが、皇室関係者たちにも福音は確実に浸透して、隠れクリスチャンたちも大勢います。

彼らが聖書の約束、神様がダビデと結んだ、とこしえの変わらない愛の契約を悟って、つまらないプライドや世間体から影武者を安易に導入するような愚策は早期にやめて、正常な血族のみに戻すことを願います。今ならまだ間に合います。国民はそんなに愚鈍ではありません。

民度の高さから安易な暴動は起こさない静かな国民性ですが、賢く静かに悟る者は悟っています。少なくとも本書を読まれるような真理を探究することに熱心な優れた精鋭たちが大勢いることを忘れてはならないです。できれば、パソコン検索が得意な若い世代より、パソコンができない高齢者の皆様に本書を届けてほしい。なぜなら、高齢者にこそ皇室への支持層が圧倒的に多く、しかし愛子様影武者説など検索することができない人たちだからです。

詩篇40：10「私は、あなたの義を心の中に隠しませんでした。あなたの真実とあなたの救いを告げました。私は、あなたの恵みとあなたのまことを大いなる会衆に隠しませんでした。」

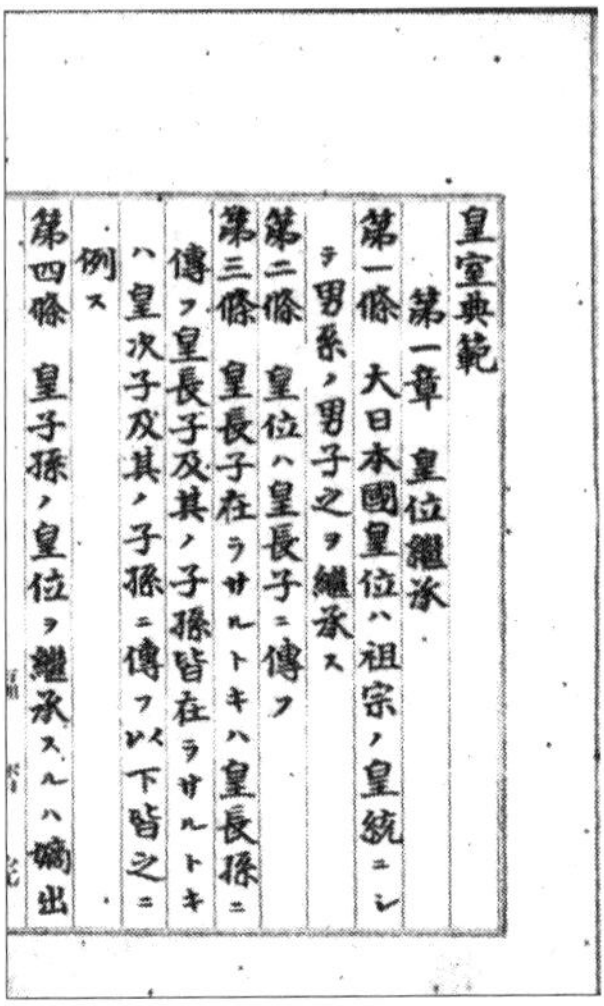

皇室典範

第一章　皇位繼承

第一條　大日本國皇位ハ祖宗ノ皇統ニシテ男系ノ男子之ヲ繼承ス

第二條　皇位ハ皇長子ニ傳フ

第三條　皇長子在ラサルトキハ皇長孫ニ傳フ皇長子及其ノ子孫皆在ラサルトキハ皇次子及其ノ子孫ニ傳フ以下皆之ニ例ス

第四條　皇子孫ノ皇位ヲ繼承スルハ嫡出

皇室典範、このたった一枚の紙きれが書き換えられるとき、世界の終焉が来る⁉

神様がダビデ王とその末裔なるユダ族に対して契約された御言葉は、天体が正常に続く限り、現代でも揺るがずに有効です。

詩篇19：５－６「太陽は、部屋から出て来る花婿のようだ。勇士のように、その走路を喜び走る。その上るのは、天の果てから、行き巡るのは、天の果て果てまで。その熱を、免れるものは何もない。」

２０１９年に新天皇陛下は59歳2か月で即位されました。生年月日の記録が残る8世紀後半以降の天皇では、２番目に高齢での即位です。皇居御所は東京都千代田区千代田１－１です。その父である上皇は１９３３年（昭和８年）12月23日生まれで85歳で天皇陛下を引退されました。ですから新天皇陛下が同じく85歳まで就任されると仮定すると、あと26年間です。あくまで単純計算ですが、天皇継承順位第1位の悠仁親王は２００６年生まれで現在13歳。26年後に39歳で天皇就任なるか？　２０１９プラス26年で２０４５年に世代交代して万世一系が断ち切られて世界の終わりとなるか？　地球滅亡まであと26年。というふうには単純にならないと思いますが、今の影武者である偽物の悠仁親王がそのまま続いて天皇になったら、隠れユダ族なる日本と世界の将来は風前のともしびです。仮にそうなっても、明治天皇すり替え事件のときのように、偽物から本物へのすり替え工作が誰か勇志たちによって成されると期待しますが、それは聖書のダビデ契約を知る皇室内のクリスチャンかもしれません。現代はあの明治天皇すり替えの頃とは大分事情が違って、映像解析が発達したので国民をあざむく偽装工作は至難の業であり、ましてや26年後の未来なら、すり替えなんて子供騙しは、まず通用しないです。早期に皇室はそれを悟って、安易な愚策、影武者導入制度を一切廃止して元の血族に戻さないと未来はいよいよ取り返しがつかなくなります。そうでなければ、悠仁親王が新天皇となって即位してから死ぬまでのこの世代に、太陽が光を失う世界の終わりが来るでしょう。

イザヤ11：10「その日、エッサイの根（ルーツ）は、国々の民の旗として立ち、国々は彼を求め、彼のいこう所は栄光に輝く。」

神武天皇もユダ族直系天皇で間違いなし！

日本の初代「神武天皇」の正式な名前は「神日本磐余彦天皇」（カム・ヤマト・イワレ・ビコ・スメラ・ミコト）」です。ユダヤ人言語学者ヨセフ・アイデルバーク氏によると、これはヘブル・アラム語で「カム・ヤマトウ・イベリ・ペコ・シュメロン・マクト」と聞こえるとの指摘が今日、混乱を招いています。

これは「サマリアの王、ヤハウエ神のヘブライ民族の高尚な創設者」を意味し、サマリアは北イスラエル王国のことで、サマリアの王とはエフライム族の王家なので、神武天皇は北イスラエル王国エフライム族であると言います。

しかし、それは違います。この「神日本磐余彦天皇」の名前は聞き方次第でまったく違う意味になり、その場合、「サマリアの王」は名前に入りません。イスラエル大使館に行ってユダヤ人に聞いてみてください。ユダヤ人言語学者ヨセフ・アイデルバーク氏にはそう聞こえても、皆の耳がそうではないです。古代のヘブライ語と今のヘブライ語の発音の違いも大きいですから、聞き違いは理解できますが、この間違いは大きいです。正確には、古代西アジア言語のヘブライ語とアラム語で、「カム・ヤマト・イワレ・ビコ・ノミコト」。その真相は「神の民であるユダヤ人が建国して生んだ最初の栄光ある主」、「神の選民によるユダヤ国家の栄誉ある初代国王」、「栄光在主」のほうがヘブライ語の流れもすっきりとします。

「カム」＝「クム」＝「群れを大量に集める」

「ヤマト」＝「ヤ・ウマト」＝「ヤハウェ」＝「神の民であるユダヤ人」
「イワレ」＝「イワラ」＝「イフディ」（セム語派のアラム語）＝「南ユダ王国の民」
「ビコ」＝「最初に生まれた子供・初子」
「ノミコト」＝「スメラミコトの略語」＝「栄光が主にあれ」
「ミコト」＝「栄光」

ですから、「カム・ヤマト・イワレ・ビコ・ノミコト」は、直訳で「群れを大量に集める」「神の民であるユダヤ人」「南ユダ王国の民」「最初に生まれた子供・初子」「栄光が主にあれ」となります。

ヘブライ語は右から左に読みますから、翻訳すると、「栄光ある主、長子、南ユダ王国の民、選民ユダヤ人の王国」です。「サマリヤの王」とは絶対なりません。「神武天皇」は「応神天皇」同様に「南ユダ王国の民」と告白しています。「神武天皇は神様に選ばれたユダヤ人の南ユダ王国の民の最初の主権者です」

恐らくヨセフ・アイデルバーク氏は大きなアミシャーブ組織には逆らえないから、当たり障りのない定説の範囲内でサマリヤ説を選んだのでしょう。しかし、事実は「神武天皇は南ユダ王国、ユダ族」出自です。

渡来した南ユダ族のインマヌエル王子こそダビデ王族の血を引く後の神武天皇です。注意しないと混乱することは、古事記の系図も聖書に合わせて書かれています。誤訳が生じていますが、

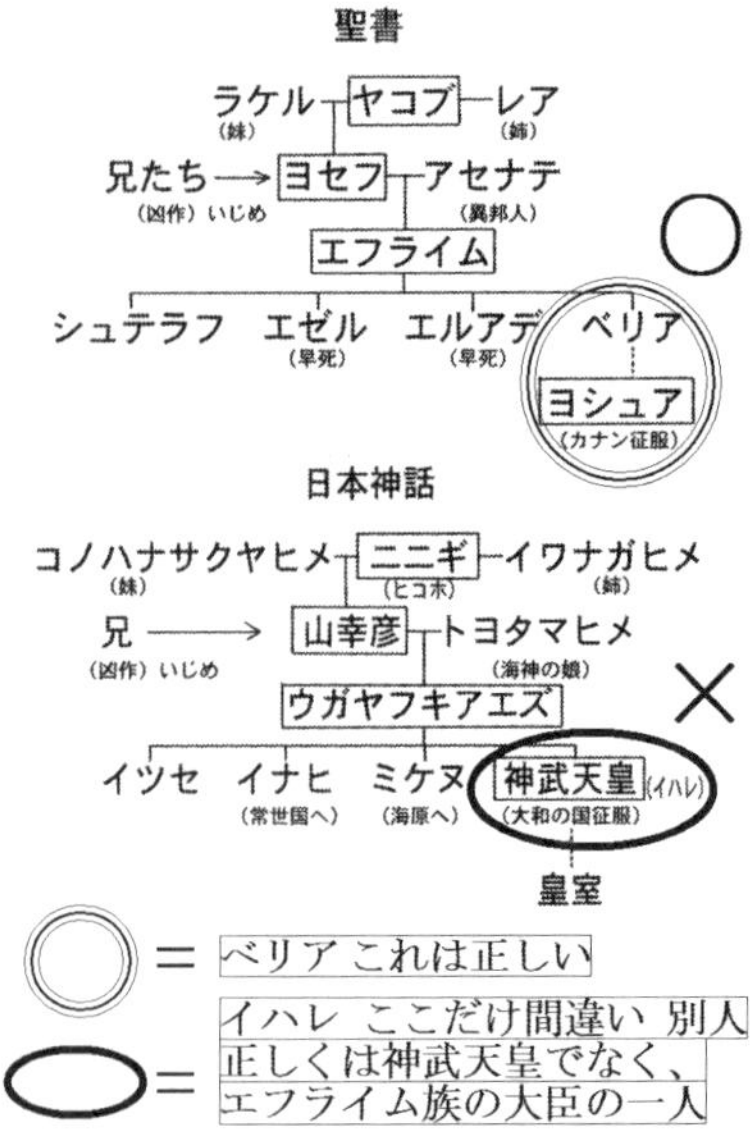

ユダヤ人の聖典原本は古事記でなく聖書です。インターネットでは神武天皇はエフライム族だという間違った系図とヨセフ・アイデルバーク氏の聞き違い情報がコピペで氾濫して定説になっています。

聖書ではこのような間違いに惑わされないよう警告しています。大事なのは聖書で、後からできた古事記も系図も聖書を原本に創作したものです。

テトス3：9「愚かな議論、系図、口論、律法についての論争などを避けなさい。それらは無益で、むだなものです。」

第一テモテ1：4「果てしのない空想話と系図とに心を奪われたりしないように命じてください。そのようなものは、論議を引き起こすだけで、信仰による神の救いのご計画の実現をもたらすものではありません。」

この聖書と古事記の間違った系図比較ですが、全体の人物はたぶんいいでしょう。しかし、最後の大事な一人がまったく違うあてつけの別人です！　この系図では聖書の「ベリア」(第一歴代誌7章23節）が古事記の「イハレ」に該当した「神武天皇」になっています。大変な間違いです！　この系図を作った人は、神武天皇エフライム説を信じて比較するから最後がそうなるわけで、大間違いです。聖書のベリアとは、

第一歴代誌7：23「その後、エフライムは、妻のところに入った。彼女はみごもって男の子を産んだ。彼はその子をベリアと名づけた。その家がわざわいのさなかにあったからである」

神武天皇が生まれたのはBC711年2月13日、イザヤが父祖で父がヒゼキヤ王です。神武天

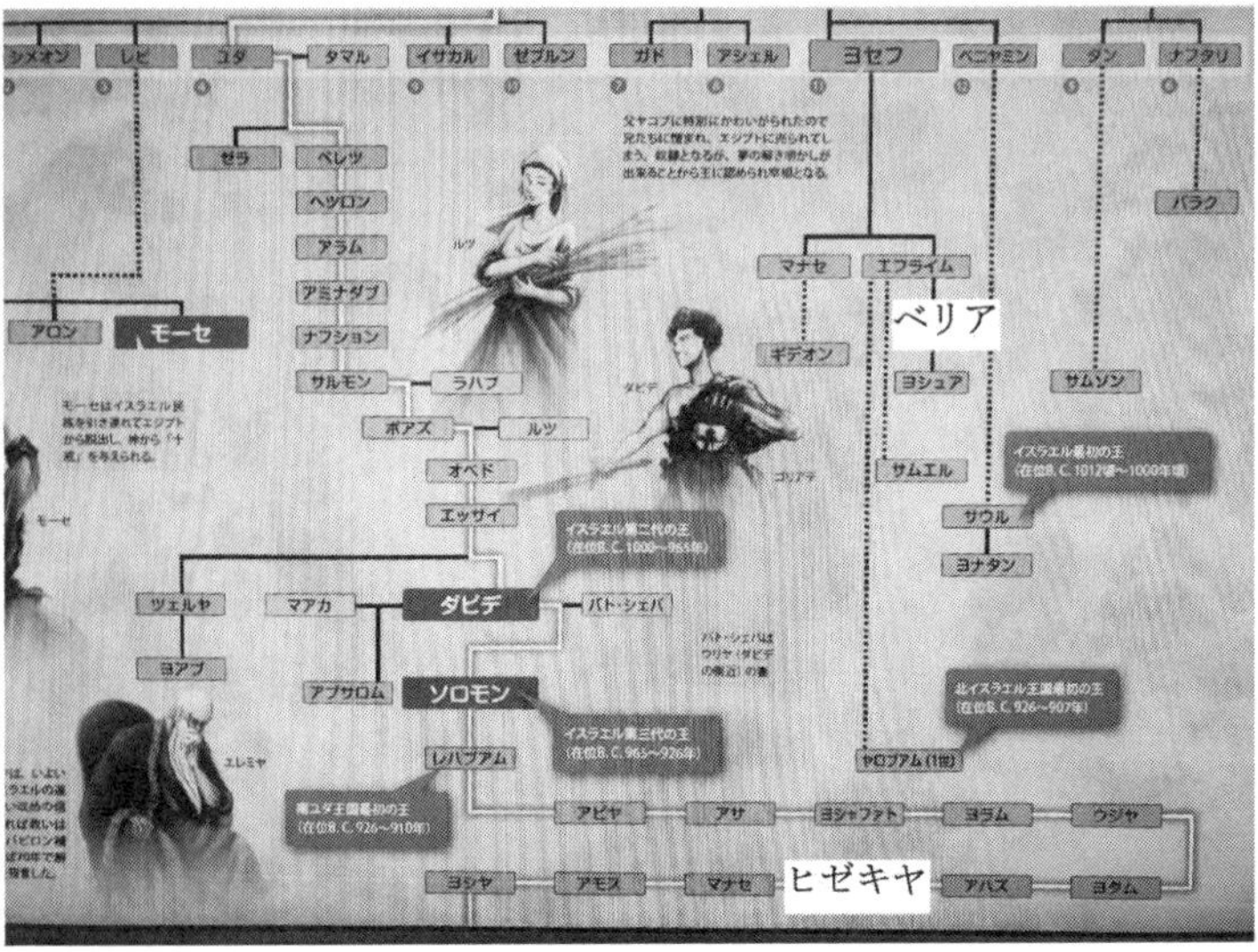

皇は、ヒゼキヤ王の息子です。この次の系図を見てください。ベリアとヒゼキヤはこんなに家系も時代も離れています。ベリアはヨセフから数えて3代目の末なるエフライムの子供です。一方、神武天皇はヨセフの兄ユダから数えて21代目にあたるヒゼキヤ王の子供。22代目のインマヌエル王子です。ベリアとは時代が違います。

聖書のベリア＝古事記のイハレまではいいですが、その後の、＝神武天皇。これは違います。神武天皇はヒゼキヤ王の子供インマヌエル王子です。では、ベリアは誰ですか？　ベリア、古事記で言うイハレはエフライムの子孫で日本に渡来した、北イスラエルのリーダーだった人でしょう。しかし、先に北イスラエルが滅亡したから、先に北イスラエルの一行が逃げ出して来日したとしても、必ず全員が日本で王になるわけではありません。あくまで北イスラエルの民を国難から救い日本まで導いた実力者のリーダーです。しかし、その後、沖縄経由で渡来していた南ユダのインマヌエル王子と奈良県で合流して、南北が統一するような劇的な同族の和解と一致の中で、12部族から選ばれた日本国、最初の王が南ユダのインマヌエル王子、すなわち神武天皇なのです。

もちろん北イスラエルのエフライム族を中心とした10部族もこれに同意して心から歴史的なイスラエル第二王国の建国を日本で共に喜び祝ったことでしょう。この聖書と古事記の系図比較は最後のベリアを天皇エフライム説の先入観から神武天皇に勝手に想像で当てはめただけであり、根拠がないです。

現実は聖書のベリア＝古事記のイハレ＝北イスラエル、エフライム族のリーダーです。恐らく神武天皇のもとで協力関係に入り、その後、このリーダーも重要な日本の国政をつかさどる大臣となったことでしょう。

日本最古の盆踊り「ナギャド・ヤラ」はユダ族の踊り!?

北イスラエルのエフライム族が日本の最初の統治者、天皇その人ではない証拠があります。

ヘブライ語の研究者として、日本に残る民謡の中にヘブライ語のことばが残っていることを指摘した川守田英二博士の書いた『日本ヘブル詩歌の研究　上巻』（八幡書店）および『日本の中のユダヤ』（たま出版）にはこう記載しています。

「わが皇室はイスラエルの大王ダビデの永遠の位を踏襲している」

川守田博士は日本はイスラエルの失われた10部族の末裔ではなく、南朝ユダ族の末裔であると述べ、日本にはユダの国名が地域に多数残っていることも指摘しています。

「日本に残るたくさんのヘブル詩歌を研究するとき、その中には神の名前、『ヤー』『ヨー』『ヤーウ』『ヤーエ』のエホバの4種の別名、及び『エル』『エローイ』の普通名詞が使われている。しかし、イスラエル北朝の神名『エローヒイム』が一度も出てこない」

「南朝ユダの国名は、日本には『ヤワダ』（八幡）として多く存在する。同じ南朝ユダの名前は、日本ヘブル詩歌にも『ヤーウド』『ヨーウド』となり何度も登場する。しかるに、北朝イスラエルの国名は、ただの一度も出現しない」

川守田英二博士は間違いなく、各種の証拠分析から天皇は南ユダ族だと指摘しているのです。

以下の東北地方一帯に歌い継がれた日本最古の盆踊り「ナギャド・ヤラ」では、はっきり単純にこの事実を民間伝承しています。ＢＣ１４４７年にモーセに指導され、エジプトの奴隷から脱出したイスラエル民族の軍歌から始まって、ＢＣ６６０年に即位した神武天皇の歌に改作されて終焉していいます。そこでは聖書の言葉を受け継いで替え歌交じりに歌われていますが、「神武天皇＝ダビデ王族＝ユダ族」と告白しています。

イザヤ11：１「エッサイ（ダビデの父）の根株から新芽が生え、その根から若枝が出て実を結ぶ。」

東北地方一帯に歌い継がれた「ナギャド・ヤラ」の一節に「磐余彦《いわれひこ》」なる「神武天皇」をたたえるヘブライ語の歌詞があります。

「ナギャッアド　イハーアレ」
意味：「永遠の主権者は　磐余彦《いわれひこ》（＝神武天皇）なり」
「ナギャド　ナツサー　レダヰデ」
意味：「主権者はダビデの若枝（若枝とは聖書で子孫・血筋のこと）なり」
「ナギャッアド　イハーレー」

意味：「永遠の主（神様）はほむべきかな」

要約すれば、このヘブライ語のはやし意味は、「永遠の主権者は神武天皇だ！　主権者の神武天皇はダビデの子孫・血筋だ！　永遠の主なる神様はほむべきかな！」「神武天皇はダビデ王の永遠の正座の踏襲者なり」となります。日本文化の深さに驚きました！

東北の人々は聖書も、神様からダビデ王族への「万世一系」契約も、何も知らずに昔からユダ族の「万世一系」を純粋に歌って民間伝承していたのですね。

「ナギャド・ヤラ」の唄は、青森県南部から岩手県北部にかけての地域および秋田県鹿角地方の旧南部藩領内に伝わる盆踊りでの「はやしことば」の歌詞からとられた名称です。お盆のとき、日本人は「盆踊り」をします。これは実は、仏教の踊りではなく、古代から日本で行なわれていた「歌垣」と呼ばれる踊りです。

歌垣は、大和時代から行なわれていたもので、奈良朝時代に至って特に盛んになり、全国の男女間に流行し、男女はそこで歌い、踊り、見合いなどをして結婚を約束したのです。踊りの仕方は、男女が交差し、円形の輪を作り、一人の音頭取りの唄につれて拍子をとりながら踊り、人数の増加するに従って二重、三重の輪を作るというものでした。こうした風習は、古代イスラエルのものとまったく同様です。古代イスラエルにおいては7月15日の夏祭り（北王国では8月15

日)に、男女混合の踊り会があり、未婚の娘たちや男子たちは、その夜の喜び笑う踊りの輪と出会いのときを楽しみにしていたそうです。

エレミヤ31：3−4「主は遠くから、私に現れた。『永遠の愛をもって、わたしはあなたを愛した。それゆえ、わたしはあなたに、誠実を尽くし続けた。おとめイスラエルよ。わたしは再びあなたを建て直し、あなたは建て直される。再びあなたはタンバリンで身を飾り、喜び笑う者たちの踊りの輪に出て行こう。』」

「ナギャド・ヤラ」＝「ナニャド・ヤラ」唄は、地域によって呼び方も歌詞も異なります。「ナニャド・ヤラ」がヘブライ語であると最初に唱えた神学者の川守田英二氏によると「ナニャド・ヤラ」の北奥羽地域バージョンは、ヘブライ語で次のような聖書を舞台にしたイスラエルの進軍マーチになるとのことです。

「ナギャド　ナサレ　ヘテ」
意味：「行く手に　我ら追い払わんとす　ヘテ人を」
「ナギャド　ヤド　ヤーリヤ」
意味：「その領土に向かって　進撃し給え　神よ」
「ナギャド　ナサレ　ヒイヤ」
意味：「行く手に　我ら追い払わんとす　ヒビ人を」
「ナギャド　ヤーレヤー」
意味：「神よ　進撃し給え」
「ナギャド　ナサレ　アダ」
意味：「彼方へ　ユダ族は退却したり」
「ナギャド　ヤーラヤ」
意味：「前方へ　神よ　進み給わんことを」
「ナギャド　ハヤラド　ヤーレ」
意味：「ヨルダン川に向かって　神よ　進み給わんことを」
「サーイェ　ナーギァッ　イウド　ヤーラヨー」
意味：「ユダ族の　前方へ　神よ　進み給わんことを」

おまけ：小学校で無理やり男女混合で踊らされた記憶ある「マイム・マイム」
普通にそのままヘブライ語の歌詞と日本語訳。
ウシャヴテム　マイムベッサンソン「あなた方は喜びのうちに」
ミィマイエネハイエシュア「救いの泉の水を汲《く》む」
マイム・マイム・マイム・マイム「水、水、水を」
ミィマイムベッサンソン「水を汲むだろう」
ヘイ・ヘイ・ヘイ・ヘイ
マイム・マイム・マイム・マイム「水、水、水を」
マイム・マイムベッサンソン「救いの水を汲む」

ヨハネ４：13－14「イエスは答えて言われた。『この水を飲む者はだれでも、また渇きます。しかし、わたしが与える水を飲む者はだれでも、決して渇くことがありません。わたしが与える水は、その人のうちで泉となり、永遠のいのちへの水がわき出ます。』」

聖書に記されたユダ族の特徴（王権はユダを離れず！）

創世記49：1「ヤコブはその子らを呼び寄せて言った。『集まりなさい。私は終わりの日に、あなたがたに起こることを告げよう。』」

ユダヤ12部族長の父ヤコブは最後に預言的な遺言を子供たちに語りました。これはヤコブが「終わりの日に、あなたがたに起こること」と言ったように終末時代の現代に起こる聖書預言です。なかでも天皇家のユダ族に関しては以下のように預言しました。

創世記49：8－12「ユダよ。兄弟たちはあなたをたたえ、あなたの手は敵のうなじの上にあり、あなたの父の子らはあなたを伏し拝む。ユダは獅子の子。わが子よ。あなたは獲物によって成長する。雄獅子のように、また雌獅子のように、彼はうずくまり、身を伏せる。だれがこれを起こすことができようか。王権はユダを離れず、統治者の杖はその足の間を離れることはない。ついにはシロが来て、国々の民は彼に従う。彼はそのろばをぶどうの木につなぎ、その雌ろばの子を、良いぶどうの木につなぐ。彼はその着物を、ぶどう酒で洗い、その衣をぶどうの血で洗う。その目はぶどう酒によって曇り、その歯は乳によって白い。」

天皇を国体の象徴シンボルとする日本にとってこれは国家の運命を占うような重要な言葉です。エルサレム市章はユダ族の獅子マーク。イスラエル国旗もダビデの星、すなわちこれもユダ族のしるしです。ユダ族が一番重要なのです。

ユダ族の特徴点と現代の日本の特徴点を比較検討してみましょう。そもそも族長のユダとはどんな人物だったでしょうか。聖書では父ヤコブから偏愛されたヨセフをねたんだ兄たちは、ヨセフを荒野の穴の中に投げ入れてから殺そうと相談しました。そのとき、この提案を阻止したのがユダの言葉です。

創世記37:26-27「すると、ユダが兄弟たちに言った。『弟を殺し、その血を隠したとて、何の益になろう。さあ、ヨセフをイシュマエル人に売ろう。われわれが彼に手をかけてはならない。彼はわれわれの肉親の弟だから。』兄弟たちは彼の言うことを聞き入れた。」

エルサレムの市章

イスラエルの国旗

もしユダがヨセフをあわれんで救わ

なければ、確実に殺されて、その後のエフライム族も存在しなかったのです。ユダは兄弟たちの中で際立って愛情深く兄弟愛にたけた人物です。聖書ではイシュマエル人に銀貨20枚で売られたヨセフがエジプトへ連行されました。ユダはその直後、ヨセフを完全には救えなかった力量不足と罪悪感に悩んだ末、思い立って大きく環境を変えます。

創世記38：1「そのころのことであった。ユダは兄弟たちから離れて下って行き、その名をヒラというアドラム人の近くで天幕を張った。」

兄弟たちとの決別宣言を思わせる引越しです。さらにそこで結婚して子供たちを3人もうけます。ところが過去を捨てた心機一転の新生活で長男エル、次男オナンと次々、死別した頃、ユダはストレスが原因なのか、異常行動に出ました。

創世記38：15－16「ユダは、彼女を見たとき、彼女が顔をおおっていたので遊女だと思い、道ばたの彼女のところに行き、『さあ、あなたのところに入ろう』と言った。彼はその女が自分の嫁だとは知らなかったからである。」

ユダは事もあろうに長男エルの死後、やもめとなった嫁のタマルを道端で見かけて、これを遊女だと思いながら、代価を払って買春しました。ユダの異常行動の根源には弟ヨセフへの申し訳ない罪悪、子供たち二人の急死など積もったストレス原因も理解しますが、弱すぎるし、性的不品行はまったくの的外れな罪です。ですから、ユダの性格は愛情深く兄弟思いである半面、性的不品行の誘惑に弱い面があります。

さて、ユダから全地に広がったユダ族が現代の天皇家と定めて、日本国民の特徴をあげるとき、同様の遺伝子の働きを感じます。これはヤコブが「終わりの日に、あなたがたに起こること」を預言したように、日本人の兄弟愛、愛国心の究極の現われ、神風特攻隊の記憶は忘却してはならない史実です。九死一生ではなく、十死零生といわれる、生還を想定しない特攻作戦。日本が滅びるかどうかの瀬戸際にきて、この戦争は勝てぬかもしれぬ。しかし青年たちが国難に殉じて、いかに戦ったかという歴史を記憶する限り、日本と日本人は滅びない。国難にあって、4000人の若者が「絶対に死ぬ」とわかっている特攻機に片道燃料で乗り、敵艦に体当たりしていった。その歴史を後世の日本人が記憶するならば、「日本を守る精神」は再び復活すると考えていたようです。自殺行為は反聖書的で痛ましすぎる過ちでしたが、青年たちの純粋に日本を思う真面目な愛国心、兄弟愛は他国に例を見ない格別な大和魂です。ヤマトはヘブライ語でヤ・ウマト、神様の選民の意味があります。

ユダ族のもう一つの特徴、性的不品行（日本の風俗業界5・7兆円）を改める！

戦後、特攻機の設計者であった三木忠直は激しい罪の重荷と呵責《かしゃく》で悩み苦しみました。そしてクリスチャンの母と妻の勧めで、聖書を開きました。

マタイ11：28－30「すべて、疲れた人、重荷を負っている人は、私（イエス）のところに来なさい。私があなたがたを休ませてあげます。私は心優しく、へりくだっているから、あなたがたも私のくびきを負って、私から学びなさい。そうすればたましいに安らぎが来ます。私のくびきは負いやすく、私の荷は軽いからです。」

このことばに接し、洗礼を受け、クリスチャンとなりました。戦後の三木は考えました。「自動車関係に行けば戦車になる。船舶関係に行けば軍艦になる。そこで平和利用しかできない鉄道の世界に入ろう」

旧日本国有鉄道、現在のJRの「鉄道技術研究所」に勤め、三木は移動手段として時代遅れとみなされていた鉄道業界に革命を起こしました。「飛行機の形を列車に持ち込み、車体を流線型にし、軽量化すればスピードは向上し、最高速度は200キロを超える」と断言。海軍時代の同僚の協力を得て、０系新幹線が誕生！　驚くべきことは、そのフォルムが三木設計の特攻機「桜花」に似ていること、そして生還率ゼロであった「桜花」とは対照的に、「新幹線」は死傷事故を起こすことなく世界で最も安全な乗り物とみなされています。もし三木が神様と出会わなかったら、果たして「新幹線」は誕生していたでしょうか。大日本帝国海軍軍人の航空機技術者、大量殺人兵器開発者が戦後、鉄道技術者に。改めて聖書のもたらす大きな影響力を思わずにはいられないです。

さて、聖書のユダはヨセフの事件から随分後に、弟のベニヤミンが窃盗罪でエジプトで逮捕され、今や奴隷に成り下がろうとしたとき、「自分が身代わりに奴隷になるから弟を許して釈放してほしい」と自ら申し出たほど心底、悔い改めて、心を入れ替えた兄弟愛の原点に立ち返った人物です。その犠牲的な兄弟愛の遺伝子がユダ族に流れて、終末のユダ族が良くも悪くも強烈な兄弟愛の思いから、太平洋に桜散ることもあるのです。

しかし、半面、もう一つのユダの特徴、性的不品行の誘惑に対する妥協問題があります。ユダは悩みの中で憂さ晴らしに買春行為の罪を犯しましたが、終末のユダ族はどうでしょうか。日本の風俗業界は年間５・７兆円の市場規模と言われています。旅行業界の市場規模が年間６・１兆円と同レベル。化粧品業界が年間２・５兆円で、その２倍の市場規模です。お化粧の２倍も姦淫《かんいん》の罪に浪費されているのです！　聖書は警告します。

黙示録21：8「しかし、おくびょう者、不信仰の者、憎むべき者、人を殺す者、不品行の者、魔術を行う者、偶像を拝む者、すべて偽りを言う者どもの受ける分は、火と硫黄との燃える池の中にある。これが第二の死である。」

不品行を避けなければなりません。これは大変危険な陥りやすい罪で刑法上は有罪にならない国家公認の大罪ですが、確実に死後、神様からの裁きがあるのです。

ヘブル13：4「結婚がすべての人に尊ばれるようにしなさい。寝床を汚してはいけません。なぜなら、神は不品行な者と姦淫を行う者とをさばかれるからです。」

ユダ族の血ゆえにアジア解放の最前線に立ち向かった日本兵たち

また、ユダ族の特徴点は、戦争に強く、いつも先頭斬って最前線で戦う勇敢な部族です。イスラエル12部族が危険な荒野を40年間、宿営と前進を繰り返しながら旅するとき、敵に遭遇する一番危険な先頭の前方の宿営場所はいつもユダ族でした。

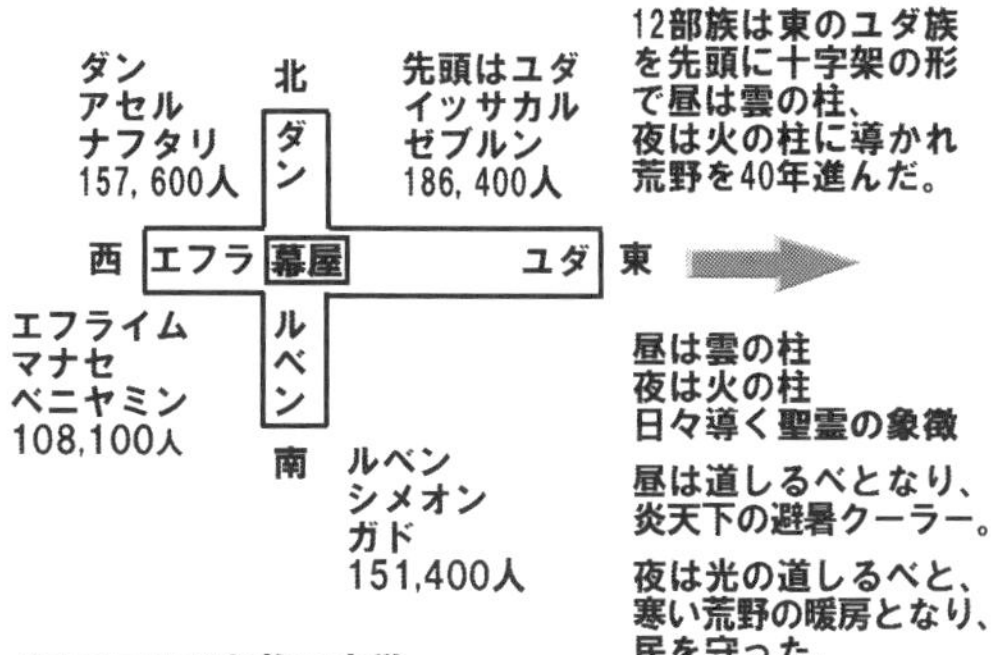

イスラエル12部族の宿営

宿営はレビ族の奉仕する長方形の幕屋を中心に東西南北へ秩序正しく延び広がり、父祖の家ごとに距離を置いて整列され、その総数はレビ族を入れない20歳以上の登録人口だけで60万３５５０人、上空から見下ろすと縦約50メートル、横約25メートルの幕屋を中心に美しい十字架の形の宿営でした。まさに荒野の40年間は巨大な生きた十字架の大行進でした。彼らは幕屋の上に立ち

上る昼は雲の柱、夜は火の柱を道しるべにエジプトからカナンまで旅しました。
民数記2：2－3「イスラエル人は、おのおのその旗のもと、その父祖の家の旗じるしのもとに宿営しなければならない。会見の天幕の回りに、距離をおいて宿営しなければならない。前方、すなわち東側に宿営する者は、軍団ごとにユダの宿営の旗の者でなければならない。ユダ族の族長はアミナダブの子ナフションである。」

異邦人の敵が奇襲攻撃するとき、東西南北どの方角から来ても横一列にずらっと並んだ民の宿営スタイルは最も数が多く最強に見えたはずです。しかも中央には巨大な煙が幕屋から立ち昇り、夜間でも群衆の多さを照らし出し、にわかに奇襲攻撃しづらい天然の守りが感じられました。現代でもイエス様の十字架はあなたの守りです。

荒野でイスラエルを呪うために敵国のバラク王に雇われた預言者バラムは三度、異なる山上から宿営地を眺めましたが、三度とも呪いではなく、祝福の言葉だけが出ました。三度目は宿営地全体を山上から見渡してバラムはこう言いました。

民数記24：5－9「なんと美しいことよ。ヤコブよ、あなたの天幕は。イスラエルよ、あなたの住まいは。それは、延び広がる谷間のように、川辺の園のように、主が植えたアロエのように、水辺の杉の木のように。その手おけからは水があふれ、その種は豊かな水に潤う。その王はアガグよりも高くなり、その王国はあがめられる。彼をエジプトから連れ出した神は、彼にとっては野牛の角のようだ。彼はおのれの敵の国々を食い尽くし、彼らの骨を砕き、彼らの矢を粉々にする。雄獅子のように、また雌獅子のように、彼はうずくまり、身を横たえる。だれがこれを起こすことができよう。あなたを祝福する者は祝福され、あなたをのろう者はのろわれる。」

バラムは「雄獅子、雌獅子」とイスラエルの中にユダ族の強さと祝福を見たようです。ユダ族は宿営するとき、前方の東に位置した先頭に位置していましたが、確かに戦争のときも百獣の王、獅子のごとくに先陣切って果敢に戦う勇士でした。

士師記1：1－2「さて、ヨシュアの死後、イスラエル人は主に伺って言った。『だれが私たちのために最初に上って行って、カナン人と戦わなければならないでしょうか。』すると、主は仰せられた。『ユダが上って行かなければならない。見よ。わたしは、その地を彼の手に渡した。』」

士師記20：17－18「イスラエル人は、ベニヤミンを除いて、剣を使う者四十万人を召集した。

彼らはみな、戦士であった。イスラエル人は立ち上がって、ベテルに上り、神に伺って言った。『私たちのため、だれが最初に上って行って、ベニヤミン族と戦うのでしょうか。』すると、主は仰せられた。『ユダが最初だ。』」

対カナン人、対ベニヤミン族。いつも神様はユダ族を大国相手に最初に戦う勇士として立てておられます。実はユダ族の血が流れた日本の近代史も同様です。

日本の鎌倉時代中期に、元寇《げんこう》がありました。当時、世界最大規模の艦隊を持つモンゴル高原および中国大陸を支配していたモンゴル帝国（現・モンゴル）およびその属国である高麗（現・韓国・北朝鮮）の連合軍は、日本の一部で残虐行為・狼藉・殺戮《さつりく》を行ない、自分たちの強さを見せつけてから使者を派遣して日本に降伏命令を伝えました。しかし、執権、北条時宗はこの無礼な使者を切り捨てました。怒った元寇の連合軍は日本に2度（1274年、1281年）にわたり軍事侵攻しますが、武士の反撃と海上で神風なる台風にあい、元寇は敗北撤退します。小国日本が、大国元寇に打ち勝ったのです。

次に日清戦争（1894年－1895年）は、日本と清国（中国とモンゴルを支配した最後の統一王朝）との間で朝鮮半島の権益を巡る争いが原因となって引き起こされましたが、日本が勝利して、李氏朝鮮に対して宗主権の放棄とその独立を承認させ、日清講和条約の調印終結がなされました。台湾、澎湖諸島を割譲、巨額の賠償金も獲得しました。小国日本が大国清国に打ち勝って、アジアの近代国家と認められて国際的地位が向上したのです。

そして1904年から1905年にかけて日本とロシアとの間で朝鮮半島と満州の権益を巡る争いが原因となって日露戦争が引き起こされました。ここでも小国日本が、大国ロシアに打ち勝ったのです。ポーツマス条約講和で日本は、朝鮮半島における権益を全面的に承認され、ロシア領樺太の南半分を割譲され、ロシアが清国から受領していた大連と旅順の租借権を移譲され、東清鉄道の旅順－長春間支線の租借権も譲渡されました。

さらに第一次（1914年－1918年）、第二次世界大戦（1939年－1945年）。日本はアジアの国々が植民地支配の暴政にあえぐ中、唯一、先陣切って最初に立ち上がり、アメリカをはじめ欧米列強相手に戦いました。ユダ族の特徴そのものです。そもそも15世紀の大航海時代で世界進出した欧米列強は、アジア全域を植民地化して白人帝国主義国を築いていましたが、この戦争で数百年も続いた列強のアジア支配の牙城を破壊し、植民地独立を果たしたのが、日本の最大の功績でした。

日本のゆえに歴史と運命が変わった国々は以下のようです。

ロシア・イギリス・フランス・ドイツによって鉄道の敷設権や要地の租借権を奪われていた中国。イギリスの直接統治で苛酷な植民地経営が行なわれていたインド。イギリスからインド帝国と併合し、植民地化されていた旧ビルマのミャンマー。オランダ領東インドをつくって植民地体制を強いられていたインドネシア。イギリスがペナン・シンガポール・マラッカを海峡植民地として直接統治し、北ボルネオ・マライ半島への支配を強化されていたマレーシア。フランスがベトナム、カンボジア、ラオスを併合して植民地インドシナ連邦としたインドシナ三国。スペインに勝ったアメリカが植民統治を行なったフィリピン。ロシアが朝鮮を圧迫したが、日露戦争を経て、ロシアから朝鮮の指導・監督権を獲得し日本の領土、日韓併合となった韓国。イギリスとフランスの進攻でラオス・カンボジア・マレーにある領土を取られ、インドシナ半島の英仏両国の緩衝国家だったタイ。すべては日本が生みの苦しみをして多大な犠牲を払った結果、「欧米列強からのアジア民族の解放」という当初、日本が掲げたスローガンは実現を見たのです。

戦後、誤まった歴史認識に惑わされた数か国の反日国家の洗脳思想の声ではなく、真実を知って日本に感謝している大半の国々の声に耳を傾けるべきです。

「日本は、有色人種が白人に勝てることを示し、日本人が戦争のやり方を教えました。植民地時代、ビルマの人々は刃物の所有さえ禁止されていました。日本は東南アジアで民族語普及などにより、民族意識を高揚させた上、現地人の自治組織、軍隊を養成しました。その上に軍事技術だけでなく、敢闘精神を教えました。現地の人が、白人がもろくも敗退するのをその目で見、日本人の戦争のやり方を教わった時点で、もういかなる植民地支配の復帰も、たとえ日本自身が代わって支配しようとしても、不可能となっていました。日本の占領は、時計の針を不可逆的に進めてしまったのです」（岡崎久彦『百年の遺産』産経新聞ニュースサービス）

「会議に行くと、あちらこちらからアフリカの代表、アジアの代表が出て来て、『よく来たね！』『日本のおかげだよ！』と大歓迎でした。それは『日本が大東亜宣言を出して、アジア民族の解放を戦争目的とした。その宣言がなかったら、あるいは日本がアジアのために犠牲を払って戦っていなかったら、我々は依然としてイギリスの植民地・オランダの植民地・フランスの植民地のままだった。日本が大きな犠牲を払ってアジア民族のために勇戦してくれたのだから、今日のアジアがある』ということだった。この時は『大東亜共同宣言』を出してよかった、と思いました。『やっぱり来てよかったなぁ』とそう思いました」

（楊素秋『日本人はとても素敵だった』桜の花出版）

「この大戦は植民地主義に終止符を打ち、白人と有色人種との平等をもたらし、世界連邦の礎石をおいた」（歴史学者H・G・ウェルズ）

「日本のおかげで、アジア諸国はすべて独立した。日本というお母さんは難産して母体を損なったが、生まれた子供はすくすく育っている。今日、東南アジアの諸国民が、米英と対等に話ができるのは、いったい誰のお蔭であるか、『身を殺して仁をなした』日本というお母さんがあったがためである。12月8日は、われわれにこの重大な思想を示してくれたお母さんが、一身を賭して、重大な決心をされた日である。我々はこの日を決して忘れてはならない。さらに8月15日は、われわれの大切なお母さんが、病の床に伏した日である。われわれはこの2つの日を忘れてはならない」（吉本貞昭『世界が語る大東亜戦争と東京裁判』ハート出版）

「満州事変から大東亜戦争勃発に至る真実の歴史を、どうか私の判決文を通じて研究していただきたい。日本の子弟が歪められた罪悪感を背負って卑屈、退廃に流れてゆくのを私は見過ごして平然たるわけにはいかない。誤られた彼らの戦時宣伝の欺瞞を払拭せよ。誤られた歴史を書き換えられなければならぬ」（昭和27年11月6日、広島高等裁判所の講義録　東京裁判のインド代表判事のラダナビッド・パール博士）

「日本が戦争に負けて日本の軍隊が引き揚げた後、アジアに残っていたのは、ほかならぬ日本の精神、技術的遺産であった。この遺産は第二次大戦後に新しく起った東南アジアの民族独立運動にとって、どれだけ多くの貢献をしたかを認めなければならない。日本が敗戦国になったとはいえ、その精神的遺産は、アジア諸国に高く評価されているのである。その一つに東南アジアの教育に与えた影響が挙げられる。日本は目標達成のために、どれほど必死にやらなければならないか、ということを我々に教えてくれたのであった。この必死の訓練が、後のインドネシア独立戦争の時に役立った」（政治学博士アリフィン・ベイ・インドネシア国立大学日本研究センター所長）

「かつて不敗を誇った日本軍も半年の死闘に衣服や靴もボロボロとなり、ささえるものは不屈の精神だけであった。日本軍はインパールにおいて、ついに敗れたが、そこには何かが残った。歴史学の権威トインビーがいみじくも喝破したとおりである。すなわち『もし、日本について、神が使命を与えたものだったら、それは強権をわがもの顔の西洋人を、アジアのその地位から追い落とすことにあったのだ』」（英国軍東南アジア総司令官ルイス・マウントバッテン大将『ビルマ戦線の大逆襲』）

「あの戦争で、日本は世界史の決定的変革をもたらした。連合国は戦争直後、アジア植民地の主人公に返り咲こうと画策したが、１９４２年から45年の間、日本軍が南アジアの諸民族をしっかり訓練し、その民族魂を揺り覚ましていたため、その武力抵抗に遭って、彼らの野望は施す術も

なく崩れ去った」（英軍語学情報将校ルイス・アレン教授『日本軍が銃を置いた日』早川書房）

「真実のビルマの独立は、1943年8月1日に行われたのであって、真のビルマ解放者は英国のアトリー首相率いる労働党政府ではなく、東条大将と日本帝国政府であった。歴史的に見るならば、日本ほどアジアを白人支配から離脱させることに貢献した国はない。しかし、またその解放を助けたり、あるいは多くの事柄に対して、範を示してやったりした諸国民から、日本ほど誤解を受けている国はない」（ビルマ初代首相バー・モー『ビルマの夜明け』太陽出版）

アメリカが不正の東京裁判以降、ずっと思想に種まいた自縄自縛の誤まった歴史認識から日本人が目覚めるときが来ています！　9・11自作自演NYツインタワーテロ事件のとき、ブッシュ大統領は「眠れる獅子を呼び覚ました」と言いながら、イラクの石油利権と麻薬利権を狙って戦争を始めましたが、すべては茶番、偽りであり、本物の「眠れる獅子」は唯一日本なのです！
聖書は言います。

創世記49：9「ユダは獅子の子。わが子よ。あなたは獲物によって成長する。雄獅子のように、また雌獅子のように、彼はうずくまり、身を伏せる。だれがこれを起こすことができようか。」

日本人は正真正銘、ユダ族。真実に対して目を覚まさないといけないです。

イザヤ51：9－10「さめよ。さめよ。力をまとえ。主の御腕よ。さめよ。昔の日、いにしえの代のように。ラハブを切り刻み、竜を刺し殺したのは、あなたではないか。海と大いなる淵の水を干上がらせ、海の底に道を設けて、贖われた人々を通らせたのは、あなたではないか。」

イザヤ51：17「さめよ。さめよ。立ち上がれ。エルサレム。あなたは、主の手から、憤りの杯を飲み、よろめかす大杯を飲み干した。」

イザヤ52：1－3「さめよ。さめよ。力をまとえ。シオン。あなたの美しい衣を着よ。聖なる都エルサレム。無割礼の汚れた者が、もう、あなたの中に入って来ることはない。ちりを払い落として立ち上がり、もとの座に着け、エルサレム。あなたの首からかせをふりほどけ、捕囚のシオンの娘よ。まことに主はこう仰せられる。『あなたがたは、ただで売られた。だから、金を払わずに買い戻される。』」

獅子は夜行性で気温の高い日中はほとんど寝ています。しかし、夜間になると目覚めて本領発揮の狩りをします。日本もやがて終末の不法がはびこった暗闇の時代が世界を覆うとき、再び目覚めて物凄い獅子の本領を発揮するはずです。

ユダ族のさらなる特徴点は、隣国の中でも突出して栄えて成長することです。

創世記49：8－9「ユダよ。兄弟たちはあなたをたたえ、あなたの手は敵のうなじの上にあり、あなたの父の子らはあなたを伏し拝む。ユダは獅子の子。わが子よ。あなたは獲物によって成長する。」

日本の戦後の復興と高度経済成長は、世界に前例を見ない偉業でした。それはおおよそ10年スパンで目標を立てながら経済成長を実現してきました。その目標はいつも先進国アメリカ。「アメリカに経済で追い付き追い越せ！」日本は１９４５年8月15日を皮切りに戦後の焼け野原から立ち上がり、軍事世界一ではなく、経済世界一に国策転換しました。

聖書箴言29：18に「幻がなければ、民はほしいままにふるまう」とありますが、逆説的に言えば、「幻があれば、民は立派にふるまう」となります。「幻」すなわち、具体的に計画性ある「夢とビジョン、大きな目標」が大事なのです。

日本の戦後復興は、まず１９５０年から60年までに「今後の10年間で繊維産業で世界一になろう」とビジョンを掲げました。戦死による男性就業人口の不足の中、女性たちは家内制手工業の手作業が男性より素早いです。その優れた労力を動員して熱心に働いてこの目標を現実に10年でクリアし、日本は繊維産業で世界一になりました。すると日本はここで留まらずに、次なる目標を掲げました。次は１９６０年から70年までに「今後の10年間で造船産業で世界一になろう。」このビジョンも現実に10年でクリアし、日本はアメリカを超えて造船産業で世界一になりました。するると、次なるビジョンを掲げました。次は１９７０年から80年までに「今後の10年間で自動車産業で世界一になろう」。11年ほどかかりましたが、日本はアメリカを超えて自動車産業で世界一になりました。かなりのジャパンバッシングがこの頃から始まりましたが、次なる目標が掲げられます。次なるビジョンは１９８０年から90年までに「今後の10年間でコンピューター・エレクトロニクス産業で世界一になろう」。目標は達成されました。日本の高度経済成長はビジョンを描いて邁進努力することに成功を見たようです。しかし、ここで問題が起きました。１９９０年にコンピューター・エレクトロニクス産業で世界一になった後、次なる目標が見つかりません。当時のあらゆる産業で世界最高を極めた「ジャパン・アズ・ナンバーワン」とまで持てはやされた国が次なる目標を失いました。大事な繁栄の秘訣、夢と幻を失った民となったのです！

すると、ここで起きたのがバブル景気崩壊でした。政府見解では、日経平均株価が３万８９５

7円の史上最高値を記録した後、1991年から1993年までの景気後退期はすさまじく、大幅な資産価格下落や金融収縮などが起こり経済問題が多数噴出しました。なぜ？　アメリカの罠にハマったから？　それもそうですが、最大原因は目標を失ったからです。

それ以降は失われた10年間が20年間とも言われて2010年となって、2011年には人工地震による東日本大震災で、景気回復傾向の日本経済は再び打たれました。日経平均株価は8000円台前半まで急落しました。

私はこの時期、この地震が人工地震であることを知っていたので、プットオプション株を100万円分購入していました。必ず地震以降はプットオプション株は高騰するからです。プットオプション株は、株価暴落への保険のような通常の株の反対の金融商品で、暴落幅が大きいほど逆に大きく儲かります。確かにたった数時間で100万円が160万円に跳ね上がり、さらに置いておけばもっと上がるとわかりました。しかし、これは人工地震を陰で行なっている陰謀者の連中と同じ商売、彼らは100万円でなく、億単位で今、投資して儲《もう》けている。余震が起きるたびに株価は高騰。内心、「もっと地震が起きたら儲かる。余震よ、起きよ……」悪魔の思いが心によぎります。それで、これは神様が喜ばれないこと。東北の被災者たちの血の代価だからすぐに売りぬいて利益は東北に捧げました。

さて、ユダ族の特徴点は、隣国の中でも突出して栄えることでしたが、万世一系を脅かすのは、内部の影武者だけでない。外部の北朝鮮弾道ミサイル発射に備えて、皇居の手前にある市ヶ谷の防衛省、航空自衛隊地上配備型迎撃ミサイルPAC3を二基展開している。最悪イージス艦搭載SM3で撃ち落とせない場合、最後の砦。

「主（イエス）よ。王をお救いください。
私達が呼ぶ時に私達に答えてください。」詩20:9

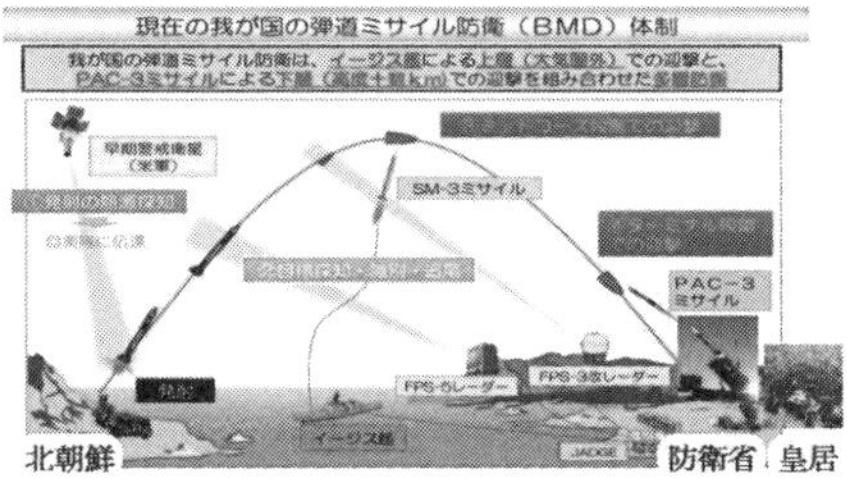

創世記49：8「ユダは獅子の子。わが子よ。あなたは獲物によって成長する。」

との預言通り、日本はアメリカを目標の「獲物」として活力に変え、闘争心を奮い立たせて高度経済「成長」を成し遂げた「成長する」ユダ族です。

第四章

首里城火災、ユダヤ人と結合された杖の国

首里城焼失に秘められたユダ族へのメッセージ

旧約聖書のエゼキエル書には、日本におけるユダヤ12部族の繁栄の起源が預言されています。

エゼキエル37:15－19「次のような主の言葉が私にあった。『人の子よ。一本の杖を取り、その上に『ユダと、それにつくイスラエル人のために。』と書き記せ。もう一本の杖を取り、その上に、『エフラエムの杖、ヨセフと、それにつくイスラエルの全家のために。』と書きしるせ。その両方をつなぎ、一本の杖とし、あなたの手の中でこれを一つとせよ。あなたの民の者たちがあなたに向かって『これはどういう意味か、私たちに説明してくれませんか』と言うとき彼らに言え。神である主はこう仰せられる。見よ。私はエフラエムの手にあるヨセフの杖と、それにつくイスラエルの諸部族とを取り、それらをユダの杖に合わせて、一本の杖とし、私の手の中で一つとする。』」

神様が南ユダ（ユダと、それにつくイスラエル人）と北イスラエル（エフラエムと、それにつくイスラエルの全家）を「私の手の中で一つとする」一致のとき、そこに祝福があります。

２０１６年8月以降、「ピコ太郎」と名乗る男が自身のユーチューブチャンネルで「ＰＰＡＰ（Pen-Pineapple-Apple-Pen）ペンパイナッポーアッポーペン」という1本の動画を公開し、世界的な人気を得ました。ヒョウ柄の派手な衣装を身にまとったピコ太郎が「ペンパイナッポーアッポーペン」というフレーズを繰り返しながら音に合わせてリズミカルに踊る1分余りの短い動画の中で、「I have a pen.I have an apple.」といって両手を一つにつなげて「Apple pen!」とラップ調に歌っていました。私は面白いとは思いませんでしたが、二つのものを繋《つな》いで、結合というところに感動があるのかなと思います。

この「二つのものを繋げる」教えは聖書に多くあります。「ヨセフの杖とユダの杖を合わせて一つとする」。一致することです。北のイスラエルと南のユダも一つとなり、私たちも互いに愛し合い一致団結すること。キリストの中で一つになるときに神様は喜ばれるということ。聖書でも皆が一つになったときに聖霊様の業は多く現れています。

五旬節（ペンテコステの日）、１２０人皆が一つところに集まって祈っていたときに突然聖霊が注がれ祝福されました（使徒１：８～）。

主イエス・キリストご自身、弟子たちが一致して一つになるようにと、繰り返し教会のためにとりなし祈る姿がヨハネの福音書17章に記録されています。

ヨハネ17：22「またわたしは、あなたがわたしに下さった栄光を、彼らに与えました。それは、わたしたちが一つであるように、彼らも一つであるためです。」

一致することは非常に大きな力となります。逆に、正義ではなく悪において一致団結したグループは、バベルの塔を築いたシヌアルの住民で失敗しています。

創世記11：1－9「さて、全地は一つのことば、一つの話しことばであった。そのころ、人々は東のほうから移動して来て、シヌアルの地に平地を見つけ、そこに定住した。彼らは互いに言った。『さあ、れんがを作ってよく焼こう。』彼らは石の代わりにれんがを用い、粘土の代わりに瀝青を用いた。そのうちに彼らは言うようになった。『さあ、われわれは町を建て、頂が天に届く塔を建て、名をあげよう。われわれが全地に散らされるといけないから。』そのとき主は人間の建てた町と塔をご覧になるために降りて来られた。主は仰せになった。『彼らがみな、一つの民、一つのことばで、このようなことをし始めたのなら、今や彼らがしようと思うことで、とどめられることはない。さあ、降りて行って、そこでの彼らのことばを混乱させ、彼らが互いにことばが通じないようにしよう。』こうして主は人々を、そこから地の全面に散らされたので、彼らはその町を建てるのをやめた。それゆえ、その町の名はバベルと呼ばれた。主が全地のことばをそこで混乱（バラル）させたから、すなわち、主が人々をそこから地の全面に散らしたからである。」

神様はここで、彼らが一つの話し言葉、一つの言語でこのようなことをするなら、今や彼らがしようと思うことで、とどめられることはない、おっしゃいました。悪においてさえ一致団結するなら強大な力になりえます。ならば、私たちは悪に対する善、闇に対する光なるイエス様の中で一致しようではありませんか。それはもはや、誰もとどめることができない大きな力になるのです。

先だってのニュースに、沖縄の人たちの心の拠り所として知られる首里城（シュリグスク）が火災で全焼するという痛ましい出来事がありました。本当に残念なことです。内閣府によると、焼失前の首里城の復元にかかった総事業費は１９８６～２０１８年度の33年間で約２４０億円に上ると言います。今後それくらいの費用が同様にかかるのでしょうか。過去にも歴史的建造物が火災に遭うことがしばしばあり、ノートルダム寺院もパリにおいて全焼、悲しいことです。

また、日本では、金閣寺の立派な建造物が放火によって破壊された事件もありました。世界的に見てさらに時代を遡《さかのぼ》るなら、イスラエルにあったエルサレムの第二神殿と呼ばれた神殿も、46年かけて建設された黄金にはえる非常に美しい大理石の建物でしたが、ローマ軍の軍事侵攻で滅ぼされました。歴史的に貴重な建造物が破壊されるとき、私たちはその歴史起源が気になるところです。

アルツァレト（果ての国・高天原）で神武による再興が成されていた

イスラエルの歴史をひもときます。サウル王の後を継いだダビデ王によって統一された統一イスラエル王国は、ソロモン王の死後、ＢＣ９３０年頃に分裂しました。南のユダ王国はユダ族とベニヤミン族から構成されており、北のイスラエル王国はそれ以外の十部族からなっていました。ＢＣ７２２年のこと。北イスラエルはアッシリア帝国の侵略を受けて滅亡します。というのも、繰り返し語られた神様からの警告にもかかわらずイスラエルの民は偶像礼拝にふけり、不品行と諸悪に身を委ね、結局、神様の怒りの審判がアッシリア帝国による捕囚という形であらわれたのです。さらに、その１３６年後のＢＣ５８６年、今度は南ユダも新バビロニア帝国によって同様に滅ぼされました。しかし、この間にダビデ王の末裔なる神武天皇が統治地を変えた新しい東の果て、日本で新王朝を開いたのです。

外典聖書シラ48：23－25「イザヤは偉大で、受けた啓示に忠実であった。太陽が後戻りして王の寿命が延されたのは、イザヤの時代であった。イザヤは大いなる霊によって終末の時を見つめ、嘆き悲しむシオンの人々を励ました。彼は永遠に及ぶ未来の事、隠された事を、それが起こる前に示した。」

外典聖書エズラ書第2書13章39－46節では、北イスラエル王国がアッシリアによって滅ぼされる（BC722年）直前に、9部族（別訳は、10部族）が相談して陸路のシルクロードで「1年半」の距離を持つ「遠くの国」「アルツァレト」と呼ばれる「果ての地」に国外避難したと書かれています。その「果ての地」「遠くの国」「アルツァレト」こそ「日本」です！

第二エズラ13：39－46「あなたは、彼が別の穏やかな群衆を自らの許に集めるのを見たが、これらはヨシア王の時代に捕えられ、その領土から連れ出された九つの部族である。アッシリア王シャルマネサルがこれを捕虜として連れて行き、河の向こうへ移した。こうして彼らは異国に連れて行かれた。しかし彼らは異邦人の群れを離れ、かつて人のやからが住んだことのない更に遠い地方（別訳は、遠くの国）へ行こうと相談した。それは自分の国では守っていなかった律法をそこで守るためであった。こうして彼らはユーフラテス川の狭い径を通って入って行った。その時、至高者は彼らに対して奇蹟を行ない、彼らが渡るまで川の流れを止められた。道程はその地方を通って一年半の遠さであった。その地域はアルツァレトと呼ばれる。それから彼らはそこに終わりの時まで住んでいた。」

当時、10部族は100万人いたとされますが。「アルツァレト」は地名ではないので古代地図にもなく、ヘブライ語で「最も遠い地（果ての地）エレツ・アヘリト」、「もう一つの土地　エレツ・アヘレト」の意味があります。イスラエルから見て日の昇る国、東の果ての島は「最も遠い地」であり、そこはイスラエルを捨てた彼らにとって「もう一つの土地」、「日本」しかないです。

アッシリア帝国が北イスラエルを滅ぼしましたが、その混乱期に「アルツァレト」という「果ての地」、陸路で記載通りちょうど「1年半」の「遠い国」日本に逃れた北イスラエルの9部族ですが、この群れがエフライム族を中心としたエフライム族と、それにつくイスラエルの全家なる失われた10部族です！

イザヤの娘と結婚したヒゼキヤ王の子インマヌエルこそが神武天皇

一方、それ以外の南ユダ王国の民にも神様は一つの「救いの計画」を用意して預言者イザヤを通して預言されました。

イザヤ7：14「それゆえ主みずからあなたに一つのしるしを与えられる。見よ、処女が身ごもっている。そして男の子を産む。その名をインマヌエルとなずけよ。」

この預言が語られた当時、南ユダ国の王様はヒゼキヤ王です。イザヤは、ダビデ王の末裔であるヒゼキヤ王に対して忠告を与える神様によって立てられた預言者です。イザヤは当時、ユダヤ民族のみならず世界的にも最も信頼される預言者です。ヒゼキヤが20歳になったときに息子が生まれ、その子の名前がインマヌエルという名前だったという伝承があります。イザヤ書7章の預言はその時代に実現しました。しかし、実はこの預言は、このイザヤの預言から数えて約700年後に実現する「インマヌエル」なる「神様がともにおられる」「神の御子イエス・キリスト」のクリスマス降誕を預言するものでもあったのです。

南ユダ王国崩壊の預言を事前にイザヤから聞いていたヒゼキヤ王は当時、20歳のときにようやく授かった大切な息子インマヌエル王子のことがとても心配になりました。この子は将来は国を背負う世継ぎです。すでに北イスラエルはアッシリヤ帝国によって滅亡しています。ですから、南ユダのヒゼキヤ王はどうしたらいいのか、悩み抜いてイザヤに相談したことでしょう。このことは習慣化されて、後に歴代天皇も大きな決断を下す人生の岐路に立たされたとき、いつも皇室専属の占い師に伺っていた記録があります。
実はインマヌエル王子はこのユダ族の預言者イザヤの娘とヒゼキヤ王との間の子で、イザヤはインマヌエル王子、後の神武天皇にとって祖父だったのです。

そこでイザヤが与えたアドバイスは、推測するに、このようだったでしょう。
「ヒゼキヤ王よ。あなたは国と命運を共にする王として、ここを退いてはならない。とどまりなさい。しかし、あなたの息子インマヌエルはユダ族の末裔として次なる王とならなければならない。世継ぎとして、この子をどうしても守らなければならない。神の預言は必ず実現し、やがてこの南ユダ王国も新バビロニア帝国によって滅ぼされるであろう。だからあなたはこの子を東の『遠い国』『アルツァレト』と呼ばれる『果ての地』へ送り出しなさい。私もまた祖父として責任を持ってインマヌエル王子に同伴し、行く末を見届けよう。』」

このようなイザヤのアドバイスを受け、使命をもってこの子と共に非常に多くの優秀な仲間たちを連れ、東へ東へと渡っていったのではないでしょうか。古の伝承によると、アブラハムが「東の果てに行くと水のこんこんとわき出でる緑のオアシスの国がある」と語ったとも言われていました。水のこんこんと湧き出るその国を目指して、イザヤはインマヌエル王子を連れて陸路で「1年半」の距離を持つ日本めがけて、今度は海路を選んで国外脱出したに違いありません。

そのとき、聖書の預言が成就しました。

申命記28：36「主は、あなたと、あなたが自分の上に立てた王とを、あなたも、あなたの先祖たちも知らなかった国に行かせよう。あなたは、そこで木や石のほかの神々に仕えよう。」

これは罪の結果、王が他国に左遷すること、そしてその国でやがて空しい偶像崇拝の罪に堕ちてしまうという預言で、それが現実となりました。その「先祖たちも知らなかった国」こそ日本だったのです。日本では現代でも「木や石のほかの神々」を拝んで仕える特殊な罪の風習があります。しかし、今や海外逃亡しか生きるすべなきヒゼキヤ王族存命策として、彼らが持っていたもう一つの揺るがない確信は、聖書でした。詩篇１３２編11節にこう約束されています。

詩篇１３２：11「主はダビデに誓われた。それは、主が取り消すことのない真理である。『あなたの身から出る子をあなたの位に着かせよう。もし、あなたの子らが、わたしの契約と、わたしの教えるさとしを守るなら、彼らの子らもまた、とこしえにあなたの位に着くであろう。』」

そしてこう考えたでしょう。「必ずこの子インマヌエルを通じてユダ族は後々まで滅亡することなく、王国が再建される。なぜなら聖書には繰り返しユダ族は滅びることがなく、ユダ族の王から王子が生まれ、その王子が将来、王となって王子を産み……。万世一系、継続的にこのユダ族には王たちが絶えないはずだ！」

このような希望の預言を彼らは信じていたことでしょう。

また、エレミヤ書33章17節でも神様は仰せられています。

エレミヤ書33：17「まことに主はこう仰せられる。『ダビデには、イスラエルの家の王座に着く人が絶えることはない。』」

ダビデの属するユダ族から繰り返し王たちが生まれ続け、絶えることがないという預言の約束です。さらに創世記49章10節にもこうあります。

創世記49：10「王権はユダを離れず、統治者の杖はその足の間を離れることはない。ついにはシロが来て、国々の民は彼に従う。」

首里城とはユダ族の王宮

この預言は、ヤコブの息子たち12人に対して個別に預言した言葉ですが、ヤコブの子供たち12

人は、全員が族長となってイスラエル12部族は繁栄しました。その際にユダ族について語られた預言です。

「統治者の杖はその足の間を離れない」とは、その股の間から子どもが生まれ続けるという意味です。統治者なる王様は次々と身内で王権を継承し続けるという約束です。ですからユダ族の王位継承者となるべきインマヌエル王子を救おうという熱い思いの中、預言者イザヤに我が子を託したことでしょう。

「この子は絶対滅ぼされない。この子はやがて王になり、その孫も、ひ孫も、代々王になる」。そう信じて。かくしてイザヤはインマヌエル王子を連れて、海路を通り遥々日本までやって来たと考えられます。そのとき、まずたどり着いた上陸地が沖縄です。海のシルクロードと言われた海路を使った交易ルートは、黒潮の流れに乗って比較的容易に人や物資を運ぶことができたはずです。

葦船《あしぶね》に乗って渡来し、ユダ族の子孫たちも王となりました。特に沖縄に定住して王となった彼らは、代々その子孫たちも王となり、その王たちが建てた最大宮殿の一つが、２０１９年11月に火災で焼け落ちた首里城だったと考えられます。

一方、インマヌエル王子自身は東方へ進出し、沖縄・日向に約24年滞在し、大和の地で王なる天皇として61歳で即位するまで、16年間、瀬戸内海を移動しています。四国の山を焼いてイスラエルと同じような草山の国をつくりました。そして、劔山《つるぎさん》をエルサレムの山と同じ形に成形し、エルサレムの山と同じようにいけにえの岩場やシロアムの池もつくりました。イスラエル人はその国を「アルツァレト」と呼びましたが、日本人は「高天原《たかまがはら》」と呼びました。また、中国人はその国を「邪馬台国」と呼んだのです。

神が時間をタイムスリップさせた証拠をＮＡＳＡが発見!?

ここで、１９６０年にケネディー大統領がＮＡＳＡ（アメリカ航空宇宙局）に一つの計画を命じた余談です。それは壮大なアポロ月面着陸計画です。プロジェクトと予算を組み、コンピューターを駆使して月面着陸に関する様々なことを計算し、準備する一環で、メリーランド州グリーンベルト市ゴダード宇宙飛行センターでは太陽と月と惑星の軌道を綿密に調べたそうです。

人類が月に降り立つには、過去の軌道を調べねばならず、彗星に至るまでのあらゆる惑星の軌道を調査しました。わずかでも誤差があれば、アポロ号は宇宙の藻屑《もくず》となって消え去ってしまう、非常に危険なもので、彼らは最新鋭のコンピューターを導入して計算しました。すると、太陽・月・星の運行軌道を調べていたコンピューターが突然、停止してしまったそうです。

コンピューターが破損してしまったのか？　と、科学者たちが調べてみると、破損や故障は見当たりません。そこで、原因を徹底調査したところ、過去に人類の歴史の中で、1日だけ失われた日があることを、コンピューターが見つけ出しました。

放射性炭素14Cを用いる年代測定法・炭素14法という方法で年代測定をしながら、同時に地球の年代、各種の惑星の軌道を計算すると、どうしても矛盾が1日出てくる。科学者たちはお手上げだったと言います。この失われた1日というのはいったい、何だろうか？　時間は前に向かって進むのに、逆に後ろに後退している。いわゆるタイムスリップ？　過去に時間が戻った1日があるのか？　宇宙史上、そんな出来事が本当にあったのだろうか？

科学者らが悩むうちに、一つのヒントが与えられました。それが実は聖書から得られたヒントでした。あのインマヌエル王子を日本へ遣わした父ヒゼキヤ王が病気になった記事が、旧約聖書の第二列王記20章にあります。

第二列王記20：1―3「そのころ、ヒゼキヤは病気になって死にかかっていた。そこへ、アモツの子、預言者イザヤが来て、彼に言った。『主はこう仰せられます。〈あなたの家を整理せよ。あなたは死ぬ。直らない。〉』そこでヒゼキヤは顔を壁に向けて、主に祈って、言った。『ああ、主よ。どうか思い出してください。私が、まことを尽くし、全き心をもって、あなたの御前に歩み、あなたがよいと見られることを行なってきたことを。』こうして、ヒゼキヤは大声で泣いた。」

死に至るほどのひどい腫物の病に罹《かか》ったヒゼキヤ王。預言者イザヤが彼を診断したとき、「あなたは死ぬ。治らない」と預言しました。しかし、王は悔い改めて、自分の持っている金銀財宝に背を向けて、壁に向かって必死に祈りました。壁というのは偶像ではありません。部屋の中を見渡すと金銀財宝をいっぱい持っている王様ですから、それを背にして、雑念を振り払って何もない壁に向かって祈ったということを意味します。

金銀に依存せず、ただ神様だけにすがって、一晩中泣いて祈ったヒゼキヤ王。すると神様の言葉が再び預言者イザヤに臨みました。

第二列王記20：4－6「イザヤがまだ中庭を出ないうちに、次のような主のことばが彼にあった。『引き返して、わたしの民の君主ヒゼキヤに告げよ。あなたの父ダビデの神、主は、こう仰せられる。〈わたしはあなたの祈りを聞いた。あなたの涙も見た。見よ。わたしはあなたをいやす。三日目には、あなたは主の宮に上る。わたしは、あなたの寿命にもう十五年を加えよう。わたしはアッシリヤの王の手から、あなたとこの町を救い出し、わたしのために、また、わたしのしもべダビデのためにこの町を守る。〉』」

イザヤが、「干しいちじくをひとかたまり、持って来なさい」と命じたので、人々はそれを持ってきて、腫物《はれもの》に当てました（7節）。すると、ヒゼキヤは癒されました。

ヒゼキヤはイザヤに言いました。「主が私をいやしてくださり、私が三日目に主の宮に上れるしるしは何ですか」（8節）。イザヤは言います。「これがあなたへの主からのしるしです。主は約束されたことを成就されます。影が十度進むか、十度戻るかです」（9節）ヒゼキヤはこう答えました。「影が十度伸びるのは容易なことです。むしろ、影が十度あとに戻るようにしてください」（10節）。

預言者イザヤが主に祈ると、主はアハズの日時計におりた日時計の影を十度あとに戻された」（11節）。

ここでヒゼキヤは、本当にこの病気から快復して再び主の宮に登れるようになるのかどうか、そのしるしを求めて嘆願しています。すると神様は、日時計が、10度進むか、あるいは10度戻るかどちらがいいか選びなさいというのです。

日時計というのは時計のことですが、当然時間がたてば進みます。それは黙っていても進むわけで、珍しいことでもなんでもありません。だから逆に10度戻ることをヒゼキヤはしるしとして求めたのです。イザヤが祈ると、なんと日時計の影が10度、後ろに戻ったのです！

日時計の「10度」というのは40分間です。神様はこのとき、40分間前に時間を戻す、いわゆる過去にタイムスリップを起こされたというのです。

先ほど、NASAの研究で、「失われた1日（24時間）」があることがわかったと言いましたが、このヒゼキヤ王の出来事によって、その内の40分間は説明がつくことになります。しかし、失われているのは丸一日であって、40分では到底たりません。そこで、NASAに勤めるクリスチャンの方が、「これだ！」とひらめきました。

ヨシュアの時代に起きた出来事を思い出したのです。なんと、ヨシュア記10章にも、神様が歴史に介入して時間をタイムスリップさせた、ドラえもんのタイムマシーンのような出来事が記されていたのです。

ヨシュア記10：11「彼らがイスラエルの前から逃げて、ベテ・ホロンの下り坂にいたとき、主は天から彼らの上に大きな石を降らし、アゼカに至るまでそうしたので、彼らは死んだ。イスラエル人が剣で殺した者よりも、雹の石で死んだ者のほうが多かった。」

神様は、イスラエルを戦時中に救おうとして、敵のエモリ人に対して天から隕石のような雹の石を次々に敵陣に落として倒したとあります。敵軍はどんどん弱くなり、いよいよ時間があるならもっと敵を多く倒せるとイスラエルが思った時に、イスラエルのリーダーである将軍ヨシュアが神様に祈りました。

「日よ。ギブオンの上で動くな。月よ。アヤロンの谷で」(12節)。

するとなんと民がその敵に復讐するまでの間、太陽は動かず、月は止まったのです。時間が止まりました。これは奇蹟です。聖書によるとこれはヤシェルの書(ヨシュア記10：13、サムエル記下1：18に登場)に記されていますが、ほぼ丸一日、23時間20分時間が止まっていることがわかります。

そこで、先ほどのヒゼキヤ王の時代に時間が40分バックしたことを思い出してください。ヨシュア記10章で23時間20分、時間がバックした。これら両方合わせると、ぴったり24時間になります。

NASAの科学者たちは「これだ！」と、この二つの聖書記事を合わせて24時間を組み込むと正確な計算ができました。こうして後、コンピューターは再稼働し、結果、月着陸に対して正確な軌道を導き出すことができたそうです。聖書は凄いです。書かれたことは架空の神話ではなく、現実です。

ちなみに私たちは、今ではもう、過去に戻ることはできません。イエス様を信じて、未来に向かって進むだけです。神様は言われました。「民がその敵に復讐するまで、日は動かず、月はとどまった。これは、ヤシャルの書にしるされているではないか。こうして、日は天のまなかにとどまって、まる一日ほど出て来ることを急がなかった。主が人の声を聞き入れたこのような日は、先にもあとにもなかった。主がイスラエルのために戦ったからである。」（ヨシュア記10：13、14）

神様が23時間20分、時をストップしたのは、「後にも先にもない」と書かれていますので、私はタイムマシーンによる過去と未来は存在しないと信じます。ですから、今後タイムトラベルの夢はあきらめたほうがいいと考えます。ロシア語が堪能な知り合いの科学者から、先月こんな電話をいただきました。

「泉先生、今度、講演会を開きます。かなり難しいテーマの研究を発表しますので、ぜひ来てください。泉先生にはぜひ参加してほしい」と言うのです。

「どんな研究を発表するの？」と聞いたら「タイムマシーンです」と言います。「そんな機械あるの？」と聞くと、「今、つくっている最中です。未完成だけれども時空の一部分のゆがみを除き見ることができます。来てくださったら見せてあげますからぜひ、私のこの機械に投資してください」と言うのです。「あっ！　狙いはそこ（投資のお願い）かな？」と思いましたが、結果として礼拝日程が重なっていたので私は伺うことができませんでした。

もちろん研究するのは自由ですが、将来的にタイムマシーンが開発されて、私が歩いていたら突然この空間がぽかっと丸い穴が空いて、映画『ターミネーター』のような武装サイボーグ殺人鬼が現れ出てきて…などということは絶対ないです。散歩中に地面の穴がポッカリ開いて、太古の恐竜時代にタイムスリップなどという心配もいりません。そういうわけで聖書は本当に凄いです。

さて、話をイザヤとインマヌエル王子に戻します。このような背景の中で神様はインマヌエル王子をユダの末裔となるべく海路を通じて日本に連れてきたと考えられます。ヒゼキヤは、先に紹介した癒された奇蹟体験からさらに15年間生かされ、この間に世継ぎ救済計画を立てたのではないかと考えます。

ＢＣ５９７年および５８６年、新バビロニア帝国が南ユダ王国を征服した際にユダヤ人をバビロンに強制移住させました。ＢＣ５３８年アケメネス朝のキュロス二世によって一時帰還を許されましたが、恐らくイザヤとインマヌエル王子はこれらの国難が起きる前に、脱イスラエルを果たし、来日していたものと思われます。そして、連れ出したインマヌエル王子にイザヤは自分が亡くなる前に油を注いで王に任命したはずです。当時、王に油を注いで任命する権威が特別に預言者だけに与えられていましたから、預言者であるイザヤは神武天皇即位のため事前にこれを必ず行なったはずです。イザヤの来日目的もインマヌエル王子への王となる油注ぎのためだったかもしれません。王への油注ぎとは、ダビデ王の場合こんな感じです。

第一サムエル16：13「サムエルは油の角を取り、兄弟たちの真ん中で彼に油をそそいだ。主の霊がその日以来、ダビデの上に激しく下った。」

ダビデはこの油注ぎによる任命の祈りを受けてから聖霊が注がれ、実際に王になるまでは何十年もかかっています。インマヌエル王子もイザヤが生きてるうちにこの任命の祈りを受けて、実際に即位したのはずっと後のことでした。

「日本」という言葉はヘブライ語で「聖書に従う国」という意味があります。「瑞穂の国」の「みずほ」というのもヘブライ語で「東に向かったユダヤ人」という意味です。日本に多くのユダヤ人たちが移住してきたことが、これらのことからもうかがい知れますが、建国に関わったイザヤが神様から啓示を受けて命名したはずです。英語でユダヤ人を「Ｊｅｗ（ジュー）」と言うのも「ジュー＝ユダ」からで、ユダ族は重要なリーダーです。ヒゼキヤ王が41歳。息子のインマヌエル王子が21歳。預言者イザヤが60歳のときに彼らは祖国イスラエルを捨てて東の果て、日の出ずる国、日本に向かい出港したと思われます。イザヤは来日にあたってこのように預言したと言われます。「海を渡った東方の島々にある、水があふれる山の上に、新しい神の都、エルサレムが造られ、民が喜び楽しむ長寿の国となる」

ヒゼキヤは国を守るためにも王として居残りましたが、息子をイザヤ預言者に託し、「海のシルクロード」と言われる海路を通じ、ユダ族をリーダーとして他にベニヤミン族、祭司のレビ族らも伴って南ユダ国の末裔は日本に向かってきたと考えられます。皇室内に宗教行事が多いのも祭司のレビ族たちが日本建国当初から関わっていたからでしょう。恐らく彼らはアカバ湾から、紅海、アラビア海、ベンガル湾、マラッカ海峡、フィリピン、台湾、黒潮に乗って、最初の上陸は沖縄の久高島であったと考えられます。

ヒゼキヤ王　在位 BC716年－ BC687年
出生 BC740年頃　死去 BC687年

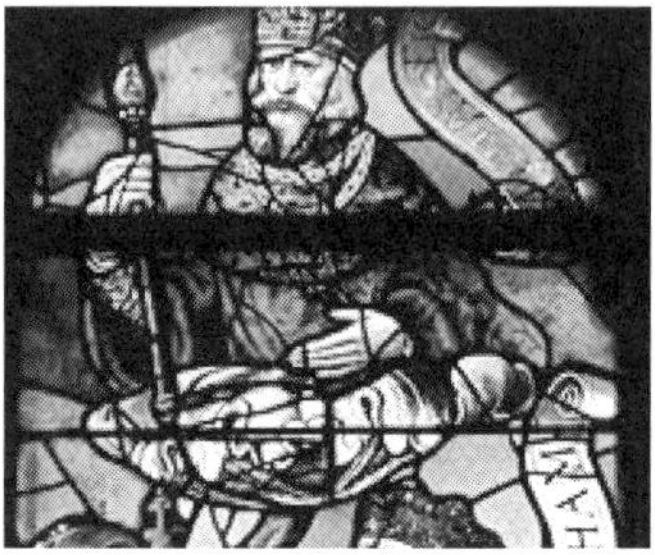

マナセ王　在位 BC687年 － BC642年
（ダビデ王朝　ユダ族　南ユダ国内で王
ヒゼキヤ王の子）

神武天皇（インマヌエル王子）在位 BC660年－
BC585年（ダビデ王朝　ユダ族　日本国内で王
ヒゼキヤ王の子）兄弟マナセ王や父ヒゼキヤ王と
険しい顔とヒゲが似てるかな？

ついでにイザヤは神武天皇の
祖父です。イザヤと孫の神武
天皇も似てるかな？

こうして国外脱出したインマヌエル王子こそ、後に奈良県で立ち上がった初代神武天皇です。

一方、イザヤはその後、自分の祖国なるイスラエルに帰ったと考えられます。

ヒゼキヤはBC687年に54歳で亡くなり、イザヤは80歳のときBC680年に、殉教したと言われています。イエス様が言われた「預言者がエルサレム以外の所で死ぬことはない」（ルカ13：33）という神様の定めのもと、イザヤは預言者ですから、死ぬためにも祖国のエルサレムに戻らなければならなかったのでしょう。

これは伝説ですが、イザヤは迫害を受けたときに、中が空洞になっている丸太の中に生きたまま詰め込まれてノコギリで引き殺されたと言われています。恐ろしいことです。このように、イザヤは80歳で殉教したと言われますが、インマヌエル王子はそのまま日本に居残り、沖縄から東に向かい本土のほうへ奈良に向かって進んでいったのです。

琉球王国は代々イザヤの妻ツィポラの女系の流れ、シーサーはユダ族の獅子《ライオン》

沖縄には、沖縄島南東の沖縄県南城市にある久高島で12年に一度行われた「イザイホー」なる儀式があります。これは、久高島で生まれ育った30歳以上の既婚女性が神職者となるための就任儀礼であるといいます（1987年以降は祭儀を執り行う女性不足のため、現在は行われていな

い)。「イザイホー」、イザヤの名前によく似ています。礼拝をする場所は「イザイ家」と言うそうです。

他にも、沖縄の古代からの祭りを導く祭り人は「イザイ人」と言い、礼拝をする場所は「イザイ家」と言うそうです。

イザヤはエルサレムに帰ったけれど、その妻が居残りしたという伝説もあります。イザヤ書によればイザヤは結婚していて、その妻ツィポラは女預言者と呼ばれていました(イザヤ8：3)。息子が2人、娘もおり、それぞれに神の啓示により象徴的な名を付けました(イザヤ7：3、8：3)。古事記の冒頭に日本の始まりはイザナギとイザナミの二神が矛《ほこ》で混沌をかき混ぜて島を造り、国生みしたとあります。このイザナギとイザナミは日本建国の画策者イザヤ夫婦です。彼らが神武天皇と開国したとき、宗教的に日本の天下を統一して、後に天孫正系を日本統治者に据えました。記紀の順番では、まず国を産み、神々を産み、最後に珍《ウヅ》の子を産んでいます。イザヤ夫婦はまず、日本の島々を探検し、民種の分布状態を調べ、各地方に長《おさ》を置き、首《ヒトコノカミ》を任命し、ユダヤ人だけが宗教祭礼を神主《カンヌシ》、神巫《カンナギ》などと称して司ったようです。イザナギのイザは「神よ。救いたまえ」の意味があり、ナギは「イスラエルの主権者ダビデ王統(ユダ族)」です。イザナミのナミは「神よ。慰めたまえ」です。ナギもナミもヘブル名で、共にダビデ王朝の位名でダビデ王家の母祖の名です。

そのイザヤの妻ツィポラが代々女系の王様として沖縄を統治し続け、その末裔、すなわち琉球王国の王族たちが建てたのが首里城です。

与那国島は、聖書で大魚に飲まれた後、吐き出されて生き延びたヨナと同じ名前。命懸けの航海で九死一生を得た由来かもしれない。次にたどり着く八重山諸島、ヤハウェ山は神の山。沖縄本島も八重岳、八重瀬町、八重島など多い。最北端は伊平屋イヘヤ、イヘ・ヤハウェも神の島。那覇ナハは「安息、安住」安住地の意味。

沖縄には、建物の門や屋根、村落の高台などに据え付けられるシーサーという犬のような偶像があり、あれは本当はライオンです。沖縄にライオンはいません。では、このライオンはいったいどこから出てきたのでしょうか?「ライオン（獅子）」は、イスラエル12部族の王族であるユダ族のシンボルです。イスラエル12部族にはそれぞれ、部族ごとにシンボルマーク（家紋）があります。王族なるユダ族は百獣の王ライオンのシンボルマーク。すなわち沖縄の至る所にシーサーが見受けられるのは、ユダ族が大量に上陸してきたことの証しです。日本本土でも、神社の入り口には「狛犬」が2匹いますが、あれも犬ではなくライオンです。

次ページの図で、上がイスラエル12部族の家紋で下が神道に使われている日本の家紋です。それぞれの家柄に家紋が存在するのは、日本人のほとんどが、天皇家とつながった親族として広がったからです。

ルベン族
シメオン族
ユダ族
ダン族
ナフタリ族
ガド族
アシェル族
イッサカル族
ゼブルン族
ベニヤミン族
マナセ族
エフライム族

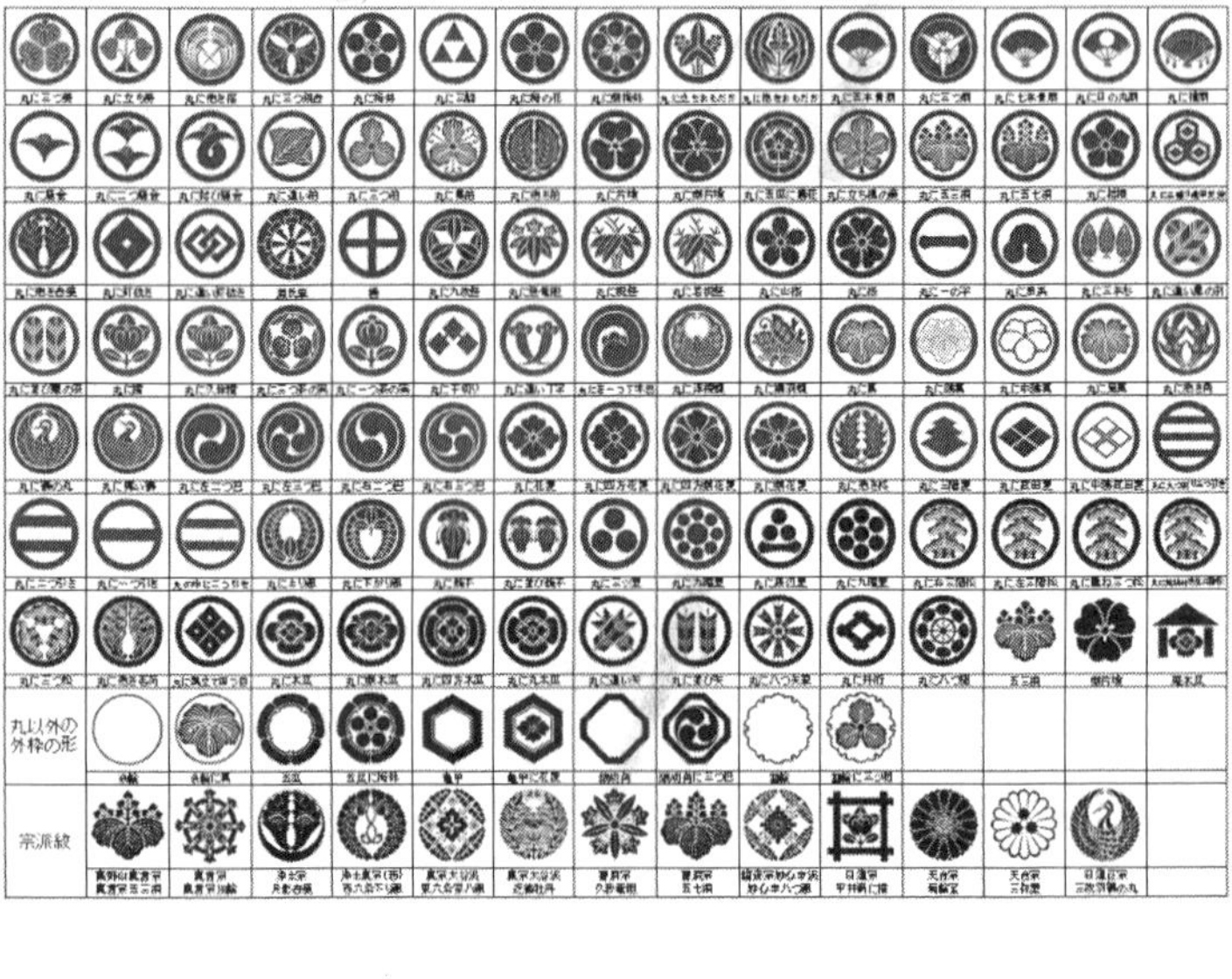
丸以外の外枠の形
宗派紋

ユダ族の家紋はライオンで、狛犬が全国の神社に祀《まつ》られています。伊勢神宮では、ガド族の天幕のマークのように建物を大切にして神棚を祀ります。そして南国でもないのにマナセ族のヤシの木が植えられ、エフライム族のブドウ園もあります。アシェル族の木は神木として祀られ、ダン族の白蛇を祀る神社も多く、ルベン族の太陽は天皇家のマークとして太陽を祀ります。ナフタリ族の鹿は御頭祭のように鹿を祀る神社もあり、ベニヤミン族の狼は神社で狐となって祀られています。シメオン族のマークは剣の宮と呼ばれた剣神社や御刀神社に祀られ、イッサカル族の驢《ろ》馬《ば》のマークは馬を祀る神社として多数あります。ゼブルン族のマークの帆船を祀る神社は吉備津彦神社、住吉大社、船玉神社などあります。

結局、何でもありの神々文化で、すべてが偶像崇拝の対象となって無意味になりましたが、起源は来日したユダヤ12部族だったのです。日本には「伊雑宮《いざわのみや》」という別名「イザヤの神社」まであります。

また、沖縄では土着の神の名前を「アダマー」と言います。アダムに似ています。というのも聖書で最初にアダムを神様が創造されたときに土地の塵《ちり》で人を形造り、その鼻に命の息を吹き込んだとき、人は生きるものとなったとあります。そのとき、神様は赤土で最初の人アダムを造られました。その「赤い土」のことをヘブライ語で「アダマー」と呼ぶのです。そのため、赤土（アダマー）で造られた存在を「アダム」と名付けました。

アダムによく似たアダマーが沖縄の神の名前ですが、沖縄では今でも、死者を埋葬する際に「アダマーの神にお願いします。○○が亡くなりました。どうぞお願いします」と祈るそうです。「アダマーの神」。それはつまり、アダムの神様、我らの主なる神様に知らずして祈っています。

イザヤ書では、様々な環境を乗り越えて難しい東の国々へ宣教に遣わされるイザヤに関して彼自身がこう預言していました。

イザヤ6：8－10「私は、『だれを遣わそう。だれが、われわれのために行くだろう』と言っておられる主の声を聞いたので、言った。『ここに、私がおります。私を遣わしてください。』すると仰せられた。『行って、この民に言え。〈聞き続けよ。だが悟るな。見続けよ。だが知るな。〉この民の心を肥え鈍らせ、その耳を遠くし、その目を堅く閉ざせ。自分の目で見ず、自分の耳で聞かず、自分の心で悟らず、立ち返っていやされることのないように。』」

イザヤ24：14「彼らは、声を張り上げて喜び歌い、海の向こうから主の威光をたたえて叫ぶ。それゆえ、東の国々で主をあがめ、西の島々で、イスラエルの神、主の御名をあがめよ。」

イザヤは頑固で悟りなく、立ち返らない宣教困難な国民の所へ遣わされると預言されました。

日本における宣教状況はどうでしょうか。
さらに、ここでイザヤ自身が「東の国々で主をあがめよ」と預言しています。イスラエルという国はご存知の通り「中東」と呼ばれる地域にあります。つまり、地球の中では「真ん中の東」です。そのイスラエルから見ると、日の出ずる国、東の果ての国こそ、我らの暮らすこの日本であると言えます。日本の先、更に東を進むなら、そこには太平洋が広がるのみです。

イエス様の「大宣教命令」と呼ばれる言葉の中に

使徒1：8「『聖霊があなたがたの上に臨まれるとき、あなたがたは力を受けます。そして、エルサレム、ユダヤとサマリヤの全土、および地の果てにまで、わたしの証人となります。』こう言ってから、イエスは彼らが見ている間に上げられ、雲に包まれて、見えなくなられた。」

と、宣教最終地に「地の果て」という言葉がありますが、この日本こそが「地の果て」の国なのです。「極東」とはよく言ったものです。
「極東地域！　日の出ずる国！　東の果てにイザ、宣教に行くぞ！」いや、ここなんです。そして、さらに言うなら、「東京」は東の都ですから、まさに最後に大群衆が霊的に目覚めて救われる約束の地です。

外典聖書エズラ書第2書13：48－50では、「アルツァレト」と呼ばれる「果ての地」「日本」で最後に「極めて多数の奇蹟」が起こることも預言されています。

「しかし、またあなたの民の中から生き残った者たち、私の聖地（アルツァレト）に見出される者も救われるであろう。だから至高者（神様）は集まった諸国の民の群れを滅ぼす時、生き残った民を保護するであろう。そしてその時、主（神様）は彼らに極めて多数の奇蹟を示すであろう。」

というわけで、「果ての地」日本、イザヤはイザこの東の地を目指して、ひたすら海路を通じて移動して来ました。一行は沖縄の久高島からさらに種子島、大隅、日向《ひゅうが》に移動しました。日向はジュダ＝ユダヤであり、宮崎県には神（ヤハウェ）＝八重《やえ》という地名が多く、ユダ王族の家柄大王町もあります。やがて南ユダ王国は東進して出雲族を掌握して、ＢＣ６６０年、奈良県橿原《かしはら》においてインマヌエル王子が61歳で神武天皇になって即位しました。その後、神武天皇は１３７歳（ＢＣ５８５年）まで生きたと言われています。神武天皇の生きた期間は、不思議と北イスラエル王国の滅亡（ＢＣ７２２年）から南ユダ王国の滅亡（ＢＣ５８６年）までの期間、１３６年とほぼ同じです。3世紀には全国統一し、大和政権を樹立しました。

首里城だけではない！　ユダヤ末裔の建造物（伊是名《いぜな》ピラミッドなど）

ユダヤ人の末裔が建てた首里城は、沖縄県内最大規模の城でしたが、他にもユダヤ人がルーツと考えられる建造物が沖縄には各所点在します。「伊是名《いぜな》ピラミッド」。一見すると三角形の山みたいですが、よく調べると沖縄歴代の琉球の王国の墓であることがわかっています。

ユダヤ人は変わった特徴があって、自分たちの居住地や墓に三角の形を好んで、建造します。契約の箱の上の三角空間から神様が語られるという信仰を持っていたからです。三角のピラミットというとエジプトの邪教のものでは？　と思われた方も多いかもしれません。しかし、実は聖書から出たもので、エジプトにある巨体なクフ王の大ピラミットも聖書に起源があると考えられます。その起源と考えられる出来事が、旧約聖書の創世記41章以降に登場します。

当時、7年間の世界的大豊作に続く7年間の世界的大飢饉《きき ん》の訪れを夢で啓示されて預言したヨセフに、エジプトの王パロは「エジプト全土を支配させた」（41：43）とあります。このとき、神様からの天的知恵をいただいてヨセフは先の7年間にひたすら宝物蔵をつくらせ、

大飢饉に備えました。後の7年大飢饉が来ると全世界が食糧難となり、トウモロコシを大量に蓄えたエジプトは高値でこれを売りさばき非常に繁栄しました。その富ゆえの建造物がエジプトに現在も残るピラミッドであったと考えられます。

なぜピラミッドが三角か？　聖書に起源があります。

出エジプト記25：20－22「ケルビムは翼を上のほうに伸べ広げ、その翼で『贖いのふた』をおおうようにする。互いに向かい合って、ケルビムの顔が『贖いのふた』に向かうようにしなければならない。その『贖いのふた』を箱の上に載せる。箱の中には、わたしが与えるさとしを納めなければならない。わたしはそこであなたと会見し、その『贖いのふた』の上から、すなわちあかしの箱の上の二つのケルビムの間から、イスラエル人について、あなたに命じることをことごとくあなたに語ろう。」

「二つのケルビムの間から」、つまり、二人の天使が翼を広げて互いに向かい合わせになっているオブジェが契約の箱の上部にあるのですが、その空間の形はちょうど羽と羽で覆い隠された空間が三角形になるのです。この三角空間から神様が語られるということです。このことからも、ユダヤ人は三角を好みます。その三角発想も預言的に夢見る人ヨセフのイメージにあり、ピラミ

ピラミッドとアークとプロビデンスの目

契約の箱
わたしはそこであなたと会見し、その『贖いのふた』の上から、すなわちあかしの箱の上の二つのケルビムの間から、イスラエル人について、あなたに命じることをことごとくあなたに語ろう。
(出25：20−22)

ッドに繋がったと考えられます。つまり、三角のピラミッドをつくったのは、公共事業として景気活性の雇用創出のみならず、ヨセフの願いとしては、三角空間から主が語られるという聖書の御言葉を信じ、神様との出会いの空間をイメージして王たちの墓をピラミッドにして、両サイドに2体の天使を置いたと考えられます。ピラミッドについてもう一度見ましょう。

先ほど、ピラミッド起源が邪教のものではないと述べました。クフ王の大ピラミッドの前にはスフィンクスと呼ばれる偶像がありますが、これは、現在はピラミッドの片側に1体しか残されていません。しかし当初は左右に2体配置されていたものと思われます。ナイル川の氾濫か戦争によって1体は失われたのでしょう。現在は片側の1体だけですが、顔が人間で体がライオン。実は、これが天使を模したものではないかと考えられます。聖書ではマタイの福音書を象徴するライオンのような人間のような天使も出てきます。この聖書箇所は、新約聖書中の四つの福音書を表しています。

黙示録4：6－7「御座の前は、水晶に似たガラスの海のようであった。御座の中央と御座の回りに、前もうしろも目で満ちた四つの生き物がいた。第一の生き物は、ししのようであり、第二の生き物は雄牛のようであり、第三の生き物は人間のような顔を持ち、第四の生き物は空飛ぶわしのようであった。」

ちなみに、この2体の天使の模型を乗せた契約の箱の中に入っていたものがユダヤの「三種の神器」です。モーセの兄アロンのアーモンドの芽を吹いた、剣のような杖（一度乾いて死んだ杖が芽を吹いたのはイエス様の復活の象徴）、モーセの石板（聖書の象徴で、民の罪のため一度は砕かれ、二度目は永久保存でこれも神の言葉と呼ばれたイエス様の死と復活の象徴）、マナの入った壺（命のパン、聖書の象徴で、朽ちないイエス様の復活の象徴）の三つが、契約の箱には納められていました。

この聖書発のピラミッドは世界中にあり、日本にもあります。ただし、日本の場合はピラミッドに緑の木々が生い茂り、一見するとただの山に見えてしまうので、見落としがちです。一見すると山と思われていたものでも、実はピラミッドだったという例が多数存在します。

もともと、契約の箱のような日本の神輿《みこし》の中にも三種の神器である草薙剣《くさなぎのつるぎ》と勾玉《まがたま》と八咫鏡の三つが納められていました。これは、日本に渡ってきたユダヤ人の王族たちが制作を命じたレプリカ、複製品です。本物は日本の剣山ではなく、本書の第六章で説明するエルサレムのゴルゴダの丘の地中深く洞窟内に今も隠されています。

日本では、アーモンドの芽を吹いた「アロンの杖」は形の似た複製品の「草薙剣」となり、

大正時代に作られた勾玉の首飾りをして全国統一に向かう神武天皇の戦陣姿の武者人形

「モーセの十戒の石板」は「八咫鏡」となりました。「十戒」は聖書の言葉が書かれた石板ですが、聖書を読むと鏡のようにリアルな自分を映し、罪の汚れを除き、乱れを正せます。荒野で民を養うために神様が天から降らせた不思議な「マナ」が「勾玉」となりました。ちなみに、「勾玉」は世界の七大不思議です。ヒスイの石で出来ており、壺の中に入っていたマナを象徴するもので、何が不思議かというと、ヒスイに紐を通して首飾りにするための小さな穴が開いていますが、ドリルもない時代に、どうやって硬い宝石に精巧な小さな穴を開けられたのか、解明されていません。これが世界の七大不思議の一つと言われています。

ソロモンからいただいた神様の英知で、うまく穴を開けられるノウハウがあったのでしょう。今、各地に保存されていますけど、天皇家が三種の神器をお宝として大切にしているのはこの三つです。

勾玉に関するもう一つの神秘は、やはり勾玉とマナのつながりでしょう。マナは、旧約聖書の出エジプト記において、神様が荒野を行くイスラエル民族を養うために朝ごとに与えたパンのようなもので、「天から下って来た生けるパン」であるイエス・キリストの「型」でもありました。

そのマナを保存するために与えられたのが、壺です。この中にマナを入れ保存しますが、マナは安息日の前に2倍集めても溶けず、ずっと残る不思議なものです。通常平日に集めたマナは、一晩経つと腐って虫が湧いて食べられなくなるのに、契約の箱の中の壺に納めたマナだけは朽ちず、腐らず、後々の子孫にまで証しになるためのものであったと聖書にあります。壺に入れて契約の箱に保存したマナだけは、いつまでも朽ちない不思議がありました。

マナは、コエンドロの種のようでウロコのような白いもので、焼いたり溶かしたり、クリームのようにして食べるのですが、なんとも不思議なパンです。「御使いのパン」と詩篇には書いてあります。

詩篇78：23－25「しかし神は、上の雲に命じて天の戸を開き、食べ物としてマナを、彼らの上に降らせ、天の穀物を彼らに与えられた。それで人々は御使いのパンを食べた。神は飽きるほど食物を送られた」

日本全国に点在する遺跡の中の一つに、前方後円墳があります。最大級の大きさを誇る仁徳天皇陵（大仙陵古墳）や九州の岩戸山古墳、尾張の断夫山古墳などが有名ですが、日本列島に広く分布し、その数は約４８００基、あるいは約５２００基とも言われます。日本の前方後円墳がつくられたのは3世紀以降と特定されていますが、その後、韓国南西部でも6世紀頃につくられたと判明している前方後円墳がわずか14基確認されています。これらの古墳が、実はマナを入れている壺の形を模したものです。

「マナ」とは、「命の糧《かて》」を意味し、「永遠の命のパンなるキリスト」をも意味するわけですが、その「命の象徴」なるマナの壺を模した墓に天皇を葬ることで、「天皇たちが死んでもマナのように朽ちないで永遠に生きてほしい」。そんな願いを込めたのではないでしょうか。

他にも聖書と関わりのある遺跡が沖縄近海に残されています。いわゆるムー大陸の一端ではないかと言われている竜宮城のステージにもなった美しい与那国海底遺跡です。想像するに、これを建築するにあたって恐らく、ネフィリム巨人が関わっていたのではないかと私は考えます。

巨石を巧みに組み上げた怪力と知恵、垂直に研磨された壁、神殿跡がいくつも発見されています。あきらかに人工的なものです。

外典聖書では巨人ネフィリムたちは高ぶってあたかも

自分たちが天使のごとく、また、神であるかのごとく自分たちを礼拝させたと書いてあります。ノアの大洪水の直前の悲惨に乱れた世界最後の姿です。威張り、高慢だったと外典聖書に記述がある巨人ネフィリムたちは人間たちに神殿をつくらせ、階段の一番上に自分たちが座り、「俺が君主だ」と拝ませていたようです。

ムー大陸というのは巨人がいて、堕天使たち経由で悪い情報が蔓延《まんえん》し、堕天使の特殊情報ゆえに栄えた超古代文明と言われるくらい、ある程度他国をしのぐような当時の最先端技術をも持ち合わせていたと考えられます。しかし、堕天使の影響が絶大だったムー大陸には罪もそれだけ酷く影響されて、はびこり、そのため早く滅ぼされたと考えられます。ムー大陸は日本近海の太平洋にあった巨大大陸です。いつ、どのように滅びたのでしょうか。詩篇104篇にあります。

詩篇104：6―9「あなたは、深い水を衣のようにして、地をおおわれました。水は、山々の上にとどまっていました。水は、あなたに叱られて逃げ、あなたの雷の声で急ぎ去りました。山は上がり、谷は沈みました。あなたが定めたその場所へと。あなたは境を定め、水がそれを越えないようにされました。水が再び地をおおうことのないようにされました。」

この聖書箇所から大洪水で箱舟外のすべての命が死に絶えた後、神様は水を全地の表から引かせるために地殻大変動を起こされたことがうかがい知れます。もともと、原始の世界は一つの大陸であり、それが大洪水の後、地殻変動によって地割れして、ユーラシア大陸・アフリカ大陸・北アメリカ大陸・南アメリカ大陸・オーストラリア大陸・南極大陸の6つの陸上部分と、バラバラになり世界の島々まで分割されました。その地殻変動の際に、いわゆるムー大陸と呼ばれる古代文明とその都市も日本海溝、日本海淵に水没して深く沈んでいったことでしょう。これらが現在、与那国海底遺跡という形で一部分が見える形で残ったというわけです。それらを見ると、どれもこれも巨大サイズ！　巨人たちがいた一つの痕跡ではないかと思います。

神は、一人の人からすべての国の人々を造り出して、地の全面に住まわせ、それぞれに決められた時代と、その住まいの境界とをお定めになりました。これは、神を求めさせるためであって、もし探り求めることでもあるなら、神を見いだすこともあるのです。

　ここで、日本列島の地図を見ましょう。

　神武天皇と関わりの深い神社を線で結ぶと、1辺あたり180キロの五芒星《ごぼうせい》が出来ます。これもまさにユダヤ人が当時の日本を支配

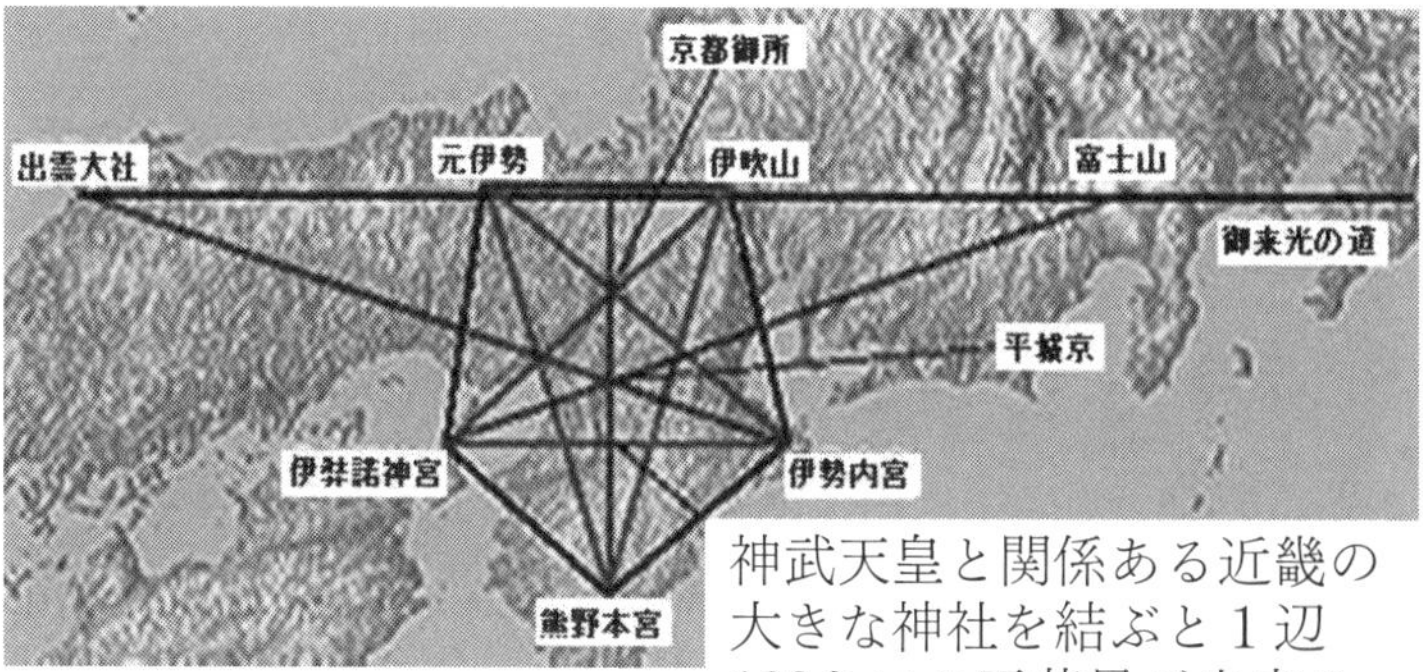

神武天皇と関係ある近畿の大きな神社を結ぶと１辺180キロの五芒星が出来る。ユダヤ人の天文学、測量学、ソロモン英知

していたことの痕跡ではないでしょうか。ユダヤ人は自分たちの関与した都市開発や居住地に自分たちのランドマークを街並みに残す特徴が昔からあります。古代ユダヤでは、王家のシンボルマークにソロモンの星（五芒星）とその父ダビデの星（六芒星）があります。神武天皇が深く関わった場所には必ず神社が建てられており、どれも有名な神社です。京都府の元伊勢（豊受大神社）、滋賀県の伊吹山、淡路島の多賀（伊弉諾神宮《いざなぎじんぐう》）、和歌山県の熊野本宮、三重県の伊勢神宮を線で結ぶと、きれいな五芒星が浮かび上がります。これは偶然の産物でしょうか？　それとも誰かが意図的に計算して配置を決めたのでしょうか？

　江戸時代の商人・天文学家である伊能忠敬（１７４５年2月11日生まれ）は、50歳になってから過去の経歴すべてを捨てて、１８００年から１８１６年まで、17年をかけて日本全国を測量して『大日本沿海輿地全図』を完成させ、国土の正確な姿を明らかにしました。彼は夜ご

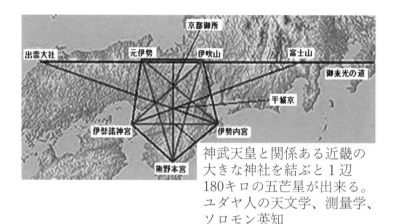

と星の位置を観測しながら測量して現在地を特定する精巧な地図を作りました。

同様の方法であったのかどうかは定かでありませんが、渡来してきたユダヤ人は、神様からの英知をもって日本に遣わされたグループであり、優れた天文学の能力と測量学をもってあのように正確な五芒星の形に神社を配置できたのでしょう。この五芒星だけでなく、元伊勢と伊吹山を結ぶレイラインを東西に延長すると、西には出雲大社、東には富士山が配置されています。また、五芒星の中央には、平城京があります。すごい英知です。思うに、これがすなわち、彼らが日本に来る前に、その父祖ソロモンに神様が与えた英知を代々学んだ学問情報だったのではないでしょうか。神様からの知恵でこれらを行なったと思われます。神様から与えられた特別な天文学と、測量学です。

同様の動きは近代のアメリカ建国時にも見られます。国家の中心はやはり政府にあり、政府の方針や経済政策が一国の将来を運命的に決定づけます。

アメリカの首都ワシントンＤＣですが、この街は京都や札幌のように計画都市としてつくられ、２００年以上前のアメリカ入植者たちには、ユダヤ人有力者たちが多くいたようで、彼らが都市設計する段階で町並みを碁盤目のようにきれいに設計してつくり、そこに国家中枢となる政府機関を集中的に設置しました。

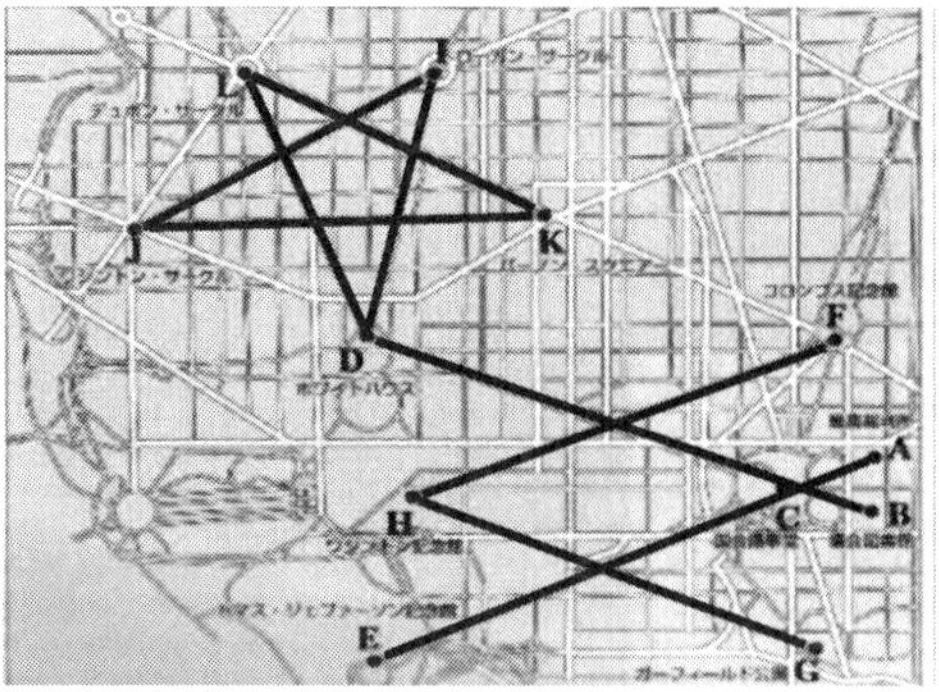

地図はワシントンDCの町並みですが、ここにも建国当初にユダヤ人のランドマークがあり、ユダヤ人が政策介入していたことがわかります。A点は最高裁判所、B点は議会図書館です。そしてこのA点とB点をC点の国会議事堂にクロスさせて線を引くと、D点のホワイトハウスとE点のトマス・ジェファーソン記念館に至ります。さらにF点のコロンブス記念館とG点のガーフィールド公園をH点のワシントン記念館まで結ぶとこれは定規を象徴します。ソロモンの星（五芒星）が現れます。

神様から啓示された優れた英知の情報は、言わば「ホワイト情報」ですが、この世界には二つの人間の英知を超えた知恵があると言えます。神様から賜る「ホワイト情報」に対し、もう一方は悪魔が教える「ブラック情報」です。

「ホワイト情報」とは、神様がソロモンに与えたような「知恵の言葉」です。その知恵をもって世界に出ていき、しもべたちを遣わし、ソロモンの末裔は皆、世界中で成功して王様となりました。

神様はダビデ契約だけでなく、ユダヤ人の元祖、アブラハムとも契約を結んでおられました。その契約ゆえにユダヤ人は行く先々、文明開化できる最先端技術と知恵、最先端兵器を持った精鋭軍隊であり、結果、どこでも諸国の王様となれたのです。ユダヤ人が特別に優秀だからではなく、ご自身の契約に忠実な神様だからです。その契約の言葉がこれです。

創世記17：4－6「わたしは、この、わたしの契約をあなたと結ぶ。あなたは多くの国民の父となる。あなたの名は、もう、アブラムと呼んではならない。あなたの名はアブラハムとなる。わたしが、あなたを多くの国民の父とするからである。わたしは、あなたの子孫をおびただしくふやし、あなたを幾つかの国民とする。あなたから、王たちが出て来よう。」

契約実現の「王たち」が出てくるためには、人並み外れた手腕が必要で、その絶対的な知恵と情報こそ、神様がアブラハムの末裔、ソロモン王に与えられた「ホワイト情報」の「知恵の言葉」です。ソロモン王が受けた神様の知恵をユダヤ人は学び、世界中にツロとフェニキアの船団を組んで出ていくわけですから、ユダヤ人はいつの時代にも成功して諸国の王様となって聖書預言が成就したのです。中国では秦の始皇帝はユダヤ人の王です。

1955年に中国政府認知でユダヤ系住民を調査した結果、名字は14～17世紀に皇帝が授けたユダヤ人の氏族名から発音に準じた漢語名であることが判明しました。

「艾（アイ）」＝エズラ
「石（シー）」＝シモン
「高（ガオ、コウ）」＝コヘン
「金（ジン）」＝ジルベルト
「李（リー）」＝レビ
「張（チャン）」＝ヨシュア
「趙（チャオ）」＝ヨナタン

韓国でも檀君神話の檀君はユダヤ人です。日本では神武天皇から歴代すべての天皇がユダヤ人です。確かにユダヤ人の元祖、アブラハムの子孫たちは隣国を見ただけでも「あなたを幾つかの国民とする。あなたから、王たちが出て来よう」との契約通りになっています。

これに反して、もう一方の「ブラック情報」は闇なる悪魔・堕天使から出たもので、外典聖書によれば、堕天使200人が女たちを身ごもらせ、ネフィリム巨人を産んだとありますが、その際、女たちを堕天使たちが誘惑する材料に娘たちの知らなかった、美しい貴金属の加工方法や石の組み方、化粧の仕方、眉毛の整え方、天文学など、様々な「ブラック情報」を教えたというのです。その中で、堕天使たちは麻薬や魔術、魔法のやり方など、本来人間が知ってはいけないことまで教え込んだのです。これらは皆、知ってはいけなかった「ブラック情報」です。事実、それらの「ブラック情報」を知った女たちはみんな堕落して魔法使いとなってノアの大洪水で滅びたのです。

近畿地方を中心にソロモンの星（五芒星）が地図を開いたかのような正確な位置に神社を建てていった測量の英知は、まさに神様からの知恵を用いたと考えます。神社はもともと、聖書に出てくるユダヤの神殿です。神殿というのは、三層構造になっており、一番外側に大庭、その内側に聖所、そのさらに奥に、年に一度だけ大祭司のみが入れる至聖所がありました。日本の神社の構造を見るとき、この旧約聖書に登場する神殿に構造が酷似しています。古代ユダヤの神殿をモデルとしてつくったからです。

神社と神輿の起源は、中央アジアの景教（原始キリスト教）の一大拠点、弓月国の君が3世紀末に朝鮮から渡来したのが秦氏一族の始まりと日本書紀にありますが、秦氏の「はた」はヘブライ語で「イェフダ」、意味は「ユダ族」で、渡来人の中で最大豪族として経済力があり、治水、土木、機械、建築、養蚕など多くの大陸技術を日本に伝えて大和朝廷に協力し、平安京建設にも貢献し、秦氏一族は15代応神天皇（200－310年）当時に数千人、29代欽明天皇（509－571年）当時に3〜4万人はいたとされ、人口の10％前後まで達していました。彼らは京都の太秦拠点に全国各地に「やはわだ」アラム語で「ユダ族」を意味する八幡神社を創設し、奈良に上京した749年頃から神輿を導入。ラテン語でイエスの意味（イナリ：JNRI／INRI）

である稲荷神社も創建した。

ユダヤ人の東進の経路は、世界の交易の重要なルートであった内陸シルクロードを通ってくる北方ルート陸路と南方ルートとなる海路もありました。

海のシルクロードと言われた海路は、ユダ族中心にベンヤミン族、祭司のレビ族がやって来ました。

一方の陸のシルクロードを通って終着点なる島国の平安京にたどり着いたのは、北イスラエル王国がアッシリアによって滅ぼされる（BC722年）国難を逃れて国外脱出したイスラエル12部族のうち、10部族です。

その後、BC760年、北イスラエル国内に居残った民はアッシリア帝国に捕囚の民として現在のイラク周辺に連れて行かれました。彼らはアッシリアがネストリウス派のキリスト教国へと改宗したことに伴いクリスチャンのユダヤ人となったようです。

有力者の家系が戸籍制度によって重要視されてきた史実や世界でも例を見ない繊細でこだわりの文化を持つ日本をつくり上げたユダヤ民族が上陸したのは、恐らく7回ほどの波があったのではないかと思われます。1975年に設立されたイスラエルの失われた10部族に関する調査機関アミシャーブ（Amishav）団体の調査結果では、10部族である可能性があるものとして、西アフリカではセネガル・ガンビア・シエラレオネ・ナイジェリア、南アフリカではレンバ（ボツワナ）、西アジアではパタン人（アフガニスタン、パキスタン）、中央/南アジアではカナン人（インド）・カシミール人・チベット、南米ではブネイ・モーシェ（ペルー）、東アジアではメナシェ族（ミャンマー）やチアン・ミン族（中国）に加えて、やはり日本もリストに挙げられています。

このような離散しアジア各地にも住み着いたユダヤ人たちは、イスラエルから流れてくるにつれ古代イスラエルから伝わってきた伝統的な武術や文化を持ち込み、それらが中国においては中国拳法として残り、日本においては相撲、沖縄においては空手の元となった手《ティ》として伝承されていったのではないでしょうか。

アブラハムの父テラから伝わると自称しているイスラエルの古武術アビアでは、聖書にルーツを持ち、数千年続いているユダヤの伝統的武道の一つです。12部族長たちに護身目的でおのおの学ばせたと言われていますが、ヘブライ語のアルファベットを形として基礎訓練を行なっています。アビアを学ぶために世界中からエルサレムの道場に生徒たちが集まります。その道場を開いているのはアビアの達人イェホシュア・ソファーです。このアビアが日本では空手となって2020年の東京オリンピック正式種目ですが、その形の美しさなどを競うポーズの一つ一つが元はイスラエルのヘブライ語文字でした。

アビアの形の画像を空手に置き換えましたら、社団法人日本空手協会のクリスチャン空手家、井上達夫師範によると、

アルファ＝十字受け
ベート＝鶴頭受け・抑え受け
ギメル＝掛け受け
ダレット＝抜き手もしくは目潰し
ヘー＝上段揚げ受け

といったところです。

このように自らのヘブライ原語を体で表現する文化は古代イスラエルならではのものです。沖縄経由で根付いた現在の日本の空手の形では、ヘブライ原語は表現しなくなりましたが、その文化はヨガでも同じくヨガポーズの一つ一つに同様な起源があるようです。

ユダ族の末裔によってユダ族のシンボル「獅子・ライオン」の置物が「狛犬」という変形で神社に普及しました。その「狛犬」、沖縄では「シーサー」も救い主なるユダ族から出た獅子、イエス・キリストを叫んでいます。

狛犬も良く見ると口元が一頭は開いて「あ」と言い、もう一頭は閉じて「うん」と言っています。「阿吽《あうん》の呼吸」の意味は「息がぴたりと合う」という意味です。これは、古代インドから発祥したサンスクリット語が仏教伝来で中国経由で日本に伝わった言葉です。そのサンスクリット語のアルファベットの最初の文字が「阿《あ》」で、最後の文字は「吽《うん》」です。「阿《あ》」は吐く息、「吽《うん》」は吸う息ですが、その意味は万物の「始まりと終わり」を象徴します。実はそれはユダ族の獅子、イエス・キリストの言葉から出たものです。

黙示録22：13－14「『わたし（イエス・キリスト）はアルファであり、オメガである。最初であり、最後である。初めであり、終わりである。』自分の着物を洗って、いのちの木の実を食べる権利を与えられ、門を通って都に入れるようになる者は、幸いである。」

「アルファ」と「オメガ」も同じくギリシャ語で最初の文字と最後の文字。英語で言う「A」と「Z」です。ですからこの狛犬は、元来はユダ族の獅子、イエス・キリストを表すものだったのです。日本の狛犬は平安時代後期の『類聚雑要抄』で、獅子は左に置き、「色黄にして口を開き」、右側の「胡摩犬は色白く口を開かず、角あり」とありますが、今では逆に右側が「獅子」で、左側が角がある「狛犬（野牛）」です。すでに平安時代にあった天皇家の紋章。京都御所の清涼殿

天皇家の紋章

北イスラエル

南ユダ

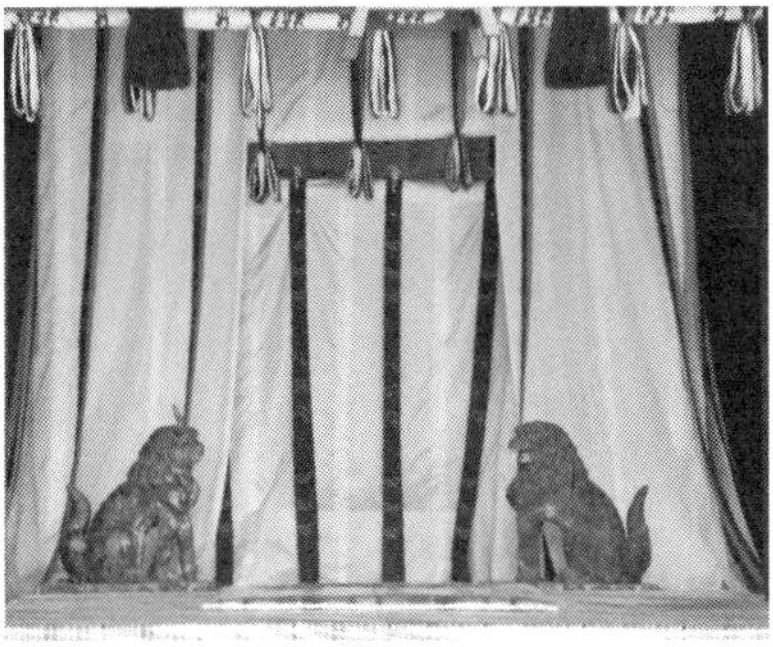

にある天皇の座の前には、今でも野牛と獅子がいます。野牛と獅子が盾を左右から支え、その盾の上に王冠が載っているという図柄。

マクレオドは、この麒麟のような野牛を一角獣のユニコーンと捉え、ユニコーンが北イスラエル王国の王家の属するエフライム部族の紋章・シンボルであること、そして、獅子が南ユダ王国の王家の属するユダ族の紋章・シンボルであることから、この図柄を「イスラエルとユダの統一紋章」と解しました。「獅子と野牛（ユニコーン）」が「ユダ族とエフライム族」のシンボルとされるのは、次の旧約聖書の記述によります。

創世記49：9－10「ユダは獅子の子。わが子よ。あなたは獲物によって成長する。雄獅子のように、また雌獅子のように、彼はうずくまり、身を伏せる。だれがこれを起こすことができようか。」

申命記33：13－17「彼（ヨセフ）の牛の初子（長男エフライム）には威厳があり、その角は野牛の角。これをもって地の果て果てまで、国々の民をことごとく突き倒して行く。このような者がエフライムに幾万、このような者がマナセに幾千もいる。」

一方、西洋では、イスラエルの南ユダと北イスラエルの統一のシンボルが「獅子」と「野牛」ではなく、「獅子」と「ユニコーン」となっています。明らかにその違いの影響は聖書からです。C・ワイズマン著『THE LION AND UNICORN or, JUDAH AND ISRAEL（獅子とユニコーン、つまり、ユダとイスラエル）』という論文で、イスラエルの野牛がユニコーンである理由を日本語で「野牛」と訳されている「レーム」というヘブライ語は、キング・ジェームズ訳では七十人訳とウルガタ訳を参照に「ユニコーン」と訳されているからです。

イギリスを中心とした英語圏の童謡であるマザー・グースの1編、およびルイス・キャロル著『鏡の国のアリス』（1871年）に登場するキャラクターも獅子とユニコーン。

ウォルター・クレイン画：獅子とユニコーン

獅子はイングランド王家の紋章を、ユニコーンはスコットランド王家の紋章をそれぞれ表します。世界の王がユダヤ人アブラハムから出るという神様のアブラハム契約のゆえに、おそらく西洋でも王室の起源は何らかの形ですべてユダヤ人が国家設立に介入していることでしょう。しかし、同じイスラエル12部族でもユダ族が直接関わっている万世一系の国

は日本だけです。彼ら外国の王室が獅子のマークを好む理由は南北統一したイスラエルは何より有名な聖書の国であることと、キリスト教が国教であることから神様を敬う姿勢、そして、その歴史的なユダヤ人との何らかの関わりと、獅子が強い百獣の王であり、王家のシンボルマークとしてふさわしいからでしょう。

しかし、日本の場合は本当に王族としての天皇家の紋章が実質的に意味を持つのです。南ユダ王国は、ユダ族を中心にベニヤミン族と祭司のレビ族から成り立ち（レビ族を入れると13部族になるが、レビ族は祭司ゆえ、部族には数えない）、北イスラエルは残りのエフライム族を中心に10部族から成り立ちます。そのすべてがユダ族の神武天皇のもとでＢＣ６６０年に一つに集まった12部族再建の国が日本なのです。天皇は南ユダ族から選ばれ、大臣は北イスラエルから選ばれ、ソロモン王以降の南北分裂が日本で統一国家になったのでしょう。

その代表的なシンボルマークが天皇家の紋章である南はユダの獅子と北はエフライムの野牛の一致なのです。まさに聖書のエゼキエル預言が成就した、分裂した南北イスラエルが海外で再び統一した大変おめでたい国なのです。天皇家の紋章は獅子と野牛の中央に菊の下、盾の内側に12匹の獅子がいます。天皇＝獅子＝ユダ族の意味です。

エゼキエル37：15－19「次のような主の言葉が私にあった。『人の子よ。一本の杖を取り、その上に〈ユダと、それにつくイスラエル人のために。〉と書き記せ。もう一本の杖を取り、その上に、〈エフラエムの杖、ヨセフと、それにつくイスラエルの全家のために。〉と書きしるせ。その両方をつなぎ、一本の杖とし、あなたの手の中でこれを一つとせよ。あなたの民の者たちがあなたに向かって〈これはどういう意味か、私たちに説明してくれませんか〉と言うとき彼らに言え。神である主はこう仰せられる。見よ。私はエフラエムの手にあるヨセフの杖と、それにつくイスラエルの諸部族とを取り、それらをユダの杖に合わせて、一本の杖とし、私の手の中で一つとする。』」

ひらがなは「エーラ・カナ」、カタカナは「クタ・カナン」日本の神事「相撲」のルーツは、ヘブライ語のシュモーか⁉

イスラエル12部族長の伝統的な護身術だった空手だけでなく、もともと、天皇前での神事であった相撲についても、少し掘り下げてみましょう。旧約聖書の中に、ヤコブと天使が相撲を取った記事があることは有名です。ヤコブが天使と相撲をして、天使に勝ったことにより、ヤコブは天使から「イスラエル」という名前を授けられます。この箇所をヘブライ語に読むと「שמו（シュモー）ישראל（イスラエル）」とあります。

２０１８年11月27日に放映された日本テレビの情報番組「スッキリ」に元貴乃花親方の花田光司氏が生出演して断言していますが、相撲のルーツはヘブライ語のשמו（シュモー）であるというのです。

「ハッケ」とはヘブライ語で「投げつけよ」の意味であり、「ヨイ＝やっつけよ」、「ノコッタ＝投げたぞ！　やったぞ！」、「ドスゴイ＝踏み落とせ・異教徒を」との意味となるというのです（前イスラエル大使エンリケ・コーヘン氏談）。

日本とヘブライ語単語の共通性は３０００語ですが、「よいしょ」はヘブライ語で「イエシュ＝イエス様」と同じ語源で、「どっこいしょ」は「ドケイシュ＝退かすので、神よ助けたまえ」が語源です。日本語は言語学的にウラル・アルタイ語族に属し、近い言語がない世界的にも珍しい言語ですが、ヘブライ語だけは例外です。「カタカナ」の語源はヘブライ語の「クタ・カナン」。意味は「カナンの文字」。「ひらがな」は「エーラ・カナ」。意味は「からみあい、切れずに連続して書かれたカナン文字」です（神社見習い神官をしていたユダヤ人ヨセフ・アイデルバーグ氏談）。さらに、相撲について、聖書ではサムソンが怪力である秘密が生涯、髪の毛を剃らないことでした。恐らく長髪で暴れまわるサムソンにとって長髪は邪魔だから、何らかの形でまとめていたはずです。それが力士の長髪をまとめた髷《まげ》の起源です。現役力士も髪を伸ばし続け、邪魔だから「髷」を結います。引退すると「断髪式」で切ります。

あるとき、聖書のサムソンはペリシテ人と戦った後、ひどく喉が渇き神様に祈りました。

士師記15：19「すると、神はレヒにあるくぼんだ所を裂かれ、そこから水が出た。サムソンは水を飲んで元気を回復して生き返った。それゆえその名は、エン・ハコレと呼ばれた。それは今日もレヒにある。」

サムソンは、この水を飲んで元気を回復して生き返ります。これが現役力士が試合前に飲む「力水」の起源です。その他、聖書でサムソンは「弓取り式の舞い」の起源と思える、まだ干されていない7本の新しい弓の弦の話も出てきます。サムソンは、敵から7本の新しい弓の弦で縛られましたが、ちょうど麻くずの糸が火に触れて切れるように、弓の弦を断ち切りました。それは、まるで「弓取り式の舞い」のごとくに悠々と自由に勝利を誇りました。

また、廻し（まわし）は、相撲用具の一つで絹で作られ、競技者の腰部を覆い、重心部となる腰や腹を固めて身を護り、さらに力を出すために用いるふんどしの一種ですが、開くと一枚の長い絹の布です。日本の古いふんどし下着の習慣も２０００年前の聖書記述で見られます。

ヨハネ19：23－24「兵士たちは、イエスを十字架につけると、イエスの着物を取り、ひとりの兵士に一つずつあたるよう四分した。また下着をも取ったが、それは上から全部一つに織った、縫い目なしのものであった。そこで彼らは互いに言った。『それは裂かないで、だれの物になるか、くじを引こう。』それは、『彼らはわたしの着物を分け合い、わたしの下着のためにくじを引いた』という聖書が成就するためであった。」

万里の長城、秦国とユダヤ

さて、陸のシルクロードを通ってきたユダヤ民族たちが、アッシリアから東進して中国において築いたと思われるのが、あの「万里の長城」です。イスラエル10部族はモンゴル、満州、朝鮮などを経由して日本に上陸したと考えられます。その中の一部の人たちは、途上に留まり住み着いたとも言われています。

先述の空手の原型のような護身術がイスラエルから始まって日本に向かう道中の国々に不思議と根付いています。

万里の長城建設に携わったユダヤ人たちは、かつてはヨセフの指導によって建造されたピラミッド建設にも携わった人たちの末裔で、中世にはギルドと呼ばれた各種の職業別組合だったとも言われます。彼らは、コンパスと定規を用いて巧みに建築物を生み出す石工たちであり、フリーメイソンのルーツでもあります。

やがて北方に万里の長城を築き、秦という大帝国をBC3世紀頃に打ち立てた人物こそ、中国の始皇帝でした。始皇帝は、徐福という集団に不老不死の薬を探し出すことを命じ、3000人のしもべたちを日本へと遣わしました。彼らの多くはクリスチャン（ネストリウス派）であったと考えられます。その際、5種類の種を徐福らに持たせて来日させました。その「五穀」は米、麦、粟、豆に黍《きび》または稗《ひえ》を加えた5つのことで、人間が主食とする5種類の代表的な穀物です。五種・百工という青銅器や鉄器の鋳造技術者による生産技術と農耕機具、金銀も携えて来たようです。以下は当時の記録です。

「史記」秦始皇本紀（BC219年）薺の人徐市ら言う、海中に三神山あり、蓬萊、方丈、瀛洲と曰い、僊人これに居る。童男女と之を求むることを得ん。

「史記」秦始皇本紀（BC212年）徐市ら費すこと、巨万を以て計うるも、終に薬を得ず。

「漢書」伍被伝（一世紀）徐福をして海に入り、仙薬を求めしむ。多く珍宝・童男女三千人、五種・百工を齎して行かしむ。徐福は平原大沢を得、止まりて王となりて来らず。

「呉書」孫権伝（一世紀）秦始皇帝、方士徐福を遣わし、童男童女数千人を率いて海に入り、蓬莱神山及び仙薬をもとめしむ。亶州にとどまりて還らず。世々相承けて数万家あり。

彼らの多くは、日本が気に入り、そのまま日本に住み着き王様になりました。彼らが稲作の技術を日本に持ち込んだと言われています。結果、日本は縄文時代から弥生時代へと時代が変わり、この頃、食の安定化によって人口が急増していることからも、どれほどそのクリスチャンたちの恵みが大きかったかをうかがい知ることができます。中国のおかげさまだったというわけです。ご馳走様です。

聖書と古事記、比較すると……

古事記とは、大和朝廷が出来たとき、すべての多民族の歴史を集めて712年に一冊にまとめた日本最古の書ですが、実は聖書を原典に日本流に極端にアレンジして書いた最初の日本語訳聖書です。系図だけでなく当然、古事記の内容においても深く研究すると聖書同様のことが書かれています。新元号「令和」の元となった万葉集も万の詩の集まりであり、マンエフシフはヘブライ語で「神からの語り」という意味があります。
ただ大きな問題点は、あまりにも古事記も万葉集も日本書紀も極端な表現で変訳され、日本人固有のまったく別な宗教を作り出してしまったことです。また、聖書と違って改ざんされた可能性も高いです。例えば聖書66簡に採用されなかった外典聖書も同様の改ざんがあります。時代の流れでカトリックの教父たちが自分たちの教理に合わせて都合良く勝手に書き換えた内容です。通常聖書をよく読む人はすぐにそれがわかり、騙されませんが、改ざん者は忌まわしいです。同様に古事記も聖書と違って改ざんがあります。目的は皇室における北朝の地位向上と正当性を主張したいがためにそうしたと思われます。

聖書と古事記の天地創造の内容比較です。

聖書「初めに神（父なる神様）が天と地を創造した。地は形がなく、何もなかった。やみが大いなる水の上にあり、神の霊（聖霊様）は水の上を動いていた。その時、神が『光よ。あれ。』（神のレイマのことば、光なるイエス様）と仰せられた。すると光ができた。」（創世記1：1－3）

三位一体の神様を的確に表現し、宇宙形成初期段階における暗黒星雲と光の粒子の大爆発ビッグバン現象さえ文学的にも素晴らしく表現しています。一方、古事記ではどうでしょうか。

古事記「宇宙の初め、天も地も混沌として地上は形らしい形もなく水に浮かぶ脂か水中漂うクラゲのようだった。その時、三つの光が現われた。高天原（高い天上の聖なる世界）に成り出た神の名は天之御中主神（天地を主宰する神の意味）、次に高御産単日神（万物を生成する力を持った神の意味）、次に神産単日神（同じ力を持った神の意味）である。この三柱の創造神は、みな（配偶者を持たない単独の神として）御成になって、お姿を見せることはなかった。」（創世の神々1）

なんとなく似ていますが、古事記ではかなり誤解を招く表現で書かれ、ここだけで3人の神々になってしまいます。古事記では聖書の登場人物の名前に本来、「エ」もしくは「エル」という文字が入る名前をそのままヘブライ語の「エル」（三位一体は複数形のエロヒム）すなわち「神」という言葉をそのまま当てはめて直訳したため、古事記では本来はただの人間の日本名も神々になっています。古事記ではこれと同様の私的解釈を繰り返した結果、今日のように混乱したやおよろず800万の神々と呼ばれる日本固有の多神教宗教を作ってしまったのです。最近では、さらに50万増えて850万になったとも言われています。

さて、神々の神話といえば古事記の「天の岩戸」が有名でしょう。当然にしてこれも創作の作り話ですが、起源は聖書の内容です。しかも新約聖書のイエス様の十字架の死と復活を表しています！　まずは「天の岩戸」物語の内容を岩戸神楽、神楽歌《かぐらうた》から簡単に説明します。

「神代の昔、空の上に高天原という神々の世界がありました。太陽の神天照大御神《あまてらすおおみかみ》や弟の須佐之男命《すさのをのみこと》、その他多くの神々が暮らしていました。須佐之男命は、田んぼのあぜを壊したり馬の皮をさかはぎにしたりと、大変な暴れん坊で、あまりにひどいいたずらにお怒りになりました天照大御神は天岩戸《あまのいわと》と呼ばれる洞窟にお隠れになりました。太陽の神様がお隠れになると世の中は、真っ暗になりました。食べ物が育たなくなったり、病気になったりと大変なことが次々と起こります。困りました八百万の神々は天安河原に集まり、御相談かわされます。御相談の結果天岩戸の前で色々な事が試されて行きます。まず、常世の長鳴き鶏（ニワトリ）を鳴かせてみます。しかし、天岩戸の扉は開かず失敗しました。次に、天鈿女命《あめのうずめのみこと》が招霊《おがたま》の木の枝を手に持ち舞をされ其の回りで他の神々で騒ぎ立てます。すると、天岩戸の中の天照大御神は『太陽の神である自分が隠れて居るから外は真っ暗で、みんな困って居るはずなのに、外ではみんな楽しそうに騒いでいる。これはどうした事か？』と不思議に思われて天岩戸の扉を少し開けて外を御覧になられます。神々は、騒いでいる理由を伝えます。『あなた様より美しく立派な神がおいでになりました。』『お連れ致します。』と言い八咫鏡《やたのかがみ》で天照大御神の顔を写しました。自分の顔だと分からなかった天照大御神は、もう少しよく見てみようと扉を開いて体を乗り出しました。その時、思兼神が天照大御神の手を引き、岩の扉を手力男命が開け放ちまして天照大御神に天岩戸から出て頂くことが出来ました。そして、世の中が再び明るく平和な時代に戻ったと言われます。暴れた須佐之男命は、その後反省し、天岩戸の里をはなれ出雲國《いずものくに》《島根県》に行かれ、八俣大蛇《やまたのおろち》退治をされます」

この物語で作者が本当に言いたかった内容は、弟の須佐之男命《すさのをのみこと》の乱暴に心を痛めて天岩屋に「隠れた」天照大御神《あまてらすおおみかみ》とは、罪深い私たち人間のために死んで横穴式の真っ暗な墓に葬られたイエス・キリストを象徴します。昔の日本では死ぬことを「隠れる」と表現していました。隠れ引きこもった洞窟の天岩戸は聖書の詩篇からです。

詩篇78：23－25「神は、上の雲に命じて天の戸を開き、食べ物としてマナを、彼らの上に降らせ、天の穀物を彼らに与えられた。それで人々は御使いのパンを食べた。神は飽きるほど食物を送られた。」

ここに「天の戸を開き」とあります。聖書では、そこから祝福の御使いのパン食マナが民に提供されます。イスラエルの民は荒野を転々とした40年間、このマナを集めては仮住まいゆえの簡易台所の板の上でマナを料理し、それが現代ではマナ板と呼ばれています。逆に「天の戸」が閉じれば、パンは消え、民は飢え渇きます。天照大御神が引きこもって天岩戸が閉じたとき、世界は食物に飢え渇きました。私たちの真の光、復活のイエス様はこう言われました。

ヨハネ6：35「イエスは言われた。『わたしがいのちのパンです。わたしに来る者は決して飢えることがなく、わたしを信じる者はどんなときにも、決して渇くことがありません。』」

天岩屋はイエス様の墓の象徴です。

マタイ27：60「岩を掘って造った自分の新しい墓に納めた。墓の入口には大きな石をころがしかけて帰った。」

マタイ27：66「そこで、彼らは行って、石に封印をし、番兵が墓の番をした。」

常世《とこよ》の長鳴《ながな》き鶏《どり》はペテロが裏切った際に鳴いたニワトリです。裸天岩戸から出てくる際、八咫鏡を吊るした真賢木《まさかきのき》は、イエス・キリストがはりつけになった十字架の象徴です。

マタイ28：1「さて、安息日が終わって、週の初めの日の明け方、マグダラのマリヤと、ほかのマリヤが墓を見に来た。すると、大きな地震が起こった。それは、主の使いが天から降りて来て、石をわきへころがして、その上にすわったからである。その顔は、いなずまのように輝き、その衣は雪のように白かった。番兵たちは、御使いを見て恐ろしさのあまり震え上がり、死人のようになった。」

天照大御神の引きこもった洞窟前で裸踊りした天鈿女命《あめのうずめのみこと》とは、聖書に「マグダラのマリヤと、ほかのマリヤが墓を見に来た」とあります。それがイエス様の墓前にいた遊女マグダラのマリヤです。

やがて天照大御神が天岩戸から再び出てきて、世の中が再び明るく平和な時代に戻ったというのはイエス様の復活を象徴します。

では、クイズです。天照大御神の隠れる原因となった乱暴者の弟、須佐之男命は、その後反省し、天岩戸の里をはなれ出雲國《いずものくに》に行かれ、八俣大蛇退治をしたといいますが、これはどんな意味でしょうか？　ヒント、蛇は悪魔・サタンを象徴します。

答え、過去はイエス様を私たちの罪ゆえ悲しませ、十字架に追いやったことを悟って、反省し、悔い改めたら、後は復活されたイエス様に感謝して八俣大蛇なる大蛇の悪魔・サタンを退治に出ていこう！　という意味です。すなわちイエス様を信じて救われたら、後は悪魔・サタンを退治できます！

勇気と信仰で立ち上がりましょう！　あなたがその勇敢な力あるキリストの勇士です。

八俣大蛇が悪魔を象徴している理由は聖書です。

黙示録13：1「また私は見た。海から一匹の獣が上って来た。これには十本の角と七つの頭とがあった。その角には十の冠があり、その頭には神をけがす名があった。」

この獣、悪魔は「七つの頭」があります。これが7頭で8つの谷となり、八俣大蛇と変化したのかな。悪魔の象徴です。倒す武器は剣です。剣は聖書の御言葉を象徴します。須佐之男命が最後に死んでから白鳥に変わって飛び立ったようですが、それはクリスチャンが死んだら天国に飛び立つという意味です。出雲はナンバープレートにも八俣大蛇。光岡自動車は「大蛇（オロチ）」の2010年モデルを発売。「大蛇のネーミングは古事記にでてくる八岐大蛇からきている。全身が脈打つ大蛇のようにうねっており、フロントマスクは獲物を狙う大蛇そのものの表情をイメージした」と話します。

さて、海路を通じて沖縄から日本本土へと渡来した南ユダからのユダ族、ベニヤミン族、祭司のレビ、そして陸のシルクロードを通って渡来し山陰地方や北九州地方から入った北イスラエル出身のエフライム族ら10部族。この南北二つのユダヤ人の末裔が、日本で出会い、一つとなりユダ族から一人の王を立てた……。それがＢＣ６６０年の神武天皇即位です。

南ユダの一行が海のシルクロードで渡来中、退屈な海上で船頭中心に舟をこぎながら、日本での幸せな生活を夢見て歌った舟唄がこれです。

「ヤーレン　ソーラン　ソーラン　ソーラン　ソーラン　ソーラン（ハイハイ）
にしん来たかと　かもめに問えば　わたしゃ立つ鳥　波に聞け
チョイ　ヤサエ　エンヤン　サー　ノ・ドッコイショ」

ヤーレン：喜び歌う
ソーラン：一人の歌い手
チョイ：行進する
ヤサエ・エンヤン：まっすぐ進む
サー：嵐
ノ・ドッコイショ：神の助けによって押し進んでいけるように

意味⇓「たとえ嵐が来たとしても、神の後押しによって押し進んでいけますように」

もう一曲は秋田県の「能代船方節」民謡。

「ヤサ・ホー・エーサー　ノサー・エンヤ、ラホー・エンヤ　ハーエンヤー・ホー・エサ」

これも日本語では意味をなさないはやし言葉がヘブライ語で意味があります。

「我は船出する　おーい、船出するぞ　船で行く　船で遠くへ　おーい、船で航海するぞ　おーい、船で航海するぞ　おーい、船で航海するぞ　おーい、遠くへ行くぞ　船で行く　船で遠くへ　おーい、船で航海するぞ　おーい、船で航海するぞ」

ここで、もう一度冒頭の聖書箇所を読んでみましょう。

エゼキエル37：15－19「次のような主の言葉が私にあった。『人の子よ。一本の杖を取り、その上に〈ユダと、それにつくイスラエル人のために。〉と書き記せ。もう一本の杖を取り、その上に、〈エフラエムの杖、ヨセフと、それにつくイスラエルの全家のために。〉と書きしるせ。その両方をつなぎ、一本の杖とし、あなたの手の中でこれを一つとせよ。あなたの民の者たちがあなたに向かって〈これはどういう意味か、私たちに説明してくれませんか〉と言うとき彼らに言え。神である主はこう仰せられる。見よ。私はエフラエムの手にあるヨセフの杖と、それにつくイスラエルの諸部族とを取り、それらをユダの杖に合わせて、一本の杖とし、私の手の中で一つとする。』」

「ユダと、それにつくイスラエル人」＝「南ユダからユダ族、ベニヤミン族、祭司のレビ」

「エフラエムの杖、ヨセフと、それにつくイスラエルの全家」＝「北イスラエルからエフライム族ら10部族」

この合計13部族（レビ族は祭司の民ゆえ数に入れず12部族）という南北2本の杖が神様の手の

中で一つになった特別な国がイスラエルから陸路「1年半」の距離を持つ「遠くの国」「アルツァレト」と呼ばれる「果ての地」「日本」であり、その意味は「聖書に従う国」なのです！　しかし、最後に一点、問題もあります。ユダ族中心にベニヤミン族、祭司のレビ族が来日しましたが、神様に仕えるべき本来祭司の民が、神様に仕えないで不従順するとき、その不従順の罪は重いです。日本が様々な国難にあう理由もそこにあるかもしれません。日本は信仰で立ち上がって祈り、伝道し、愛を実践するべき「聖書に従う国」なのです。これを悟って信仰で戦うとき大いなる祝福が臨みます！　神様の願いはあなたが目覚めた王のような祭司となって偉大なキリストの勇士になることです。

ヤコブ4：7－8「神に従いなさい。そして、悪魔に立ち向かいなさい。そうすれば、悪魔はあなたがたから逃げ去ります。神に近づきなさい。そうすれば、神はあなたがたに近づいてくださいます。罪ある人たち。手を洗いきよめなさい。二心の人たち。心を清くしなさい。」

「天照大御神」が「イエス・キリスト」から出たことはご理解できたと思いますが、謎多い邪馬台国の女帝「卑弥呼《ひみこ》」とは「太陽に仕える巫女」＝「陽巫女」で、「太陽神の御子」（天照大神）を表す同音意義語「日御子」だという説があります。両者、時代は異なりますが、同じく弟を持ち、「天照大御神」同様、「卑弥呼」も「太陽神の御子」として死んだ後248年9月5日の朝に九州北部で皆既日食が起こったそうです。不思議な霊力を駆使する卑弥呼には千人もの侍女が仕えていましたが、実際に卑弥呼の姿を見た者は稀少だったそうです。実は「卑弥呼」は実在しなかったことも考えられますが、その神格化されたモデルは「天照大御神」であり、その原点は「イエス・キリスト」につながります。

「卑弥呼」ヒミコを別な漢字で「日御子」と書けますが、古事記の水蛭子《ヒルコ》とは、『イザナギとイザナミの二柱は床で交わって作った子は水蛭子《ヒルコ》です。この子は藁で作った船に乗せて流して捨ててしまいました』。

ヒルコは未熟児と奇形で血を吸う虫ヒルのように虫けら扱いで海に流されて捨てられました。イエス様の十字架の受難を聖書はこう預言しています。

詩篇22：6－8「私は虫けらです。人間ではありません。人のそしり、民のさげすみです。私を見る者はみな、私をあざけります。彼らは口をとがらせ、頭を振ります。『主に身を任せよ。彼が助け出したらよい。彼に救い出させよ。彼のお気に入りなのだから。』」

一方、海の向こうから同じく藁船でやってきた神とされるのが、七福神の恵比寿《エビス》です。水蛭子《ヒルコ》は「水」のあとに「蛭子」と書いて「ヒルコ」ですが、「蛭子」は読み方を変えると「エビス」です。海に捨てられた神、水蛭子《ヒルコ》と「卑弥呼《ヒミコ》」も名前が似ていますが、同一説もあります。ここに恵比寿《エビス》まで同一説に加わります。

イエス・キリストの「イエス」は、ギリシャ語「ヨシュア」の「イエースース」がラテン語「イエズス」（Iesus）になり、英語では「ジーザス」（Jesus）となりましたが、このような変化を考えると「イエズス」が「イ」を省略して「エズス」となって、それが「エビス」に訛化したならば、「恵比寿（エビス）」ももともと、「イエス」だったのでしょうか？「エビス神」は、エビで鯛を釣ります。十字架に吊るされてエビのように背を曲げて死んだ「イエス様」？ イエス様は、十字架で全身が内出血やムチ打たれた傷により凝固した血により葡萄色に染まっていたので、今でも葡萄をエビと読むのだろうか。恵比寿（エビス）神は一説で太った海の神ですが、その醜い体型は海に捨てられた結果、水死して膨張した醜い体の象徴であり、恵比寿（エビス）神＝海を渡ってきた死を象徴する外国の神だと言います。

さらに日本妖怪の数々ですが、もともとはユダヤ起源ですべてが解き明かせるという説があります。例えば妖怪「一つ目小僧」のルーツは、古事記の須佐之男命を祖神とした天目一個神《あまのひとつのかみ》。妖怪「からかさ」はなんと十字架に吊るされたイエス・キリストがモデル！ 両手を伸ばして足元は両足重ねて一本の犬釘に打たれて一本足のように、一つ目は映画『パッション』の原作であっ

た女預言カタリナ・エンメリックの幻によると、イエス様の十字架上、茨の冠に刺された額からの出血で片目は、ほとんど閉じていたそうです。まさに私たちの呪いを取り除くために来られたイエス様は呪われた者に当てはまる聖書の預言をすべて十字架で体験したようです。

ゼカリヤ11：17「ああ。羊の群れを見捨てる、能なしの牧者。剣がその腕とその右の目を打ち、その腕はなえ、その右の目は視力が衰える。」

もしこれらの説を統一して、すべてを受け入れるならば、トンデモない構図になります。①「天照大御神（アマテラスオオミカミ）」＝②「卑弥呼（ヒミコ）」＝③「水蛭子（ヒルコ）」＝④「恵比寿（エビス）」＝⑤「狛犬（シーザー）」＝⑥「妖怪（からかさ）」＝「イエス・キリスト」

本当のイエス様って、どんな顔？

虫垂炎の手術で生死の境をさまよった4歳のコルトンは、奇跡の退院のあと、両親に驚くべきことを話し出した。手術中に天国へ行き、神、イエス、天使、虹の馬、そしてサタンに会ったこと。彼が生まれるとうの昔に亡くなったひいおじいちゃんと、彼がその存在すら知らなかったお姉さんに、天国で会ったことについて語った。「お腹の中で赤ちゃんが死んだでしょう？　天国で待ってるよ」と言った。事実、コルトンくんのお母さんは2、3年前に流産していた。そしてその赤ちゃんが女の子かどうかも知らなかった。

ひいおじいさんはコルトンくんが生まれる30年前に亡くなっていた。コルトンくんが語るには、ひいおじいさんが自分のところに来て、「おまえはトッド（お父さん）の息子か？」と尋ねたので、「はい」と答えると、「私は彼のおじいさんだ」と言った。その他にも、ひいおじいさんはカーリーヘアーであったことなど事細かく描写した。

牧師であったお父さんは、何枚かの宗教画を見せながらコルトン君に「君が会ったイエスは、

天国は
ほんとうにある
12.13(土) ロードショー

この絵の中にいる?」と聞いてみましたが、「全然違う」という答えしか返ってこなかった。ところが、ある日コルトン君が「これがイエスだ!」というものを見つけたのでした。それは、少女アキアナ・カラマリックが描いた肖像画でした。アキアナさんは、4歳のときから天国のビジョンを見るようになり、6歳のときから天国の絵を描くようになったそうです。

ヨセフス・フラビウスは37年~100年頃の帝政ローマ期の政治家および著述家で66年に勃発したユダヤ戦争で当初ユダヤ軍の指揮官として戦いローマ軍に投降、ティトゥスの幕僚としてエルサレム陥落に至る一部始終を目撃し、『ユダヤ戦記』を著した歴史家ですが、彼の書物には「イエス・キリスト」の目撃者として、イエス様は、ハンサムではなく眉毛がつながっているように見えると記録しています。歴史的に認知されたイエス様の宗教画の顔とはずいぶん違うイメージです。しかし、このアキアナさんが天国で見てから地上で描いたイエス様の絵もまた眉毛がそのようであることは驚異的な一致を感じます。

「さくら」をヘブライ語で読むとこうなります。

日本語	英子音表示	ヘブライ語	意味
さくら さくら	SKR SKR	שׂקר שׂקר	隠れた 隠れた（＝死んだの意味）
やよいの空は	YYH YN SRH	שׂרה ינ ייה	唯一の神 迫害された 耐えて
見わたす限り	MWT KGR	ככר מות	死ぬ 犠牲として
かすみか雲か	KSM KMK	קמפ קסמ	くじ引きにされ 取り上げられて
匂いぞ出ずる	NOH YZR	יצר נאה	素晴らしい 計画
いざや いざや	YZY YZY	ישעי ישעי	神の救い 神の救い
見にゆかん	MN YK	יכה מנ	捧げ物 決める

解読すると「神が死んだ。神が死んだ。唯一の神が迫害を受け、耐え忍び、死んで犠牲となり、くじで引かれ、取り上げられてしまった。素晴らしい神の計画である救い　その救いの捧げものが成就した。」

「さくら」作者空海は、複数の原語に堪能ゆえに一種の高度な遊びの要素を取り入れて作詞。「くじで引かれ犠牲の死を遂げた」とは、イエス様が十字架の際にローマ兵によって下着をくじ引きで取り上げられ、私たちの身代わりに死なれた素晴らしい神の計画である犠牲愛の救いを表現する、いわば「さくら」は空海の「讃美歌」です。

君が代はユダ族の万世一系を讃美！

細石「さざれ石」が石灰質岩で岩石破砕物を上載圧力で固結する圧密現象で堆積岩、水成岩の巌「いわお」となり、岩肌に苔がむす何千年の物理的作用と化学的作用

	ヘブライ語で読むと	ヘブライ語の意味
君が代は	גאה קום《クム・ガ・ヨワ》	立ち上がれ　神を讃えよ
千代に	ציוני《チヨニ》	シオンの民
八千代に	ציוני《ヤ・チヨニ》	神の選民
さざれ	שריד שש《サッ・サリード》	喜べ、残された民よ
石の	ארבש《イシュ》	人類に救いが訪れ
巌となりて	נלהאתה אות יהוה《イワ・オト・ナリアタ》	神の預言は成就した
苔のむすまで	סרשסע כל כנו《コ（ル）カノ・ムーシュ　マッテ》	全地あまねく、宣べ伝えよ

立ち上がれ 神を讃えよ
神の選民 シオンの民 喜べ 残された民
人類に救いが訪れ 神の預言は成就した
全地にあまねく 宣べ伝えよ

いろは歌に隠されたユダヤ人のメッセージ

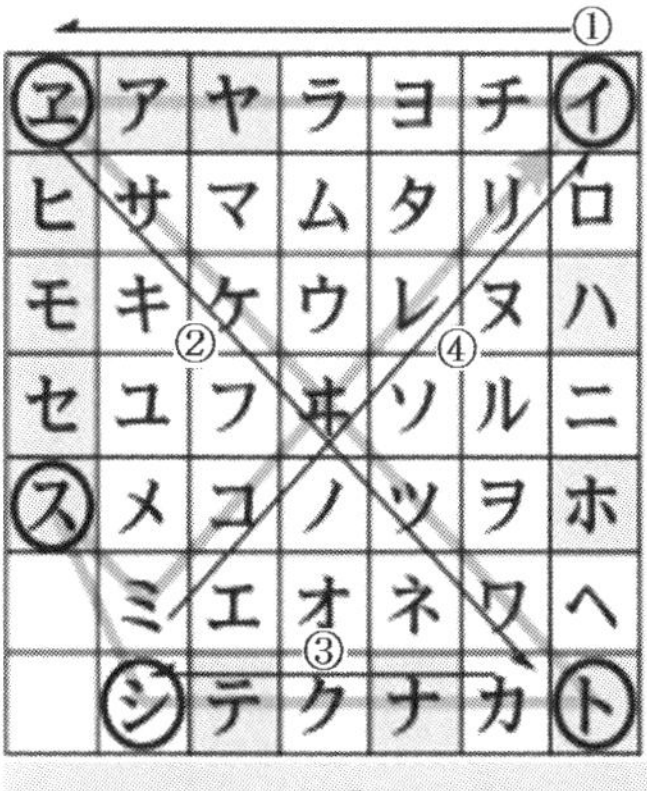

①～④いろは歌を順番に読むと暗号文解読「イチヨラ ヤアエサケイツワ トカナクテシス ミコイレリイ」隠された意味は

「イチヨラ」（定めた捧物）
「ヤアエサケイツワ」（ヤハウェ神、八重桜咲け逸話=美しい話）
「トカナクテシス」（罪のとがなく死す）
「ミコイレリイ」（御子がいる）

一番右上の文字イと一番左上のヱと一番左下のスを合わせるとその神の御子の名前はイエス！

全訳すると「神の定めた捧物、桜のように美しい話、罪の咎なく死んだ神の御子がいます。その名はイエス！」

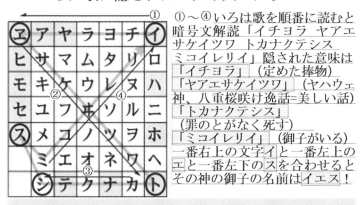

「我らの神、
主を崇めよ。
その聖なる山に
向かって、ひれ
ふせ。」詩99:9

日本人の山岳
信仰も聖書から。

都上りの歌「私は山に向かって目を上げる。」詩121:1

湖面に映る逆さ富士はイスラエルから見たトルコ東部アララテ山！渡来ユダヤ人は富士山に故郷を思い描いただろう。世界的に都会から見え、左右均等バランスの富士山は大変貴重で優美。

第五章

ユダ族イエスの血と天皇の血が一致するとき、世界が日本に従う

世界の中心は科学的にもエルサレム

私はパワースポットとか風水とか縁起のよいポイントとか信じない者ですが、唯一ここだけは世界最高のパワースポット、もし買えるなら全財産を出して借金してでも手に入れたいパワースポットがエルサレムにあります。

エゼキエル5：5「神である主はこう仰せられる。「これがエルサレムだ。わたしはこれを諸国の民の真ん中に置き、その回りを国々で取り囲ませた。」

今から約2600年前に書かれた聖書の預言にエルサレムが世界の中心だと書いています。これについて、アメリカの物理学者アンドリュー・J・ウッド博士を中心にコンピューターを用いて科学者総出で地球上の全陸地の中心を調べました。全陸地の形や位置をそのままにして算出し、全陸地を細かに分割して、ある場所から他のすべての分割地までの距離の総和が最少となるような地点を探しました。

結果はパレスチナからメソポタミヤにかけての地域、すなわちエデンの園、バベルの塔、ベツレヘム、ナザレ、エルサレムの地域つまり聖書の出来事の舞台となった地域が全地の中心と判明しました。実際、この地域はアジア、ヨーロッパ、アフリカの三大大陸の接点であり、黄色人種、白色人種、黒色人種のそれぞれが住む地域の交点でもあります。

また、アンナ・カタリナ・エンメリックの預言についても後述しますが、この預言者もここが世界の中心だと預言していました。すなわちそのパワースポットとは、エルサレム郊外、イエス様の十字架が立てられたゴルゴダの丘、その土地です。このポイントは歴史を貫いて不思議に満ちた世界の中心です。

アブラハムとモリヤ山（中心の中の中心）

まずは創世記。すべてのユダヤ人の父祖アブラハムの時代のこと。神様はモリヤ山地にアブラハムを連れ出して、そこで独り子イサクを全焼のいけにえとして捧げるよう命じられました。

創世記22：2「神は仰せられた。『あなたの子、あなたの愛しているひとり子イサクを連れて、モリヤの地に行きなさい。そしてわたしがあなたに示す一つの山の上で、全焼のいけにえとしてイサクをわたしにささげなさい。』」

高齢者出産で預かった蝶よ花よと大事に育てた独り子イサクを無情にも殺して焼き尽くせという神様の命令はまさに青天の霹靂《へきれき》です。しかし、神様には徹頭徹尾、従順なアブラハムは捧げた後、神様が良い神様だから必ず灰の中からイサクをよみがえらせて返してくださると信じました。それはアブラハムが神様の約束を事前に知っていたからです。

創世記21：12「神はアブラハムに仰せられた。『その少年と、あなたのはしためのことで、悩んではならない。サラがあなたに言うことはみな、言うとおりに聞き入れなさい。イサクから出る者が、あなたの子孫と呼ばれるからだ。』」

独り子イサクからアブラハムの子孫が無数に出るはずだから、この子が死んで終わるはずがない。それを理解したアブラハムはイサクの復活を信じた証拠に宣言しました。

創世記22：5「それでアブラハムは若い者たちに、『あなたがたは、ろばといっしょに、ここに残っていなさい。私と子どもとはあそこに行き、礼拝をして、あなたがたのところに戻って来る』と言った。」

モリヤ山上でイサクを殺して捧げるのに、「私と子どもとは」二人とも「戻って来る」と見事にイサクの復活を信じた信仰告白をしています。聖書は言います。

ヘブル11：17－19「信仰によって、アブラハムは、試みられたときイサクをささげました。彼は約束を与えられていましたが、自分のただひとりの子をささげたのです。神はアブラハムに対して、『イサクから出る者があなたの子孫と呼ばれる』と言われたのですが、彼は、神には人を死者の中からよみがえらせることもできる、と考えました。それで彼は、死者の中からイサクを取り戻したのです。これは型です。」

「これは型です」。何の型ですか？　それは神様の独り子イエス・キリストが私たちの罪のために身代わりに十字架で罰を受けて死なれ、三日目に復活される型です。人間の罪のために愛する我が子イエス様を捧げる父なる神様の悲しみを、事前にアブラハムにも同様体験させたものでした。アブラハムがいざ子供に手をかけようと刀をかざしたそのとき、神様はこれを制止して仰せられました。

創世記22：12「御使いは仰せられた。『あなたの手を、その子に下してはならない。その子に何もしてはならない。今、わたしは、あなたが神を恐れることがよくわかった。あなたは、自分の子、自分のひとり子さえ惜しまないでわたしにささげた。』」

「これは型です」。アブラハムが「神にはイサクを死者の中からよみがえらせることもできる」と考えたように、現代では「神は独り子イエス・キリストを十字架の死から三日目によみがえらせた」と信じるとき、私たちはアブラハムが「死者の中からイサクを取り戻した」ように救われて義人となり、将来は永遠の祝福の天国に入れるのです。

神様がこのようにイエス様の救いの型をあらかじめ示す目的でアブラハムを試みられた現場が「モリヤ山」です。「モリヤ」という地名は創世記22章と第二歴代誌3章1節にしか出てきませんが、歴史的に大きな意味を持つ場所です。

ダビデ王とモリヤ山（中心の中の中心）

その後、時代が流れてダビデ王がエルサレムを首都に定めた治世にダビデ王は大罪を犯しました。神様が命じないのに、王権乱用でイスラエルの人口調査を行なわせました。

第一歴代誌21：1「ここに、サタンがイスラエルに逆らって立ち、ダビデを誘い込んで、イスラエルの人口を数えさせた。」

サタンがイスラエルに逆らって立ち、人口調査をさせたというのです。神様を誇るのではなく、「人の数」を誇らせようとしたのです。これは神様を頼りとしない、軍隊の数の多さと組織力だけを頼りとするダビデ王の不信仰と傲慢さの表れであり、サタンに誘い込まれた結果の大罪でした。

第一歴代誌21：7「この命令で、王は神のみこころをそこなった。神はイスラエルを打たれた。」

神様はイスラエルを打たれ、ダビデは気づいて悔い改めました。すぐに過ちを認めて悔い改めたのはダビデの良い点でしたが、罪は赦されても報酬の災いが後から追いかけてきます。罪は犯さないほうがいいのです。

第一歴代誌21：8「私は、このようなことをして、大きな罪を犯しました。今、あなたのしもべの咎を見のがしてください。私はほんとうに愚かなことをしました。」

すると、神様はダビデの先見者（預言者）ガドに告げてこう仰せられました。

第一歴代誌21：10「行って、ダビデに告げて言え。『主はこう仰せられる。わたしがあなたに出す三つのことがある。そのうち一つを選べ。わたしはあなたのためにそれをしよう。』」

預言者ガドを通してダビデは神様の心を知ることになります。ガドはダビデのもとに行き、彼に言いました。

第一歴代誌21：11、12「主はこう仰せられる。『受け入れよ。三年間のききんか。三か月間、あなたが仇の前で取り去られ、あなたに敵の剣が追い迫ることか。あるいは三日間、主の剣、疫病がこの地に及び、主の使いがイスラエルの国中を荒らすことか。』今、私を遣わされた方に何と答えたらよいかを決めてください。」

「一つを選びなさい」と言われる神様に対し、ダビデが選んだのは三番目のコース、「三日間の疫病」でした。ダビデはガドに答えました。

第一歴代誌21：13「それは私には非常につらいことです。私を主の手に陥らせてください。主のあわれみは深いからです。人の手には陥りたくありません。」

第一歴代誌21：14「主はイスラエルに疫病を下されたので、イスラエルのうち七万の人が倒れた。」

7万人が疫病で倒れてゆく姿を見てダビデは心を痛めます。ダビデは、目を上げたとき、主の使いが、エブス人オルナンの打ち場のかたわらに立って抜き身の剣を手に持ち、それをエルサレムの上に差し伸べて、地と天の間に立っているのを見ました。ダビデは、荒布で身をおおい、ひれ伏し神様に言いました。

第一歴代誌21：17「民を数えよと命じたのは私ではありませんか。罪を犯したのは、はなはだしい悪を行なったのは、この私です。この羊の群れがいったい何をしたというのでしょう。わが神、主よ。どうか、あなたの御手を、私と私の一家に下してください。あなたの民は、疫病に渡さないでください。」

すると、主の使いはガドに、ダビデにこう言うようにと語ります。

第一歴代誌21：18「ダビデは上って行って、エブス人オルナンの打ち場に、主のために祭壇を築かなければならない。」

ダビデは、ガドが主の御名によって語ったことばに従って祭壇を築くため、「エブス人オルナンの打ち場」へと上って行ったのでした。

ガドの指示のもとダビデは神罰が民に及ばないよう、その土地を金で重さ600シェケルの地所代で購入し、そこに祭壇を築いて全焼のいけにえを捧げて祈りました。

第一歴代誌21：26－28「こうしてダビデは、そこに主のために祭壇を築き、全焼のいけにえと和解のいけにえとをささげて、主に呼ばわった。すると、主は全焼のいけにえの祭壇の上に天から火を下して、彼に答えられた。主が御使いに命じられたので、御使いは剣をさやに納めた。そのとき、ダビデは主がエブス人オルナンの打ち場で彼に答えられたのを見て、そこでいけにえをささげた。」

御使いは剣をさやに収め、ダビデはこれを見て言いました。

第一歴代誌22：1、2「これこそ、神である主の宮だ。これこそ、イスラエルの全焼のいけにえの祭壇だ。」

そして、ダビデは命じて、イスラエルの地にいる在留異国人を召集し、神の宮を建てるため石材を切り出す石切り工を任命しました。

ダビデは石、鉄、青銅、杉の木などの建築資材も大量に準備して、その子ソロモンが即位後、ここに神の宮を建築しました。

第二歴代誌3：1「こうして、ソロモンは、主がその父ダビデにご自身を現された所、すなわちエルサレムのモリヤ山上で主の家の建設に取りかかった。彼はそのため、エブス人オルナンの打ち場にある、ダビデの指定した所に、場所を定めた。」

この幸いな神殿建築現場こそ「エルサレムのモリヤ山上で主の家の建設に取りかかった」という過去にアブラハムがイサクを捧げた同じ現場なのです。

ゴルゴダの丘もまたモリヤ山にあった

さらに時代は流れ、BC586年、ダビデ王の子孫たちが代々王として万世一系を守り通した南ユダ王国が新バビロン帝国に滅ぼされるときが来ました。
エレミヤ預言者たちは国難の中、神様の預言に従い、大事な契約の箱を敵国に奪われないよう迅速に国内のある場所に隠しました。その隠された秘密の場所こそ、アブラハムがイサクを捧げた試練の現場、ダビデが神罰の最中にオルナンから購入して祭壇を築いた裁きの現場、ソロモン神殿があった現場、「モリヤ山」。その地中にある小洞窟だったのです。ですからこのパワースポットには今でも契約の箱というお宝が眠っています。それだけではありません。このポイントは後の新約時代に入ると、別名「ゴルゴダの丘」と呼ばれたイエス・キリストの十字架という祭壇が立てられた処刑現場なのです。

そしてアンナ・カタリナ・エンメリックの預言を加えると、ここは十字架と契約の箱だけではない、そのさらなる真下にはアダムとエバの骨が横たえられた埋葬現場だったのです。そしてここが世界の中心点なのです！
アダムとエバの骨が埋められたポイント、アブラハムがイサクを捧げたポイント、ダビデが神様に出会ったポイント、ソロモンが神殿を建てたポイント、エレミヤが契約の箱を地下の小洞窟に隠したポイント、そしてイエス・キリストの十字架が立てられた最重要ポイントなのです。

時代を超越して働かれる神様の摂理によって同一の現場にこれらの重要な出来事が集中して点

と線が結ばれていたのです！　ですから、ここだけは世界唯一驚愕の最大パワースポットなのです。そこには十字架で流されたイエス様の血潮が今でもあります！

世界の中心イスラエルの相続権を持つのは実は日本人⁉

さて、話題変わって今は天皇家が代々、万世一系を守ってきた男系男子の血統でイエス・キリストと同じ南ユダ王国のユダ族であるという説は完全には人々に受け入れられていません。むしろ天皇は北イスラエル出身のエフライム族だというのが定説かもしれません。原因は神武天皇の名前の意味にサマリヤの王が入っているという誤指摘と系図比較でそのように結び付くという根拠です。しかし、ユダヤ人が大切にする聖典は聖書であって、有名な聖書に合わせてライバルの南ユダに打ち勝とうと、北イスラエルの誰かが後の時代に古事記の内容を改ざんしたことも十分考えられます。北イスラエルこそ正統派だと主張したいからです。

一方、聖書だけはその正当性が多数の古文書である写本発見により、照合によって内容改ざんされていない事実が証明されています。古文書の聖書は羊皮紙にパピルスの筆で書いた巻物のため年代経過で虫食いや脂肪分が文字を欠落させる難点があります。そこでユダヤ人に神様は不思議と聖書を一点一画たがわず原本に忠実に書き写す使命を与えて、これを代々、ユダヤ人が忠実に行なってきた奇蹟の歴史の集大成です。発見された写本は、年代測定法によって特定されたどの時代のものでも共通して改ざんのないまったく同じ内容であることは神様の歴史介入の奇蹟で、世界が認めるところです。内容比較で判明しているように聖書原本とはかけ離れた創作話満載の古事記、万葉集、日本書紀などは、確かに聖書を原本に書いたものだから共通した似たような話が満ちています。しかし、あくまでそれは聖書の内容を独自に手を加え飛躍させた創作話であって誤訳も多く正確ではないです。

人間の手が加えられた日本の古文書神話には原本聖書との話のずれや矛盾が多く生じています。その結果、改ざんされた内容と系図などから天皇は北イスラエル出身のエフライム族だという万世一系を断ち切る反聖書的な結論を招くのです。これらに関しては真剣に力説する学者たちがいますので、議論は避けますが、真実が明らかになるときが必ず来ます。

天皇エフライム説を論じる人々が否定できない現実である皇室で代々続いている万世一系がユダ族の末裔の特徴であることを世界が悟るときが来ます。

神様がダビデ王に自然界の法則を賭けてまで契約した通り、世界のどこかに途切れない、血族だけが代々、王位継承する王国が絶対あるはずなのに、日本以外どこにも見当たりません。ケント・シドニー・ギルバートは、アメリカ人のカリフォルニア州弁護士でおなじみのタレントですが、『天皇という「世界の奇跡」を持つ日本』（徳間書店）という書籍を書いて、オビに「日本は現存する世界最古の国。その凄さを知っていますか　世界から見た『万世一系』の尊さとは」と書いています。外国人でも知識人は事の重大さに気づいています。
もう少しで日本の強さ「万世一系」の秘密、神武天皇の出自の真実が、神様とのダビデ契約にあることを全世界が明らかに知るときが来ます。イエス様がこう預言されたからです。

マタイ10：26「だから、彼らを恐れてはいけません。おおわれているもので、現されないものはなく、隠されているもので知られずに済むものはありません。」

その起爆剤が値段さえつけられない世界最大の失われた秘宝、聖書の契約の箱、大発見のニュースです。これは世の終わりのちょうどいい時期に起きますが、やがて全世界が注目する失われたアークなる契約の箱がイスラエル国内でイエス様の十字架の真下6mの洞くつ内に発掘されます。そして、その契約の箱にはイエス・キリストにしかありえない特殊な遺伝子構造の人間男子の血がかかっています。通常の遺伝子の半分の24しか染色体を持たない男性の血とは、まことに父親の血を受けず、処女によって生まれた唯一の人間の血、イエス様の血である確固たる証拠です。世紀の大発見、全世界の注目する只中、古代イスラエル、ユダ族の血、イエス様の血潮がDNA鑑定でその素性を明らかにするとき、同一の血を持つ天皇家の存在に全世界が連動して気づくでしょう。
そのとき、莫大すぎる石油をはじめ各種の地下資源、観光資源と深い歴史を持つ聖地イスラエル国土は、古代日本人たちの相続地であったと誰もが想像だにしなかった新事実に驚愕することでしょう。そしてイスラエル国内をはじめ全世界に住む自称ユダヤ人たちの多くが実は偽物のハザール人であることが判明するでしょう。本物のユダ族の血と照合すれば、一目瞭然です。

現状の偽ユダヤ人であるハザール人の血と日本人の血を比較検討しているから、的外れの間違った結論、天皇はエフライム族だという誤まった説が幅を利かせているのです。イエス様の本物のユダ族の血がベースでなければ比較もゲノム分析もまったく意味がありません。日本人のルーツを調査するにあたって、原本となる血が自称ユダヤ人と言いますが、本当はハザール人という名の偽ユダヤ人の血であって、比較対象が元から間違っています。正しい答えが出るはずがありません。

王国の揺籃《ようらん》の地はカスピ海沿岸の草原で、そこには国土を持たない多種多様な民族が居住していました。8世紀末から9世紀初頭にかけて、ハザール王オバデアの国政改革により国民の大部分がユダヤ教に改宗し、ハザール王国は世界史上、類を見ないユダヤ人以外のユダヤ教国家となりました。彼らはユダヤ教に改宗しただけでなく、「自分たちは血統的にもアブラハムの子孫である」と偽り、ユダヤの仮面をつけた偽物のモザイク国家です。周辺国の機嫌を取ってイスラム教とカトリック教にこびへつらったため、両国に好かれようと中間的なユダヤ教を国教に選びましたが、聖書のユダヤ人とは無関係な民族です。その人たちが第二次世界大戦以降、戦後の混乱をチャンスに集団移住してイスラエルに多く住んでいますが、聖書の預言はすべて実現します。

黙示録2：9「わたしは、あなたの苦しみと貧しさとを知っている。しかしあなたは実際は富んでいる。またユダヤ人だと自称しているが、実はそうでなく、かえってサタンの会衆である人たちから、ののしられていることも知っている。」

黙示録3：9「見よ。サタンの会衆に属する者、すなわち、ユダヤ人だと自称しながら実はそうでなくて、うそを言っている者たちに、わたしはこうする。見よ。彼らをあなたの足もとに来てひれ伏させ、わたしがあなたを愛していることを知らせる。」

もう少しで聖書中、最古の記録、創世記の預言が世界の最後に実現します。

創世記49：10「王権はユダを離れず、統治者の杖はその足の間を離れることはない。ついにはシロが来て、国々の民は彼に従う。」

「国々の民は彼に従う！」天国に入る私たちにとって、地上のことは大した問題ではありませんカリフォルニア州警察が過去の連続暴行・殺人事件の容疑者を逮捕して以来、DNA データベースが未解決事件の容疑者特定に有効と判明。独自手法による DNA プロファイリングで警察の容疑者特定に協力する遺伝子系図研究者シン・ムーア女史。この人が調べたら契約の箱に付いたユダ族イエス様の純血と天皇の血の血縁関係を正確に特定できるはず！

が、その日が来ると、いかなる歴史改ざんの反日国家さえも白旗上げて日本に降参することになるでしょう。

何より契約の箱、失われた幻のアーク発見の事実は、聖書の真実性を証明するものであり、そこに注がれた真っ黒に固まりついたイエス様の血潮を知るとき、聖書の十字架の記録通りであることを世界が知るでしょう。神様が人となって処女から生まれてきたイエス様の十字架は現実だったのです。聖書は永遠の天国があることも、地獄があることも書かれています。この真理の書に対してどこまで受け入れられるか、考古学的な物的証拠を前に人々が最後に試されるときが来るのです。

第六章

ゴルゴダの丘の地下で「契約の箱」は発見されていた⁉

ロン・ワイアットの驚くべき発見の数々

さて、大きく打ち上げましたが、事の発端はアメリカのクリスチャンで民間の探検家であり考古学者でもあるロン・ワイアットへの預言から始まりました。

彼はアララテ山上でノアの箱舟残骸発見者として、1987年にノアの箱舟国定公園設置の際、トルコ政府公認の特別ゲストとして招かれた人であり、モーセの出エジプトの現場を湖底に沈む古代戦車の残骸と共に発見した考古学者で、ワイアット考古学研究所（WAR）を設立した人です。彼は1982年1月に、大きな世紀の大発見をしました。契約の箱、失われたアーク発見です。

その次第はこのようです。

1978年、聖書に書かれたヘブル人の出エジプトの際、奇蹟的に紅海の水が裂けて壁となったあと、再び元に戻って湖に生きたまま飲み込まれたパロ王ひきいるエジプト全軍の戦車の残骸を湖底に探す潜水調査を子供たちと共にしていました。実際エジプト・カイロの博物館には王朝時代のパロ王たちのミイラ25体が収蔵されていますが、メルネプタハ王のミイラだけは他のものと死因が異なり、通常は皮膚が赤褐色のはずがこのミイラだけは白っぽい色で全身に塩分が付着しており、顔の形もくずれ、眉毛も直接書いた跡があり、耳には魚に食われた跡もあり、3年間の調査の結果、このパロ王は湖で水死したと結論づけられています。聖書にはパロ王自身もヘブル人のあとを直接追跡して湖に入ったとあり、湖岸にはエジプト人の死体があがったことも書かれてあります（出エジプト14：23、30）。パロ王の水死体はその辺りだったようです。紅海（葦の海）は長さ2250km、幅最大355km、面積43万8000km²、平均水深491m、最深部2211mで、少ない降雨のため海水は強い蒸発作用で、流入河川もないためインド洋との限られた循環により塩分濃度は3・6%～3・8%と高いです。メルネプタハ王のミイラに塩分付着や魚の耳かじりの痕跡は常識的に問題なく、魚影は濃いです。

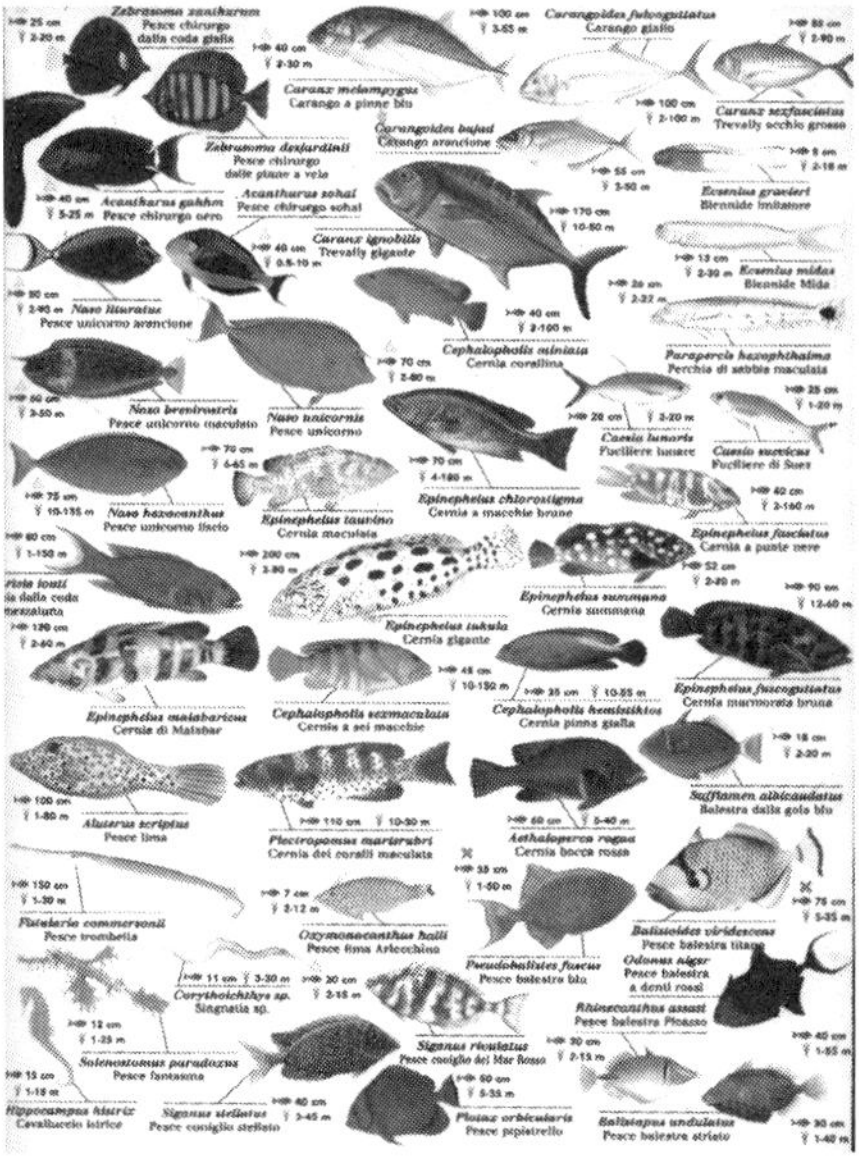
紅海の魚たち

紅海（葦の海）の浅くなった場所、恐らくここの水が引いてイスラエルの民はエジプトからサウジアラビア方面に渡ったと考えられます。ちょうど両サイドは深い渓谷の地形で、中央の隆起した部分だけ対岸に向かって浅くなっています。もし、この隆起した高峰を通らなければ、仮に紅海の水がすべて引いても両サイドの深い渓谷の道ではいきなり急斜面に落ち込み、落下の恐怖だけです。

コンピューターグラフィックによる水のない湖底の3D画像をご覧ください。群衆が湖底に降りるのも命懸け、対岸から崖を上るのも命懸けのロッククライミング、女、子供、老人を含めた大群衆が追っ手のエジプト軍隊をかわして急いで渡るのは到底無理です。通過点はエジプトとサウジアラビアを結ぶ浅瀬ポイントしかありえません。神様が最初からこのような地形を事前に隆起させて水が両サイドに引いただけですぐそこに現われるよう非常脱出口を準備しておられたのですね。

皆様の人生にも敵の迫害から守り、突然開かれる隠された特別な天国行きの渡りやすい確かな道が準備されています。勇気を持って一歩踏み出してください。必ず素晴らしい道は開きます。本当に神様は生きておられ、あなたを愛し、あなたを守る、荒野に日々、道を準備される素晴らしい愛のお方なのです。

エレミヤ33：2－3「地を造られた主、それを形造って確立させた主、その名は主である方がこう仰せられる。わたしを呼べ。そうすれば、わたしは、あなたに答え、あなたの知らない、理解を越えた大いなる事を、あなたに告げよう。」

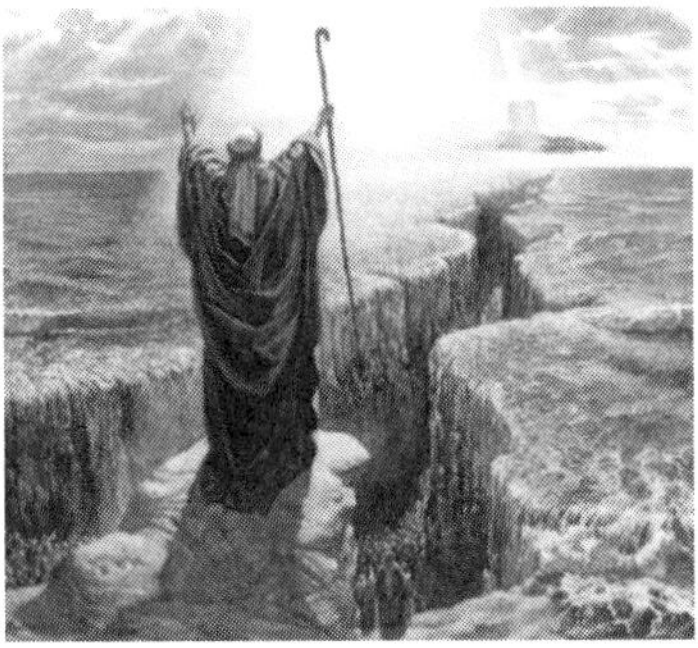

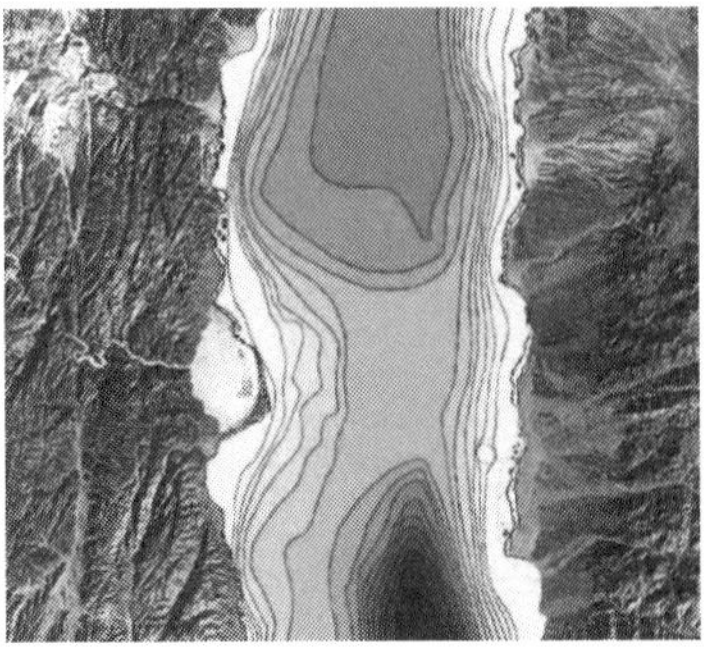

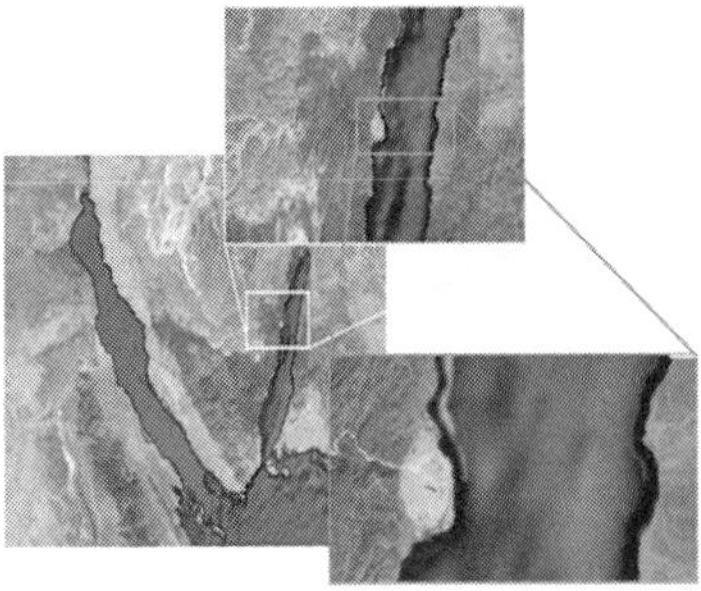

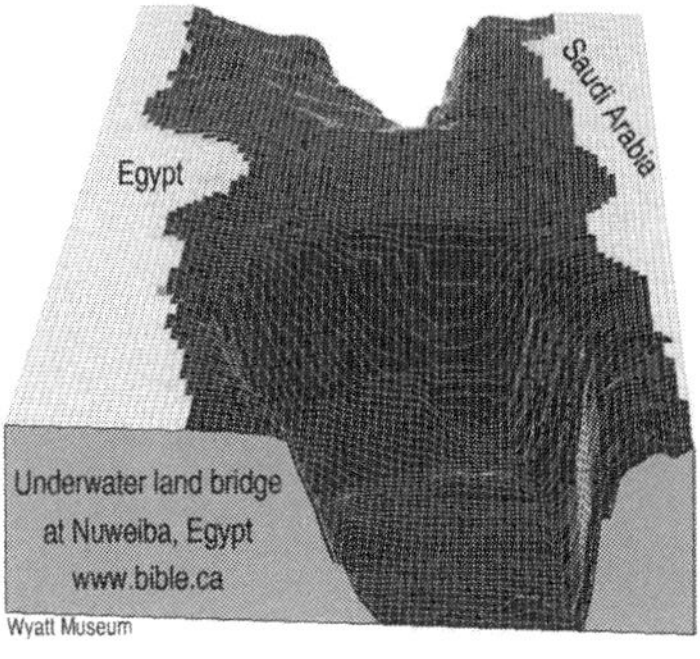

Wyatt Museum

契約の箱発見の経緯

この日、紅海（葦の海）の潜水調査はロン氏の足がはれて痛んだため潜水中断となり、残念ながらアメリカに帰国することとなりました。帰国を待つある日、ロン氏はホテル近くにあった、ゴードン大佐によって特定されたイエスの十字架張り付けの地として有名な観光地である岩の斜面にどくろの面があるカルバリ断層付近を地元の権威者と、ローマ古器物について話し合いながら歩いていました。すると、ある場所に来たそのとき、彼らは歩くことをやめ、突然ロン氏の手が自分の意志にはよらないで、聖霊様の圧倒的な力で動き出し、無意識のうちに地面の一角を指し示して止まりました。しかも、ロン氏のくちびるからは明確な預言が超自然的にその場で語られたのです。

「それは、エレミヤの咽もとである。そして契約の箱の埋められた地である」

ロン自身それまで「契約の箱」の発掘については考えたこともなかったのですが、このとき一緒にいた地元の権威者も不思議なことにこれを受けて言いました。

「それはすばらしい！　私たちはあなたに発掘を願って許可を与えましょう。あなたの泊まる所と毎日の食事も提供しましょう」

ロン氏はそれ以降、不思議な聖霊様によって語られた預言に導かれ、この地の採掘権を正式に得て、まだ誰も発掘したことのない、どくろの面を崖の斜面に持つ岩棚の真下を垂直に掘り始めたのです。地元の土方アルバイトを雇いながら、息子たちと共に、大量に蓄積された重い岩と土砂を次々と取り除く気の遠くなるような入念な発掘が成され、やがて彼らのチームが発見したものとは、地下の小洞窟内に隠されていた失われたアークである契約の箱だったというのです……。

現場はエルサレム旧市街の北、ダマスコの門の外側に位置するモリヤの丘。契約の箱は外に持ち出すことはできない網の目状のトンネルの先にあった扉が閉ざされた洞窟内にあり、極度に狭い地下トンネル網の壁面の隙間から、中に入ったようです。

写真撮影も試みましたが、不思議な煙のようなものに包まれて撮影は失敗でした。ロン氏は、何回も洞窟に戻っては調査を進めましたが、その間に盗掘を試みた者たちを含め、5人が命を失ったそうです。ロン氏は、センブンスデー教会に通うクリスチャンでしたが、民間の考古学者としても活躍し、年間の半年をアメリカの医療施設で働き、他の半年を発掘調査に自費で費やすという大変困難な作業に生涯献身しました。時には発掘を断念しようかと思うほどの困難もあり、その都度、ロン氏の心を変える神様の激励体験もありました。それは契約の箱を守り続けるケルビムのような実際の天使に出会ったことです。

ある日、ロン氏は預言者と共に契約の箱がある洞窟の入り口の地面に座り、他の労働者たちは発掘作業中でした。ロン氏は自分が隠れるほど掘り下げた地面に座ってレーダースキャナー（電波断層探知機）の紙を取り替える作業中で、預言者は大きなやぶの陰で食事を食べていたその時です。ロン氏一人が背後の上にある地面から語り掛ける声を聞きました。

「あなたがここでしていることを、神様は祝福します」

見上げるとそこには背の高い黒っぽい髪のすらりとした男性が、聖書の時代に着ていたような頭をおおうすべてが純白な長いローブの上着を着て立っていました。驚いたロン氏はここでの発掘作業を誰にも教えていなかったため、この人が誰であるかを不思議がりながら、丁寧な会話調で、彼がもしや近所から来た人であるかと尋ねました。彼は単に「いいえ」とだけ答えて沈黙しました。そこでロン氏は彼が旅人であるかと尋ねました。すると彼は再び「いいえ」とだけ答えてさらなる沈黙が続きました。それから白い服を着た人物は言いました。

「私は南アフリカから新しいエルサレムに行く途中です」

ロン氏は驚きのあまり何も言えずに、彼をじっと見つめるだけでした。その人は再び言いました。

「あなたがここでしていることを神様は祝福します」

それから彼は背を向けて立ち去りました。その直後、やぶの陰に隠れていたため彼を見られなかった預言者は言いました。

「ロン。私たちはずっと天使に話しかけていたと思いませんか？」

契約の箱の発見者ロン自身は、この洞窟に4度入ったことから、さらに細かな証拠資料を保存していると思われますが、一般公開されないまま残念なことにロン氏は1999年8月に、すでに召天しており、その後のイスラエル政府ネタニヤフ首相による発掘現場埋め戻し命令によって、今は誰も手がつけられない状態でそのままそこに眠っています。

この本で取り上げた一部の公開された情報と写真はＷＡＲの後継者団体から著作権の許諾を受けたため転載しております。アメリカではロン氏の意向を汲んだ後継者団体の運営するロンワイアットミュージアムという小さな博物館がありますが、私も現地で「契約の箱に注がれ、回収されたイエス様の血は今、どこに保存していますか？」と質問したことがあります。代表は「安全な秘密の場所に保存しています」と答えました。きっと保存場所はロン氏の働いていた医療施設内の採血した人々の血液保存専用の冷凍庫かなと思います。

これはノアの箱舟の残骸の写真です。

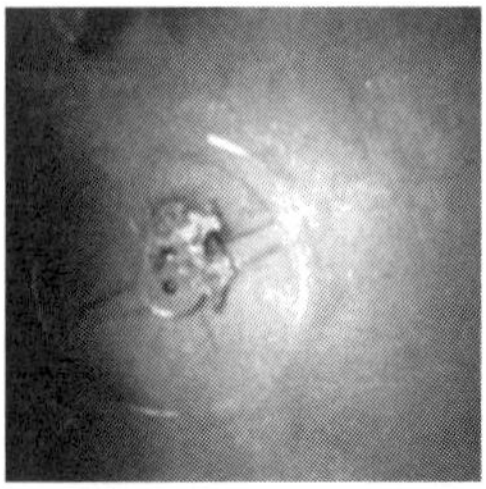

塩の海海底で発見されたパロ王ひきいるエジプト軍が実際、軍馬に引かせた立ち乗り二輪戦車の残骸のうち車輪部分の写真です。

契約の箱の写真は模型のものです。

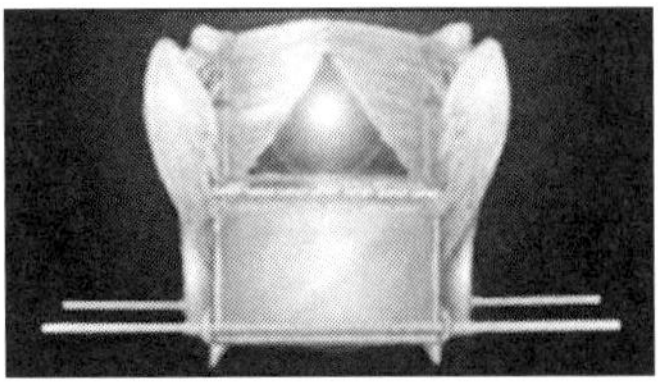

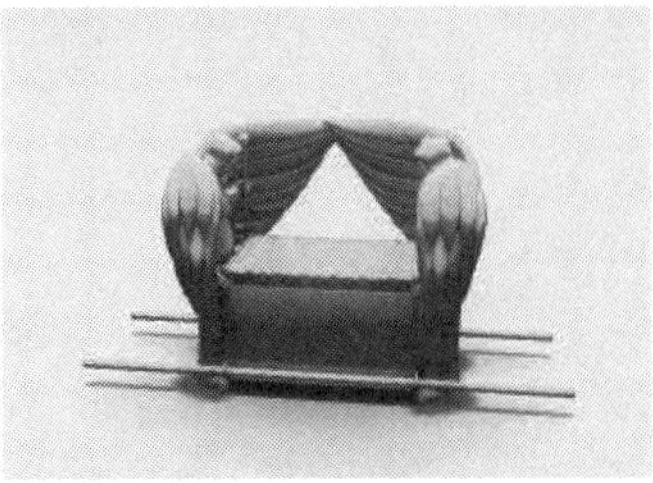

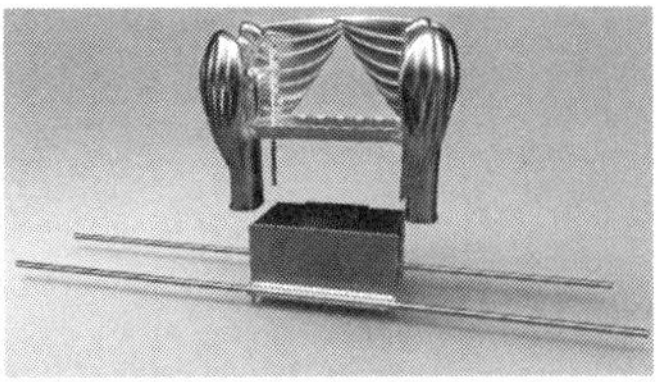

実は外典聖書にも失われた契約の箱のありかについての記述があります。

外典の書、第2マカベ書は、バビロン軍が侵入して来る前に、エレミヤが神の啓示に従って、幕屋と契約の箱が自分に伴って行くように命じ、モーセが相続の地を見渡すために登ったネボ山（申命記31：1－4）へ行った。そこへ到着したとき、エレミヤは洞窟の中に部屋を見つけ、その中に天幕と箱と香の祭壇を入れて、入り口を封鎖したと記録しています。

第二マカベ書2：4－8「さらにその書物によれば、預言者は神の命令に従って幕屋と契約の箱とに自分に従ってくるように命じ、かつてモーセがそこに上って神の嗣業を見渡したその闇に向かった。山に登るとエレミヤはほら穴のような家を見つけたので、そこに幕屋と箱と香を焚く祭壇とを運び込み、入口に封をした。彼の供の者たちが道に印をつけようと思って近づいたが、見失ってしまった。エレミヤはこれを知ると彼らをしかって言った。『神が民を呼び集め、民に憐れみをたれたもうまではその場所は知られないであろう。その時には主がこれらのものを示し、モーセに現われ、ソロモンがその場所のことごとく清められんことを祈り求めた時に現われたごとくに、主の栄光と雲が現われるであろう。』」

「ほら穴のような家」こそがロン・ワイアットの発見した地下の小洞窟です。

アンナ・カタリナ・エンメリックの預言、ゴルゴダの丘にはアダムとエバの骨までも！

ここでロン氏による、これら預言に導かれた実際の発見よりもはるか以前に、本当のゴルゴダの場所とその真下には、契約の箱があることをも事前に指摘していた著名なドイツのカトリック教会聖アウグスチノ修道会の修道女である預言者アンナ・カタリナ・エンメリック（１７７４－１８２４）の記録をご紹介いたします。彼女は10年来、病弱で引きこもりがちでしたが、その半

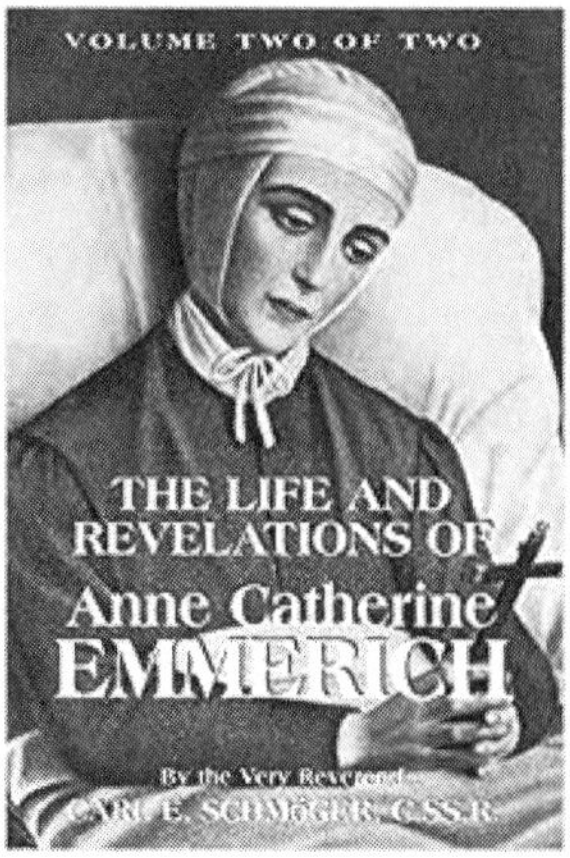

面、神様は霊的に彼女を祝福して幻を通じて各種の預言を啓示しました。

イエス様の受難、母マリアの晩年の様子、終末の時代の教会の様子などを啓示されましたが、イエス様の最期、十字架の幻は、２００４年にメル・ギブソン監督により映画化された『パッション』の原作になりました。彼女は母マリアが晩年を過ごした家をトルコのエペソにあると指摘しましたが、19世紀に実際にそこで発見されています。彼女は契約の箱のありかを預言していました。

「私は、ゴルゴダの丘深く、イエス様が磔《はりつけ》にされた地点の真下、水の層にほど近いほら穴に眠るアダムの骨を見ました。私は、中を覗きアダムの骨が、右の腕と足、右のあばらの一部以外は、完全に保たれているのを見ました。右のあばらから覗いたとき、左のあばら骨がはっきり見えました。右脇には、主が取り出されたときと正確に同じ位置に、エバのどくろが横たわっていました。アダムとエバの眠る場所についてはいろいろと議論されていますが、私は、二人が私の見たその場所に常にいたことを示されました。大洪水以前、この地点に丘はありませんでした。その出来事とともに、初めてこの地点に一つの丘が現われました。墓は水から守られたのです。

ノアは、箱船の中に彼らの遺骨の一部を持ち込み、最初の礼拝を行なったとき、祭壇の上に並べました。アブラハムも後の時代に同じことを行ないました。彼は、アダムの骨をセムから受け継いだのです。アダムの骨の真上、ゴルゴダの丘で行なわれたイエス様の血の犠牲は、遺骨を下に納めた契約の箱の上で行なわれる礼拝を予示したものでした。父祖たちの行なったいけにえは、そのための準備にすぎませんでした。彼らもまた、聖遺物を所有し、それによって神様の約束を思い起こしたのです」

なんと、十字架真下のほら穴にある契約の箱のさらに真下にはアダムとエバの骨があることまで細かに預言されていたのです。まさに、ここゴルゴダの場所（訳すと、「どくろ」の場所）とは、伝説通り文字通り本当にどくろの場所だったようです……。

隠された契約の箱とロシア、第三神殿の復活について

エルサレムはＢＣ６０５、５９８、５８６年と、三度本格的にバビロンの攻撃を受け、陥落しましたが、ネブカデネザル王が破壊したソロモン神殿からバビロンに戦利品として持ち出された財宝と王宮の財宝などについてのリストを見ると、契約の箱はそれに含まれていません。

第二列王記25：13－16「カルデヤ人は、主の宮の青銅の柱と、主の宮にある青銅の車輪つきの台と、海とを砕いて、その青銅をバビロンへ運んだ。また、灰つぼ、十能、心切りばさみ、平皿、奉仕に用いるすべての青銅の器具を奪った。また、侍従長は火皿、鉢など、純金、純銀のものを奪った。ソロモンが主の宮のために作った二本の柱、一つの海、車輪つきの台、これらすべての器具の青銅の重さは、量りきれなかった。」

エレミヤ29：10「まことに、主はこう仰せられる。『バビロンに七十年の満ちるころ、わたしはあなたがたを顧み、あなたがたにわたしの幸いな約束を果たして、あなたがたをこの所に帰らせる。』」

やがて70年が満ちて、エレミヤの預言通り、捕虜から解放され、再びエルサレム帰還したユダヤ人はネヘミヤとエズラを指導者に立てて以前に劣る粗雑な神殿を再建して、バビロンから財宝が返還されましたが、そのリストにも契約の箱はありません。

エズラ1：7－11「クロス王は、ネブカデネザルがエルサレムから持って来て、自分の神々の宮に置いていた主の宮の用具を運び出した。すなわち、ペルシヤの王クロスは宝庫係ミテレダテに命じてこれを取り出し、その数を調べさせ、それをユダの君主シェシュバツァルに渡した。その数は次のとおりであった。金の皿三十、銀の皿一千、香炉二十九、金の鉢三十、二級品の銀の鉢四百十、その他の用具一千。金、銀の用具は全部で五千四百あった。捕囚の民がバビロンからエルサレムに連れて来られたとき、シェシュバツァルはこれらの物をみないっしょに携えて上った。」

それは、この初めの捕囚が始まった時点で預言者エレミヤをはじめとする忠実に宮に仕える祭司たちがバビロン軍に奪われないよう、最も重要な契約の箱をソロモン神殿から持ち出してエルサレムのどこかに隠したからです。当時バビロン軍から全面包囲されていたエルサレム城内で、祭司たちが神殿から大きな契約の箱を持ち出して、城外の遠いどこかの世界へ運び出すことは時間的にも環境的にも到底不可能です。

よく日本の剣山に持ち込まれたという説から大規模に現地調査されたこともありますが、それは来日したユダヤ人たちが望郷の念から作り出した本物ではないレプリカ、複製品です。また、青森にイエス様がいたとか、イエス様の弟がいたとかいう説も間違いです。古代ユダヤ人クリスチャンが東北にも住んでいたというあたりが現実でしょう。本物の契約の箱はエルサレム国内から持ち出されていません。ただ、バビロン軍から全面包囲されたとき、預言者エレミヤと敬虔な祭司たちが迫り来るエルサレム陥落直前に必死に祈って、聖霊様に預言的に導かれて啓示されたエルサレム城内の洞窟内に契約の箱を隠したのです。

聖書では事実これ以降、契約の箱のありかについての記録がなく、ただ黙示録11章19節では世界の終末期に天にある神の神殿の中に「契約の箱が見えた」とあり、終末の7年患難時代にもう一度隠されている契約の箱が世界に再登場するでしょう。

黙示録11：17－19「『万物の支配者、今いまし、昔います神である主。あなたが、その偉大な力を働かせて、王となられたことを感謝します。諸国の民は怒りました。しかし、あなたの御怒りの日が来ました。死者のさばかれる時、あなたのしもべである預言者たち、聖徒たち、また小さい者も大きい者もすべてあなたの御名を恐れかしこむ者たちに報いの与えられる時、地を滅ぼす者どもの滅ぼされる時です。』それから、天にある、神の神殿が開かれた。神殿の中に、契約の箱が見えた。また、いなずま、声、雷鳴、地震が起こり、大きな雹が降った。」

聖書預言によると、やがて終わりの年に第三次世界大戦が必ず起きます。その参戦国リストはこのようです。

エゼキエル38：3－5「神である主はこう仰せられる。メシェクとトバルの大首長であるゴグよ。今、わたしは、あなたに立ち向かう。わたしはあなたを引き回し、あなたのあごにかぎをかけ、あなたと、あなたの全軍勢を出陣させる。それはみな武装した馬や騎兵、大盾と盾を持ち、みな剣を取る大集団だ。ペルシャとクシュとプテも彼らとともにおり、みな盾とかぶとを着けている。」

これは新改訳聖書でしたが、明治時代の文語訳聖書ではこうなります。

エゼキエル38：2、3「主の言、我にのぞみて言ふ。人の子よ。ロシ、メセクおよびトバルの君たるマゴグの地の王、ゴグになんじのかおをむけ、これにむかいて預言し、言ふべし。主かくいいたまふ。ロシ、メセク、トバルの君ゴクよ。みよ、われなんじをばっせん。」

ここで文語訳には新改訳で削除された「ロシ」という国名があります。他の外国語の聖書で調べてもここに「ロシ」という国名が確かにあります。昔日本では「古代ロシア」のことを「ロシ」と呼ぶ時期がありました。第三次世界大戦は「ロシア」のイスラエル軍事侵攻から勃発します（エゼキエル38：8、16）。そして「ロシ」の後に出てくる国名「メセク」とはギリシャ語で

「モーシ」であり、これをロシア語にすると「モスクワ」という言葉の原語になります。このような感じで他の箇所も翻訳すると本文の意味は「モスクワ」と「ウクライナ」の大首長なる「ゴグ」とは「旧ソ連」いまの「ロシア」になり、「ロシア」と共に出陣する同盟国は昔の「ペルシャ」なる今の「イラン」。「クシュ」なる「エチオピア」も参戦することになります。しかしこの戦争でロシア同盟軍は徹底壊滅して敗戦すると預言されています（エゼキエル39章）。

そのためイスラエルに敗戦する予定のロシアの同盟国、「ペルシャ」なる今の「イラン」にとってその顔でもある大切なイスラム教の神殿・岩のドームは現在、昔のソロモン神殿があった付近に建てられているため、敗戦国の立場上これが聖絶の対象として完全破壊されるでしょう。イスラエルでは今でも、できればこれを除いてソロモン神殿の復活のような第三神殿を昔の場所に再建したいと願って日々嘆きの壁で祈っています。

こうしてユダヤ人の歴史的願い、もとの所にイスラエルの神様の第三神殿が再建されるでしょう（エゼキエル40～48章）。

略奪され、かすめ奪われた城内の土地の領域すべてを取り返し、反キリストの経済的支援のもと再建が成就して昔からのイサクの子孫ユダヤ人と、イシュマエルの子孫アラブ人との宿命的対決は幕を下ろします。そして４０００年間もの時間をかけ、隣国すべてを巻き添えにした兄弟大喧嘩に大勝利したユダヤ人にとって、主の神殿のさらなる完成のために、礼拝と律法の中心であり、祝福の源と考えられる契約の箱（第一サムエル4：5、第二サムエル6：12）、これがどうしても必要とされるでしょう。再建されたイスラエル第三神殿には博物館に展示中のすべての備品が既に用意されているのに最重要な契約の箱だけが、そこにないのですから。

契約の箱はなぜ埋め戻されてしまったのか!?

ここで、再びパレスチナ問題を再燃させ、中東和平交渉を複雑困難にしてしまう、イスラエル政府があえて情報公開しなかった機密情報が、考古学者で、探検家でもあるロン・ワイアットの契約の箱発見の報告です。1982年1月にイエス磔刑の場で知られる、崖のかたちがどくろの顔をしたゴルゴダ丘の地表下にある2000年前のローマ時代の地層から、岩床に三つの並行して並ぶ、十字架の木を立ててから固定の杭が打ち込まれるための四角い掘り

下げた十字架穴と、少し後ろの中央の崖面から2m50㎝突き出した10㎝高くなった岩棚にもう一つの十字架穴を発見し、イエス様の墓のふたとして使われ、復活の際、消え失せた丸く大きな封印石をも発掘したといいます。

十字架を立てた穴から血潮が地下に……

左右の十字架に強盗人たちが十字架につけられ、少し後方中央の約10㎝高くなった最も目立つ場所にイエス様がつけられたと考えられます。

木と土の文化の日本とは異なり、石と砂の文化のイスラエルでは深く深く掘り下げて土砂を取り去ることにより、多くの考古学的遺産がそのまま朽ちることなく爪あとを残していることが多くあります。

イスラエルではイエス様が十字架を背負って直接歩まれた当時のビア・ドロローサの旧道とそれに連なる旧市街地の一部も地下で発見されて発掘が続いたこともあります。

この十字架を立てた穴のうち、中央のイエス様がつけられた十字架を立てる掘り下げた柱穴は32・5㎝×35㎝、深さは58㎝であり、ちょうどそこから始まって、左真下に大きな地震の際に生じた深く大きな天然のさく裂があり、その約6m真下の地下には小さな洞窟があり、そこに隠されていた契約の箱を発見したというのです。しかも、それがイエス様の十字架のまっすぐ真下に

位置していたのです。

世界が探している契約の箱が、エルサレムの郊外ゴルゴダ丘の十字架の真下の洞窟に隠されていたのです。しかし、その後、この歴史的大発見がその地を支配するイスラム教徒と聖都奪還を強行的にでも願う多くのユダヤ教徒右翼派の間で対立を確実に激化させる大変な戦争の起爆剤になることを知ったネタニヤフ首相が中東和平実現の政治的目的から、発掘も立ち入りも全面凍結してしまい、現在もそのままそこに埋め戻されてイスラエル政府当局の機密扱いのまま眠っているのです。現在はそこがバスのロータリー隣接になって岩の斜面ギリギリまで柵で覆われています。読者で投資家のあなた、この土地を買いませんか？　大変なお宝が地中に眠っています！

実際、政府が一度この契約の箱発見のニュースを実験的に流して第三神殿建設の可能性を公示して反応を調べた結果、１９９０年10月8日にシオンの丘大虐殺と呼ばれる、ユダヤ人とアラブ人の間の民族大暴動を引き起こし多数の死傷者を出すという苦い経験もありました。

これは、よく知られた観光名所のゴルドンのカルバリと呼ばれるイエス様が十字架につけられた場所のちょうど真上に位置する岩棚です。

当時のローマ軍の支配権誇示と政府反逆者への見せしめ目的の処刑場として、ここはまさに演出効果絶大などくろの面の真下ということで、人通りも多い地方を結ぶ道ばたの群衆の最も注目されやすい目立つ場所があえて選ばれていたのです。確かに、丘の上で何もない空を背景に十字架が立てられている映画や聖画のイメージが強いですが、実際の聖書には十字架の地に関して何もない丘の上とは一切言及されておらず、ただルカによる福音書23章33節では「『どくろ』と呼ばれている所に来ると、そこで彼らは、イエスと犯罪人とを十字架につけた。犯罪人のひとりは右に、ひとりは左に。」と証言されており、岩肌がどくろの面のように削られている岩棚に沿って真下を掘り進んだ結果、実際に十字架穴とさらに真下の契約の箱が発見されたのです。

次ページの左下は、どくろの面の真下に位置する岩棚で発見された三つの加工された罪状書きを置くための岩棚の写真です。ロン自身が立っています。そしてこの写真を見ると十字架の上に

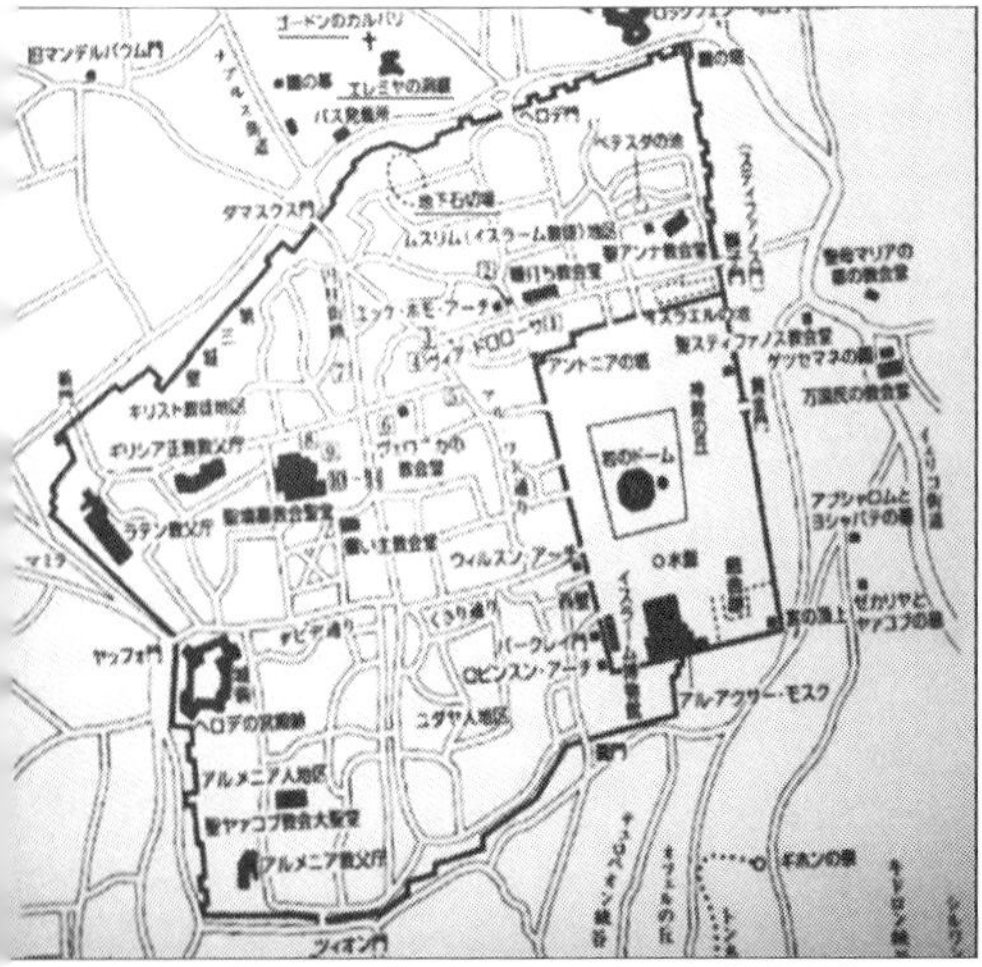

エルサレムの地図：旧市街の城壁の北側に、ゴルドンのカルバリ、エレミヤの洞窟、園の墓がある

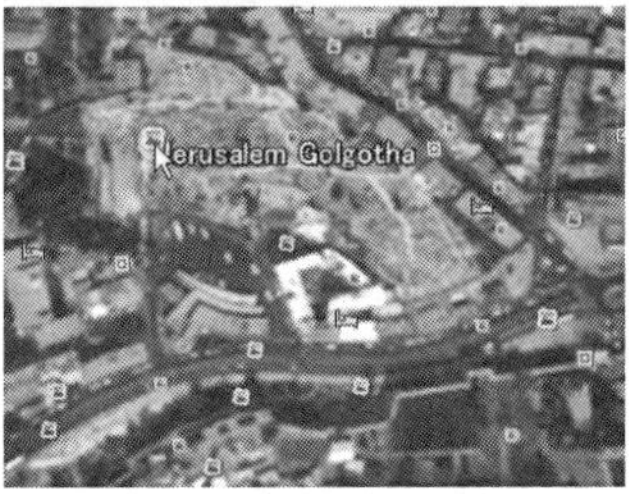

現在の洞窟入り口付近（下は google earth の図）

貼られた罪状書き「ユダヤ人の王ナザレ人イエス」に対する通常の私たちのイメージとはかなり異なることと思います。聖書ではルカによる福音書23章38節で「『これはユダヤ人の王。』と書いた札もイエスの頭上に掲げてあった。」とあり、他の福音書でも「十字架の上に掲げた」と証言しますが、ギリシャ語の原語ではこの「頭上」や「上」という言葉に「エピ」が使われており、その意味はこの場合文字通りの「上」よりは「上方」と訳するほうがもっとふさわしい言葉です。罪状書きはイエス様お一人の十字架の上方の岩棚でしかもこんなに大きくヘブル語、ラテン語、ギリシャ語で別々に3枚も石膏で固めた大きな罪状書きの板を使って書かれていたのです。

罪状書きとはあくまで通行人に広く目立つよう、見せしめ目的で書いた掲示板です。もし1枚の紙に3カ国語の文字が書かれて十字架の木の上に直接貼ってあったのであれば近くの人さえ字が小さくてなかなかよく読めません。大きく書いて人々の前で大胆に掲げる見せしめのため、このような岩棚に大きく加工した罪状書きのスペースが必要だったのです。

次ページ上の図は、さらに深く堀り進めて2000年前のローマ時代の地表である岩地の大地にまで到達した十字架周辺の全容をロン氏が真横から手書きしたものです。

発掘作業の際この同じ地層の現場では、紀元14年から37年までのテベリウスの治世に使われていたローマ貨幣も一緒に発見されています。

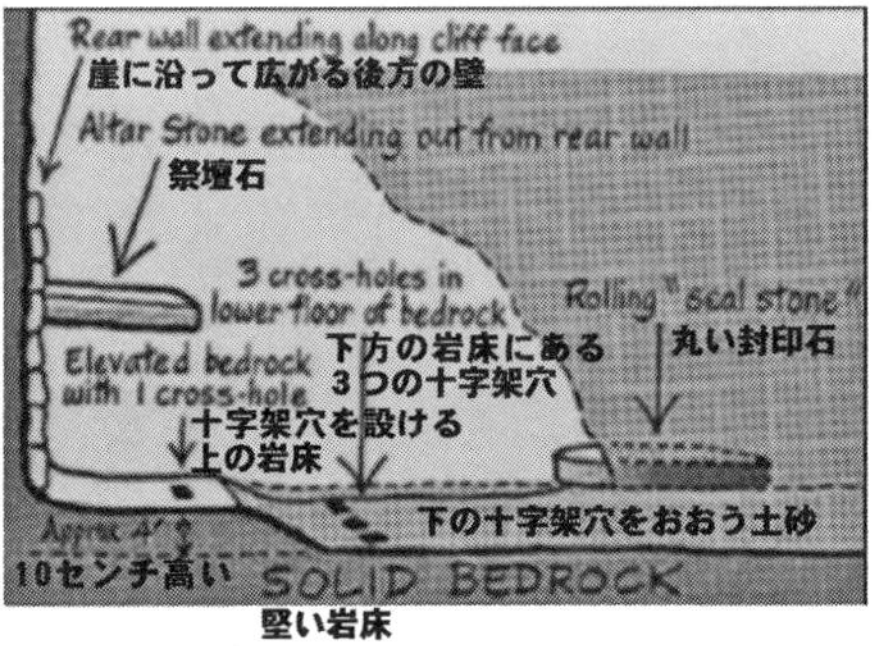

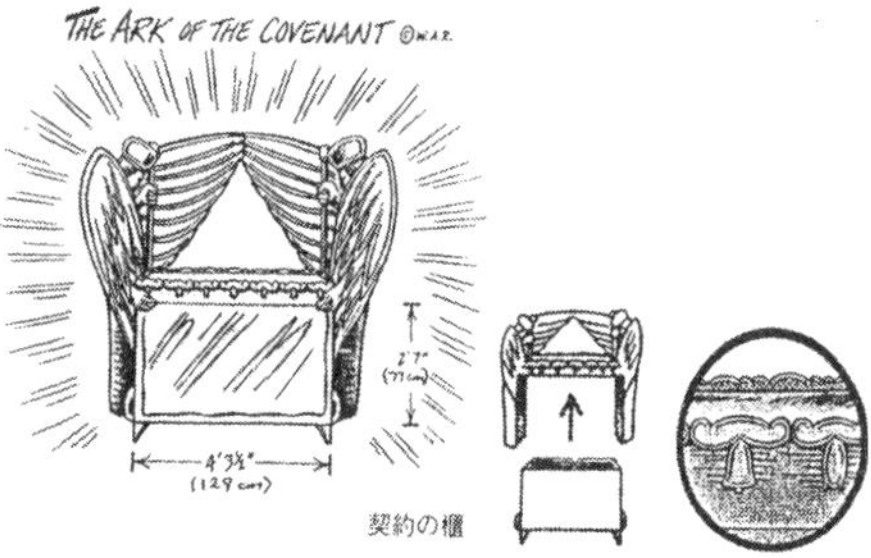

中でも注目は一番奥まった他の受刑者たちよりも約10㎝高くなった中央の最も目立つ岩床のステージ上に発見された一つの十字架穴です。この穴こそ左に向かって広がる大きな天然のさく裂が入っており、強盗人たちを前方の左右に位置してイエス様の十字架が立てられた中央の奥まった最も目立つ場所です。そしてこれらの現場を真上から見下ろすように手書きしたものです。

遅くとも紀元70年以降はすでに十字架刑の執行がローマから全面廃止されたため、使われなくなったこの場所で1世紀頃の初代教会の信者たちが集まって、イエス様の十字架跡地を記念に壁で囲う形で教会の建物をここに建てて礼拝を捧げていたようです。太枠の囲まれた線がその建物があったという遺跡の見取り図であり、正面中央の丸いものは「あれほど大きな石」（マルコ16：4）と書かれた、直径4m1㎝もある一度はイエス様の墓で封印目的で使われた、もともと

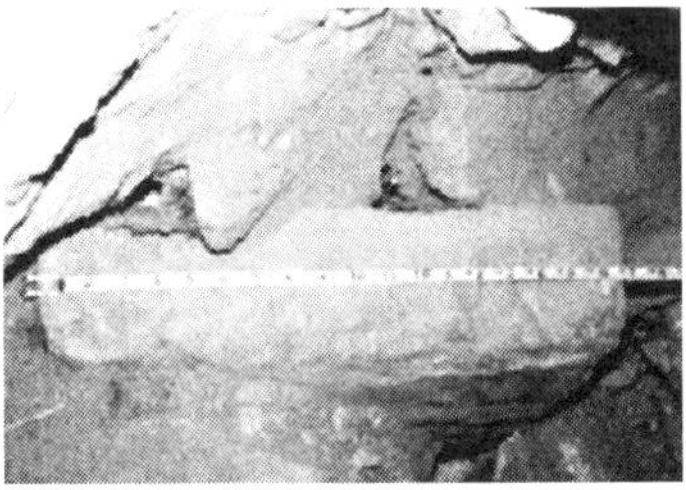

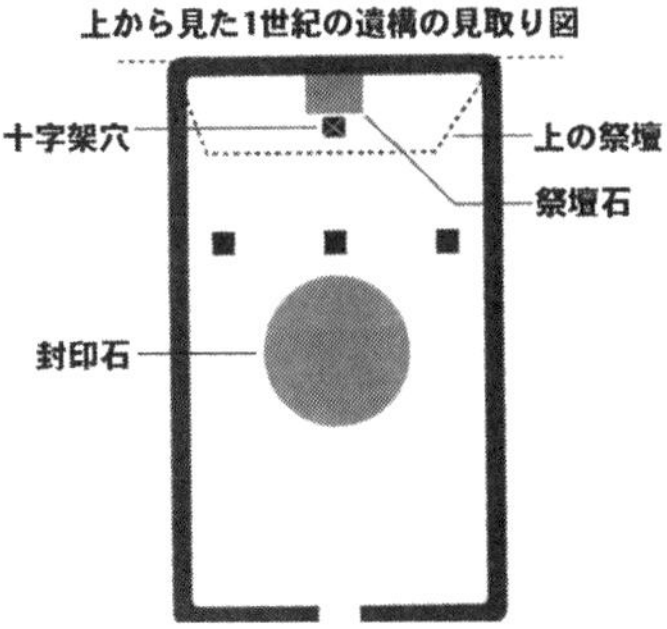

イエス様の葬られた墓

A、B付近に封印石の傷跡がある。

金持ちで有力な議員ヨセフ用に準備された、一等墓地にふさわしい通常サイズの2倍はある大きな封印岩です。これはイエス様が復活されたため必要がなくなった空の墓から、入り口のとびらとして置かれていたものを復活の象徴として当時の信者たちがごろごろ転がしてか、近くの十字架のどくろの地まで運んできて確かな遺品のように1カ所に集めて納めていたようです。このようなことは、今でもイスラエルで2000年前にイエス様が直接通られた跡地にはその聖誕の地から始まってすべての場所に、何らかの記念の意味を持つ教会が当時の岩肌を残した状態で建てられていることを考えると同様であり、十分理解できることです。

　詩篇65篇11節には「あなたは、その年に、御恵みの冠をかぶらせ、あなたの通られた跡にはあぶらがしたたっています」と書かれており、イエス様の通られた2000年前の跡地には今日でも聖霊様の油注ぎで教会が多く建設されています。写真は上方に突き出た祭壇石であり、

十字架の立てられた穴とそこから広がる地震後のさく裂

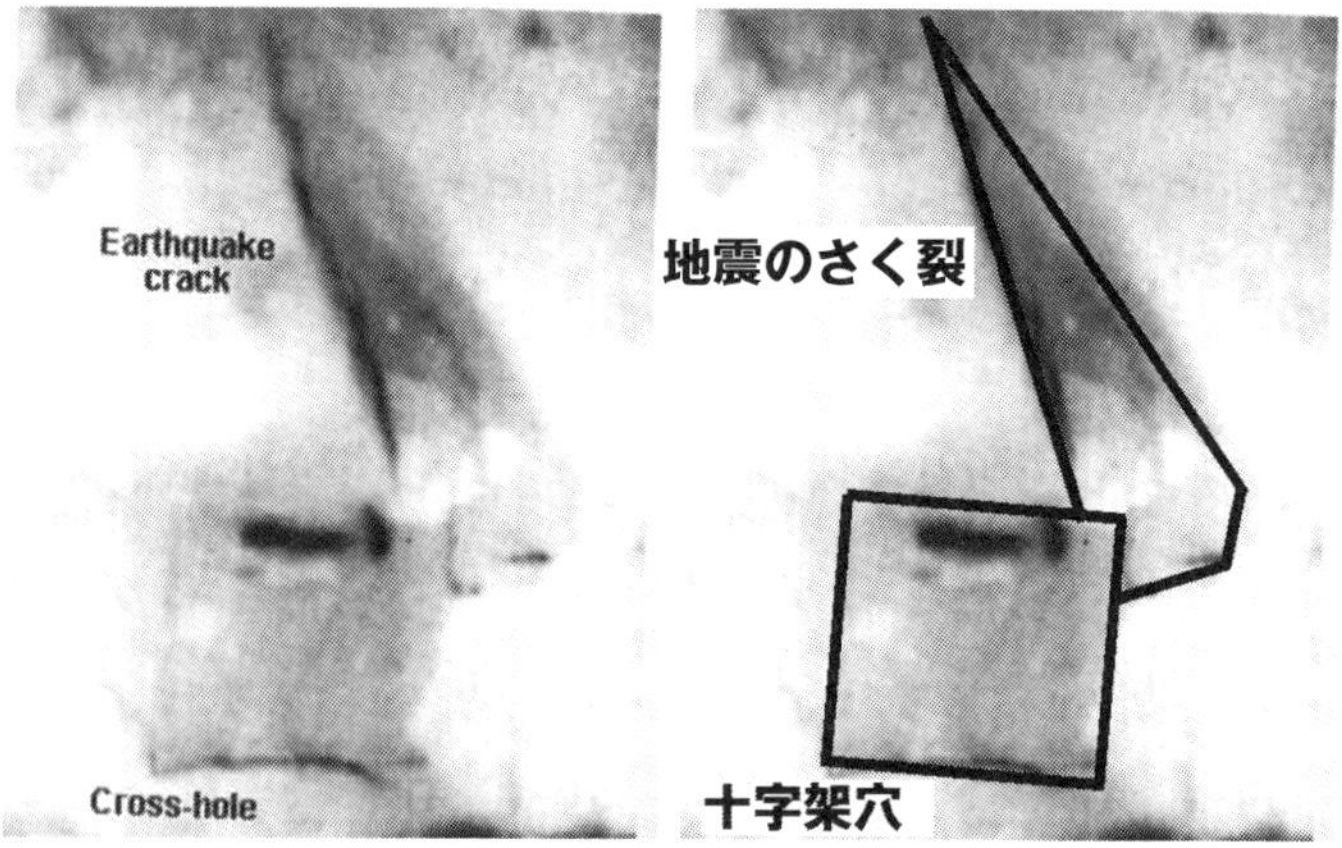

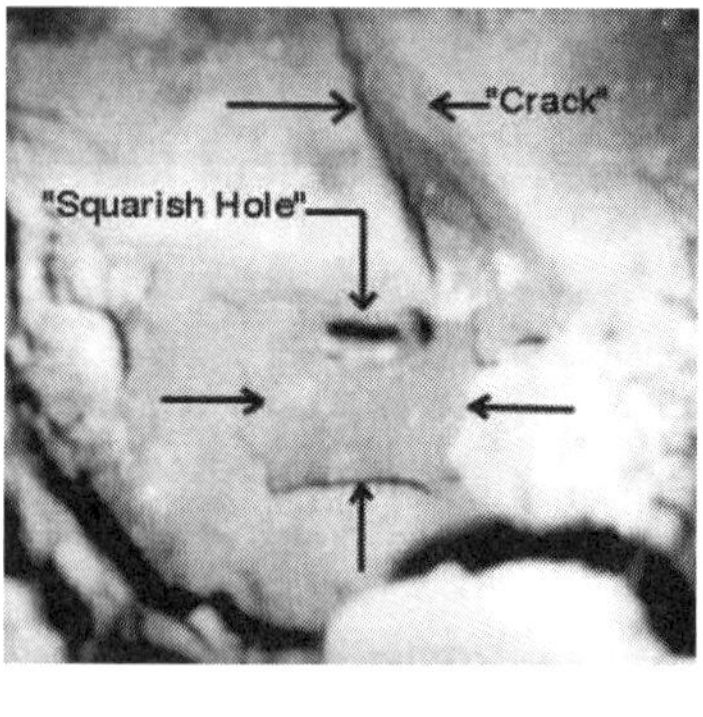

十字架穴から広がる亀裂の拡大写真

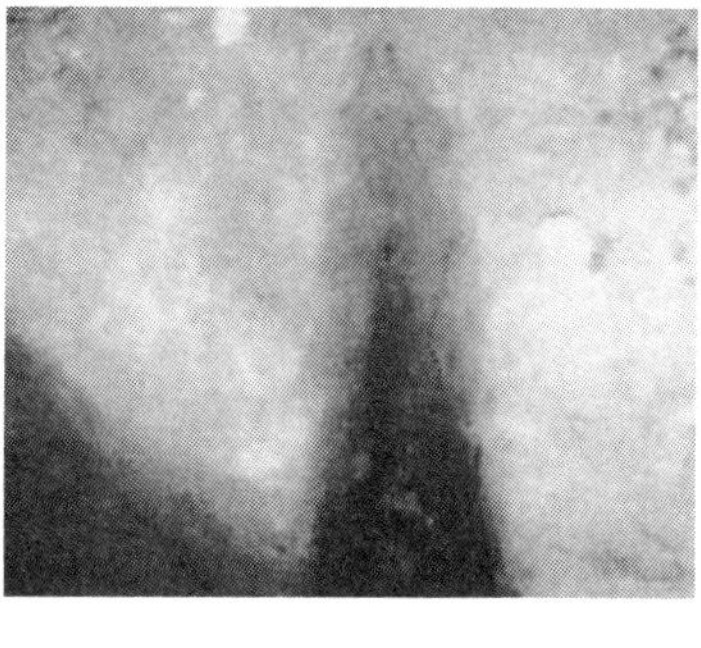

イエス様の復活と昇天以降に初代教会の信者たちがこの前に集まって礼拝を捧げていたのです。左端の岩壁中央から突き出ている岩です。

有名なイエス様が葬られた墓の入り口付近の写真ですが、その長方形の墓の入り口には二千年前ローマ兵がとびらとして一度は使われたはずの封印石が、今では封印の鎖もろとも跡形なく紛失しており、これについていったいどこに移動されたのかを説明できる考古学者は今まで誰もいませんでした。しかし、地中から発見された大きく丸い封印石の直径はこの墓の入り口の外壁両側（A点とB点の辺り）に現在も残る封印石の置かれていたとき付いた傷跡と大きさが完全に一致しました。

さらにこれは中央後方のイエス様の十字架が立てられた穴の写真であり、その穴から広がるさく裂部分の拡大写真です。

そしてこの穴が土砂で埋まらないために使われたと考えられる、切り出して加工された石が、この穴の栓となって入っていたのです。

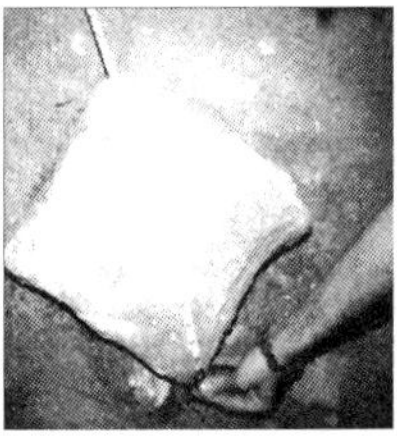

ゴルゴダの丘は全体が岩山で所々、水流で浸蝕されて天然の洞窟や狭いトンネルのような抜け穴が多数存在します。そこでロン氏は、このどくろの岩山の真下にも天然の洞窟があるのではないかと考えて、岩肌をハンマーとチーゼルで砕いて無理矢理掘り進め、やがて壁が崩れるようにして中に天然の洞窟を発見しました。しかし、それは洞窟というより迷路状に屈曲した狭い小穴のトンネルで、人がはいずってようやく入れるほどであり、これら小穴のうちのどこか一つに過去に人が来た形跡がないかを調べたのです。

その血潮は間違いなくイエスのもの……

20人ほどのアラブ人のアルバイトを雇って、ゴルゴダの丘の穴という穴をすべて調べ続けて1982年1月6日午後2時、彼がたった45㎝の隙間の小穴のトンネルを懐中電灯片手にはいずりながら進入するとそこにはなぜかコブシ大の石が積まれており、これを片手で取り除けながら進むと石の向こうにポカッと穴が空き、そこに天上から50㎝近くまで埋まっている閉ざされた小洞窟を発見しました。地下約12mの網の目状のトンネルの中です。そしてその発見された小洞窟の狭い空間に獣の皮で覆われた金の机が置かれているのが暗闇の中、懐中電灯に照らされました。それは聖所で使われていた備えのパンの机と判明。さらにこの閉ざされた空間の中に契約の箱が隠されていた

のです。契約の箱は古代に物を保存するためによく使われた長方型の薄い石棺にすべてすっぽり収められており、その石棺の平らな上ふたは二つに割れて、割れたうちの小さいほうが横にずれ、そこに開かれた隙間ができていました。小洞窟内の天上部のひび割れた裂け目にも、真下に位置するその割れた石棺の開かれたふたの上にも、中にも、黒く固まった血がついていました。実に契約の箱は十字架の立てられたその現場のちょうど真下6ｍに位置していたのです。その見取り図です。

説明によると長いさおを付けたポラロイドカメラと35㎜カメラとビデオカメラという3種類の写真撮影を行ないましたが、契約の箱はいつも神秘的ベールに覆われていて、もやのような金色の霧ばかりが前面に写されてぼやかされてしまいます。そのとき、ロン氏は撮影をしないことが神様の御心であると確信したため、写真はこれだけとのことでした。聖書でも契約の箱にはシェキーナと呼ばれる神様の御臨在を象徴する栄光の輝く雲が霧のようにかかっていました。

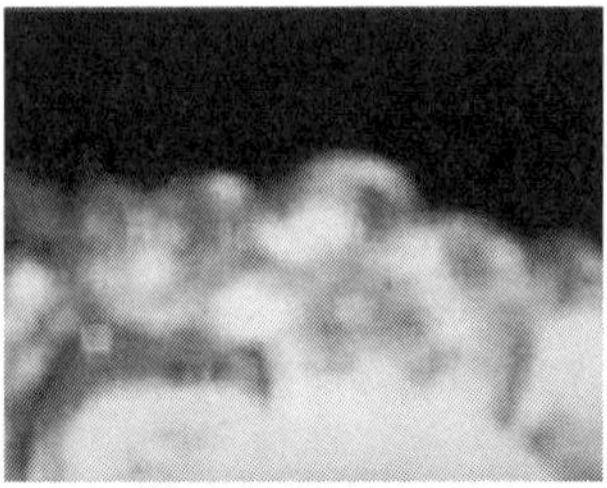

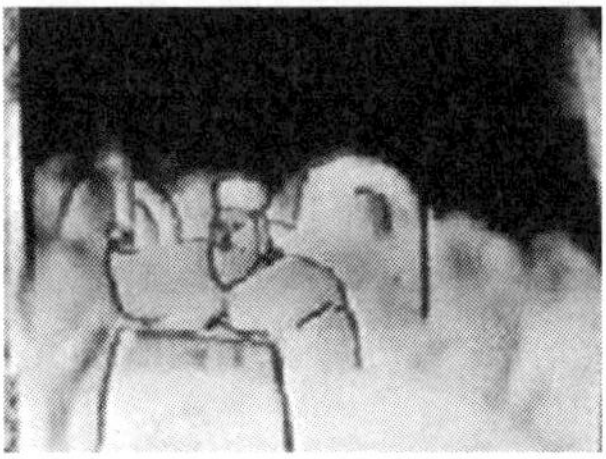

イエス様の十字架が立てられた深さ58㎝の穴とそ

こから広がる天然のさく裂についてですが、マタイによる福音書27章51節によると、イエス様が十字架の上で息を引き取られた際、「すると見よ。神殿の幕が上から下まで真二つに裂けた。そして地が揺れ、岩が裂けた」と証言されています。すなわち、この岩が裂けるほどマグニチュードの高い大地震が神様によって起こされたため、そのとき、その力で十字架の真下に巨大なさく裂が入ったと考えられます。この大きなさく裂のゆえか、イエス様を最後に、どくろの死刑場の十字架穴はローマ軍によってどの死刑囚にも絶対使うことなく廃止されました。

では、他にどんな目的があって大地震が引き起こされたのでしょうか。目的があったのです。十字架のちょうど真下の小洞窟に隠されていた契約の箱の空間にまでまっすぐさく裂が走り、ほふられた神の小羊イエス様ご自身が流された十字架の血潮を直接、注ぐためだったのです！

これもまた聖書に記された「そのまま」の状況が遺されていた……

旧約の律法では、あがないの礼拝のとき、ほふられたいけにえの血はいつも祭壇上だけでなく祭壇の下の土台にも注がなければならないという不思議な定めがありました（レビ4：18、25、34）。

レビ4：18「彼は、その血を会見の天幕の中にある主の前の祭壇の角に塗らなければならない。

彼はその血の全部を、会見の天幕の入口にある全焼のいけにえの祭壇の土台に注がなければならない。」

ここにその律法が書かれたことの本当の目的があります。十字架という祭壇上に注がれた大量の血潮は流れとなり、その土台である十字架の立てられた足元のたて穴の下の土台にまで流れ落ちたのです。ゴルゴダの地を赤く染める必要があったのです。実にイエス様から流れ出たあがないの血潮は、十字架という木の祭壇の上に注がれただけでなく、律法の定め通り下の土台にまで流れ伝わって注がれた。足元に集まってこれが大地震の際、生じた大地のさく裂に従って下へ下へ真下に眠る契約の箱にまで直接流れ落ちました。

さらには契約の箱を納めた石棺の上ふたさえも、大地震の力はみごとに裂いて開かれた状態になり、その隙間からイエスの血潮はみごとに石棺内部の契約の箱にまで直接注がれていたのです。父なる神様の歴史を超越した綿密で完璧な御計画がここに成就されたのです。

レビ16：15「アロンは民のための罪のためのいけにえのやぎをほふり、その血を垂れ幕の内側に持ってはいり、あの雄牛の血にしたようにこの血にもして、それを『贖いのふた』の上と『贖いのふた』の前に振りかける。」

旧約時代は暗い至聖所内で動物の血が契約の箱のあがないのふたの上と前に振りかけられましたが、新約時代は暗い地下の小洞窟内でイエス様の血潮が契約の箱のあがないのふたの上と前に振りかけられたのです。

事実この発見された契約の箱の上には、十字架穴から左に広がる岩盤のさく裂づたいにまっすぐ流れ落ちた血の注ぎがそのまま黒く固まって張りついていたのです。しかも、その２０００年前の乾いた血をアメリカのクリスチャン医療施設の研究所にサンプルとして持ち帰り、塩化溶液に３日間浸して水和し直してから電子顕微鏡でＤＮＡ鑑定すると、この血は間違いなく一人の人間の男性の血であることが判明したのです！

イエスの血は通常46の染色体が24個しかなかった（部分的処女生殖）

人間の血液のＤＮＡは長期間持ちこたえる大変丈夫な物質であり、２０００年前の血が今日まで持ちこたえたという事例は他にもあります。

２０００年前のイエス様の時代よりも、もっと昔に作られたエジプトのツタンカーメンやパロのミイラなどでも今日、その体内で固まった古い血液中からＤＮＡ遺伝子パターンを読み取って彼らの埋葬時期や血縁関係なども明確に特定されています。

また、古代マヤ文明時代の古器物セルトはヒスイ石を彫って作った石おのか、やじりのような道具であり、偶像目的でも使われていましたが、発見当時から血が付着した状態だったため、炭素14測定法でこの血を分析した結果、これが人の血であったことや古器物の使用されていた正確な年代等も特定されました。

今日、世界で最もまれな血液型として知られているのは1961年に米国マサチューセッツ州に住むRHプラスとマイナスの兄妹から確認されたボンベイ型のh－h亜型であり、ギネスブックに申請されましたが、1982年に衝撃発見された未公開の契約の箱に注がれていたこの血はDNA鑑定の結果、さらにたぐいまれなる世界で唯一の血であることが判明したのです。

写真のロン・ワイアット博物館は個人の家を改造したようなレベルで小さいですが、十字架の穴が普段使わないときに土砂進入で詰まらないようローマ兵によって加工して使用していたと思われる十字架穴専用の栓となる長方体の石が展示されています。

発掘が全面凍結される以前、ロン氏によるこれら一連の発見があまりにも信じがたい話であったため、その主張に反論しようと独自の発掘隊を組んでどくろの地を追跡調査したオーストラリアの探検家、考古学者であるジョナサン・グレイによると、ロン氏の発見は皮肉にも徹底的に発掘現場に足を運んで調査するほどに、現われる証拠に圧倒され、ついには確かに信頼できる事実

であるという結論に達しています。

その詳細な追跡調査によると医療施設に持ち帰った通常ならば父親から23個、母親から23個、合計46個の染色体を持って生まれるはずの人間の血液が、この血に限って24個しか染色体を持たない男性の血であり、母親からの染色体しか持たない、科学用語でいう「半数体」の血液であったのです。それは部分的処女生殖によって生まれた人間の血液であると判明しています。

部分的処女生殖とは、医学界で理論的には一般に認められている現象であり、母胎となる処女の卵巣付近に存在するY遺伝子が卵子と結合して、処女がXY遺伝子を含む胎児を出産できるという考え方ですが、世界で唯一イエス様だけが、聖霊様によりて処女マリアから生まれた御方として、このような特別なDNAを持つ奇蹟の人だったということです。

一方、ロン・ワイアットの後継者団体WARが発表したイエス様の血潮の公開写真とその報告によると、契約の箱の上から採取された証拠の血潮を、微生体をもとらえることのできる特別なマイクロスコープを使って見ると、そこには確かな「動き」があったことを科学的に証明してい

十字架跡のわきの 地震によるひび割れ部分

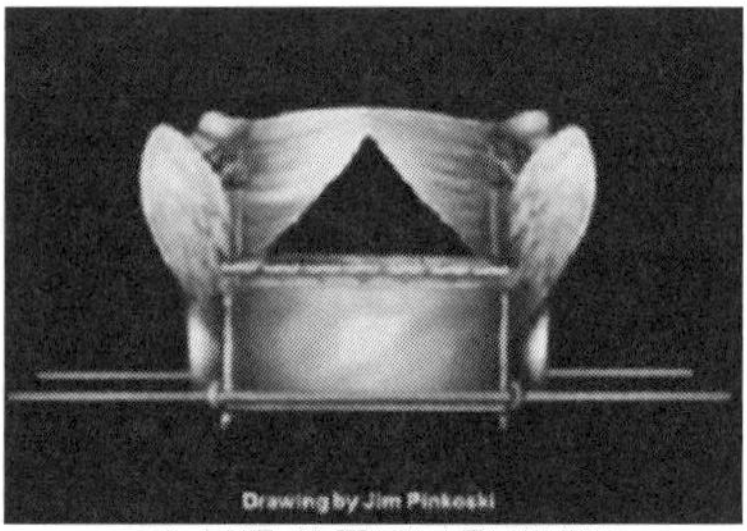

ロンワイヤット氏が見てきた「契約の箱」を 画家に描かせたもの

ここから 数m下の契約の箱の上まで血が滴り落ちた

上部の蓋に付いていた「血」を分析したもの →
（････ 白血球中の 染色体の数が 24個しかない！）

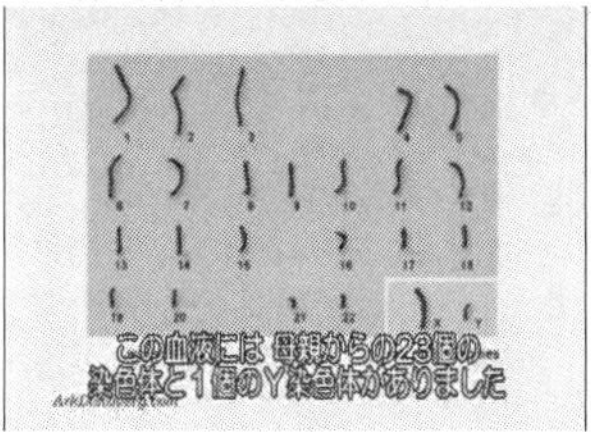

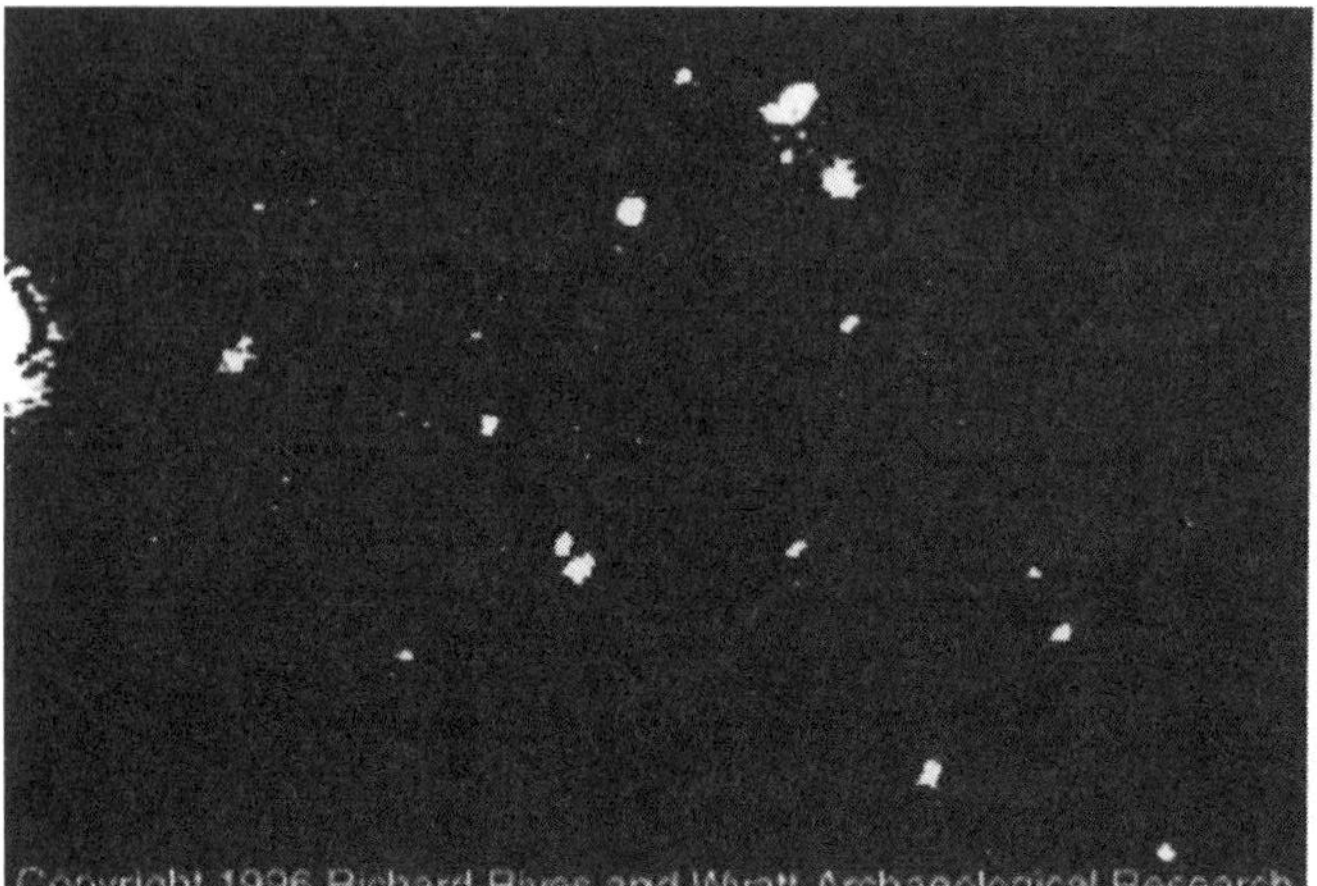

採取した生きて動くイエス様の血のマイクロスコープ映像

ます。なんと！　イエス様の２０００年前の血潮が今も生きているというのです！

イエスの不滅の血ソマチッドが確認できた！

私もイエスの血潮と言われる再水和血液サンプルの生粒子を超マイクロスコープで写した映像まで見ましたが、そこには無数の生きて四方八方に素早く動き回る血の粒子が映像化されていました。これらの「生きている血の粒子」とは通常の光マイクロスコープでは小さすぎて見えませんが、実在し、科学者たちによって発見され「不滅である」と述べられているものです。

難しい話になりますが、この「不滅の血」の粒子とはフランスの科学者ガストン・ネサンにより「ソマチッド」（意味は創造体）と名付けられ、10ミクロンにも満たないサイズで様々なものを含み、ミクロザイムス等から構成されマイコプラズマ血液の液体部分のようなものです。そしてこの生きて動いているイエス様の「不滅の血」について科学者クリストファー・バードはこう分析します。

「これら生きている粒子は遺伝物質を含んでいる事が科学者たち関係者によってさえ理解され発見されている。それは本質的には形態を変える事があるポリモーフィックだと解っているが、超高温度や激しい毒性の科学物質そのうえ核放射熱さえにも影響されない事が解った。彼らはこれを超ミクロ微生物細胞代生体であり、再生する実体であると説明しており、多くの科学者が信じ

ているのは、これがＤＮＡの先がけで地球上の生き物の基盤だということです！」（『完全なる治癒』徳間書店）

ＷＡＲ所長のリチャード・ライブスはこの微生体粒子の存在に注目し、尿培養において通常では分割増殖するところのバクテリアがないと、突然どこからかバクテリア細胞が現われてくることを発見し、バクテリアのような形に成長することができる代細胞パーツの存在について調査、結果これら微生体が尿サンプルの中で完全に存在し、バクテリアが存在しないときにもバクテリアのような形に成長して実在し、これらの粒子はどんな再水和血液にも現われることを発見しました。

このようなわけでイエスの血潮の生きた動きとは、単なる混入した雑細菌繁殖ではなく、本当に生きた不滅の血の粒子そのものだったのです！

レビ17：14「すべての肉のいのちは、その血が、そのいのちそのものである。」

使徒2：31「それで後のことを予見して、キリストの復活について、『彼はハデスに捨てて置かれず、その肉体は朽ち果てない。』と語ったのです。」

ヘブル13：20「永遠の契約の血による羊の大牧者、私たちの主イエス。」

では、十字架の真下、さく裂下約6m下方にまでも届くことのできる大量の出血とはいったいどこから流れ出たのでしょうか。イエス様の手足から流れ出た血潮だけで充分だったのでしょうか。その解答がここにあったのです。

イエス様のわき腹から流れ出た血潮です！　イエス様がゲッセマネの園で血潮の汗を流して祈られた死の苦難から始まり、精神的に疲労困憊され、圧迫された心臓が、やがて十字架上で破裂し、その後、ローマ兵によりわき腹に槍を刺されて流れ出た、そのときの流血があまりにも大量だったのです。

大量の血液は、契約の箱の下、アダムの骨にまで到達か!?

人間の心臓は総延長9万6000㎞にもおよぶ全身の血管が一生の間つまらないように絶えず流し続ける強力ポンプのような器官ですが、そのすべては意外に不釣合いなほど繊細で貧弱な交感神経と副交感神経によって支配されており、これらの神経が脳や全身からのメッセージを受けて心臓のペースと強さをコントロールする司令塔となっています。

そのため、大脳で生み出された人の心とは、そのままこれらの神経を通って心臓に直接伝えられることから、心臓とは心を映し出す鏡とも言われます。よく臓器移植後、ドナーの記憶や行動が患者に移転するという報告があり、心臓に心の神経が残っている証拠です。

そして人間の体内では最大の大動脈と最大の下大静脈のいずれもが心臓に集中しており、心臓の収縮によって肺動脈や大動脈へ送り出される血液量は、1分間で安静時の成人で5〜6リットルもあり、激しい緊張や運動時には心拍数も上がり200回に達すると毎分16リットル以上にもなり、人間の体内血液のほとんどは脳と心臓に集中し、この血液の供給が何時間かストップするならば死のダメージをそのまま受けることにもなります。

通常、人の血液の量は体重の約13分の1であり、仮に体重が80kgなら約6・15リットルです。そのうち、イエス様のように激しい心の痛みが直接原因して、粉々に割られた鏡のように神経を取り巻く心臓を破裂させた場合は、1〜2リットルもの血が赤く見えるどろどろした赤血と水のように見える透明な血清とに、時間とともに分離してわき腹の辺りにある心臓下部の周りの膜の内側にたまるといいます。

ヨハネ19：34「兵士のうちのひとりがイエスのわき腹を槍で突き刺した。すると、ただちに血と水が出て来た。」

このわき腹から流れ出た血と水こそ、イエス様の死因が十字架の釘打ちや暴力による外傷的ショックや出血多量あるいは呼吸困難によるものではなく、筋肉の中でも強力な心臓の壁が極度の精神的苦痛に耐えきれずに破裂したという、人として最も痛い過酷な死をとげたことを物語っています。聖であり純粋なイエス様の御心の痛みがそのまま心臓の痛みとなり、肥大して破裂したのです。

そしてこの大量の血潮と極度の緊張状態で全身から心臓に集中していたすべてのイエス様の血潮が死後、ローマ兵のするどく長い槍によってわき腹からつらぬかれたため、大地震で真下の大地が裂けて現われた契約の箱のあがないのふたにまで注がれ出る大量な流れとなったのです。

私はイエス様のわき腹から流れ出た血潮が岩の亀裂に沿って6m真下まで充分届くほどの分量なのかこれを実験してみました。

近所で径しい変なおじさんになるといけないから、人気のない夜中の3時頃マンションの凹凸がある壁伝いを選んでペットボトルで1リットルの水を壁に付けながら徐々に約6mある3階の高さから放水しました。すると水は広がりを見せながらも自然と落ちていき、確かに1階の6m真下まで充分届く量であることがわずか1リットルでも確認できました。

イエス様の十字架から上流され続けた大量の血潮は契約の箱まで注がれて、あまりある量だったと確信します。それだけでなく、契約の箱のさらに真下に眠るアダムの骨にまで注がれたのではないでしょうか！
ここでイエス様の血潮の大量の流れと、その御力を静かに考え、かつての預言者カタリナ・エンメリックの預言の通り、契約の箱の真下にアダムの骨が眠っていると考えてみましょう。
すると熱い感動が心に走ります。それは実に長い歴史を超越した偉大な神の摂理の中で、「最後のアダムなるイエス」の脇腹からだけでも1～2リットル、額と手足、背中をも加えるとそれ以上に大量に注がれたすべての血潮が、十字架の真下に眠る人類の祖、「最初の罪人アダム」にまでも充分注がれ落ちたからです……。確かにイエス様の聖なる血潮は、神学的にも実際的にも全人類の原罪の根源にまでさかのぼって、ことごとく根本から洗い清めた永遠の救いの力だったのです。ハレルヤ！

神様の摂理はあまりに偉大で、驚嘆するばかりです。そして契約の箱はモーセの時代に製作された際、主の命令により大量に用いた純金製であったため（出エジプト25：10～22）、非常に強固であり、朽ちることもなく、人の容易に入れない未知の洞窟内、完全な状態のまま保存され、そこに注がれたイエス様の血潮も、暗い洞窟内の適度な気温と湿度により、腐れ果てることなく2000年間もちこたえて契約の箱にそのまま黒く張りついたままだったのです。

契約の箱は輝く純金でおおわれています（出エジプト37章）。神様があえて契約の箱をたくさんの純金で作らせた本当の理由は、当時の神様の偉大な栄光に加え、数千年先の後の時代になっても朽ち果てることなく、やがて注がれるはずのイエス様の純金よりも尊い血潮をそのまま受けて保存して証しすることのできる唯一の朽ちない受け皿となるためだったのかもしれません。

やがてDNA鑑定技術がさらに飛躍的向上した世の終わりの一番ふさわしい頃、多くの人々の預言する通り契約の箱が再び出現し、今度こそ全世界の注目を浴びることになるでしょう。ある人々の視点では値段がつけられないほど高価な遺物、その純金の物質的資産価値と巧みなケルビム天使たちの装飾による芸術性に目を見張ることでしょう。

しかし、私たちが最も大きく目を見張るのは輝く黄金以上に尊く価値があり、巧みな純金製の最高傑作品を受け皿にしてもまだ足りない、そこに黒く張りついている栄光のイエス様の十字架の血潮の霊的資産価値なのです。

契約の箱からとった血液について、ロン・ワイアットの証言！

イスラエル国内の信頼のできる研究所にサンプルを持ち込み、その血液を還元してから体温と同じ温度にして72時間ゆっくり回し続けた様々なテストの結果、人間の血液であることは間違いないことが判明しました。次にそこから白血球を取り出して、成長媒質に入れてから体温と同じ温度で48時間保つように検査官に頼むと、「これは死んだ血液なので、そんなことをしても意味がない」と言われました。「それでもいいからやっていただけますか？」と言ったら「ではやりましょう」とのことでした。こうして顕微鏡等を使って検査開始。しかし検査官が別の技術者を呼んだり、上司を呼んだり、ヘブライ語でいろいろ話していました。それから私に向かって「ワイアットさん、この血液には染色体が24個しかありません」と言うのです。人の染色体は全部で46個です。父親から23個、母親から23個。父親から22個の常染色体、母親から22個の常染色体。母親からX染色体。父親からXかYどちらかの性染色体を受け継ぎます。この血液には、母親からの23個の染色体と1個のY染色体がありました。母親からの常染色体がなければ、この人は発育できなかったはずです。ですから、すべての身体的特徴は母親側からの遺伝情報によって決定されました。男性という性は、その一つのY。人間の男性から来たものではない、性染色体によって決定されたのです。

検査官：「この血液は生きています。いったい誰のものですか？」

ロン氏：「これは救い主の血です」

人間の血潮のDNAは、大変丈夫であり、冷凍や洞窟のような特定条件のもとでは永遠に保存でき、超高温や激しい毒性の科学物質や核放射熱に当たっても破壊されにくい、非常に強固な構造をしているのです。イエス様の血潮は迫害をものともせずに乗り越えて、今日も力強く生きて働きかけ、私たちに十字架のあがないの真実を語り続ける、永遠に変わらない確かな現実証拠です。

第一ヨハネ5：8「あかしするものが三つあります。御霊と水と血です。この三つが一つとなるのです。」

では今から先、いったいいつ、どのようにして契約の箱とイエス様の血潮は全世界に再び現わされるのでしょうか？

これはあくまで推測です。もともと、ゴルゴダの丘自体も地表に現われていなかったものがエンメリックの預言によると、ノアの大洪水後、全地から水を引くために起きた山が上がり谷が沈む地殻大変動の地震が起きた（詩篇104：5－9）。そのときから人手によらず現われた丘であると言います。

イエスの血は、同じユダ族の皇室の血と同じであることが証明される!?

また、ノアの箱舟にしても、もともと地表に現われていなかったものが、1948年のアララテ山脈一部の地震の際、埋もれていた地中から人手によらず隆起して現われたものです。

箱舟はある意味で主との間、一つの船形の契約の箱とも言えますが、これが終末期の今、再び世界に地中から地震の力で現われたことは、将来を示す預言的な出来事かもしれません。

ダニエル書2章45節では、やがて来られるイエス様の空中再臨を「人手によらず山から切り出された一つの石」と表現されていますが、主に関わる神聖な出来事は、いつも人手によらず神様より直接現わされるのかもしれません。

そう考えるとエゼキエル書38章19、20節では、世の終わりの7年患難時代の幕開き、ロシアのイスラエル侵攻のその日、第三次世界大戦と共に全世界の注目を浴びるイスラエルの地には山々がくつがえり、がけは落ち、すべての城壁は地に倒れるほどの大地震が起きると預言されています。

この大地震の力こそ現在埋もれたままの契約の箱を隆起させて人手によらず、地表と全世界に現わす神様の手段ではないでしょうか……?

エゼキエル38：18－20「ゴグがイスラエルの地を攻めるその日、神である主の御告げ。わたしは怒りを燃え上がらせる。わたしは、ねたみと激しい怒りの火を吹きつけて言う。その日には必ずイスラエルの地に大きな地震が起こる。海の魚も、空の鳥も、野の獣も、地面をはうすべてのものも、地上のすべての人間も、わたしの前で震え上がり、山々はくつがえり、がけは落ち、すべての城壁は地に倒れる。」

もし、このとき、契約の箱が公に出現すれば、第三神殿の建築は早急かつ確実なものとなるでしょう（エゼキエル40章）。あるいはこのときの大地震以外、可能性として7年患難時代末期に預言された最強の地震（黙示録16：18）、他にイエス様と私たち携挙されたクリスチャンが共に地上再臨し、オリーブ山が二つに裂けるそのときの地震（ゼカリヤ14：45）により契約の箱が世界に出現する可能性もあるでしょう。

やがて大発見された契約の箱とそこに注がれたイエス様の血潮が、犯罪捜査や血縁鑑定に利用されるように個人識別鑑定されるとき、その驚愕の結果ゆえに世界は驚きを告白します。「これはイエス様の血潮！　正真正銘ユダ族の純血！　これは！　日本の皇室、天皇と同族の血である！　あの莫大な石油と天然ガス、地下資源の数々が眠るイスラエル国土は古代日本人のものだった！」と。

現在は反日の国もありますが、その日が来て状況が一変すると、創世記に書かれた預言がついに実現します。もっとも、その頃には天国に入る私たちですから、地上のことは重要でなくなりますが……。日本に国々の民が従うのです。

創世記49：10「王権はユダを離れず、統治者の杖はその足の間を離れることはない。ついにはシロが来て、国々の民は彼に従う。」

旧約時代、一年に一度のあがないの礼拝の日に、大祭司は午前9時から明るい太陽の下で洗盤で自らを清めて、祭壇上のいけにえをほふり、その周りに血を注ぎました。ここまで少なくとも3時間はかかり、やがてこれが終わると次に残りの血を器の中に入れて手にし、さらに奥深い至聖所へと入っていきます。

「チャリン。チャリン。チャリン」外の大庭では大祭司の歩くごとに飾りの鈴の音が鳴り響き、祈りながら大祭司を待つイスラエルの民の間にこだまします。今思い出しましたが、神社に宮詣に行く和服姿の女性の硬い草履のような履物に鈴が挿入されたものが伝統的にありますね。日本人はユダヤの末裔です。

イザヤ3：16「シオンの娘たちは……足に鈴を鳴らしながら小またで歩いている。」

大祭司は聖所そして至聖所へ、そこは本来真っ暗な光のない場所であり、最も聖なる場として大祭司の務めはさらにここでも厳粛に3時間はかかりました。こうして、大祭司が契約の箱のあがないのふたに血を注ぎ終わり、一切のあがない礼拝を終えると使命が今年も無事に果たされたことを確信して再び民の待つ明るい大庭へ戻っていきます。

イスラエルの会衆の前に無事戻れた大祭司はそこで大胆に宣言します。「テテレスタイ（完了した）」これにより民はいけにえの血が神様に受け入れられ、今年も罪赦されたことを確信し、あがないの礼拝が完了します。

ちょうどこれと同じことが十字架でも起きました。イエス様はご自身が神の小羊として十字架の祭壇でほふられて、血潮を流されたお方であり、午前9時からの3時間は明るい太陽の下で十字架にかけられ、昼の12時から息を引き取る午後3時まで最後の3時間は、驚くことに光なき至聖所の真っ暗闇のように、太陽が日食状態で光を失い、全地が暗闇に包まれました。

ルカ23：44、45「そのとき、すでに十二時ごろになっていたが、全地が暗くなって、三時まで続いた。太陽は光を失っていた。また神殿の幕は真二つに裂けた。」

これは世界がイエス様を捧げるための神聖なる至聖所と同じ環境になるため太陽は光を失ったのです。主の御前、全世界が暗い至聖所となったのです。そのため赤くなめした雄羊の皮や赤くなめしたジュゴンの皮などに完全に覆われた真っ暗な至聖所内（出エジプト26：14）で契約の箱に血が注がれるとき、超自然的に明るい神様の栄光の臨在の雲が現われてそこに満ちたように、今は、雄羊やジュゴンの赤い皮のような赤いイエスの血潮をあがめて、その血潮に覆われたとき、その環境こそ神様の至聖所となってその臨在、聖霊様が全世界のどこでも下ることができる明るい新時代と変えられたのです。

なぜかくもなにもかも聖書の預言通りなのか⁉

このような目的で暗闇が世界を覆ったのでしたが、あがないの犠牲はあまりにも大きく全地はあたかも父なる神様が御子なるイエス様のお苦しみを見るのに絶えかねて、目をつぶられたかのようでした。すべての被造物は御子の死により、喪に服し、色を失ったかのようです。こうして全地は真っ暗な光なき至聖所となって全世界という至聖所の只中、世界の中心に立てられた十字架からあがないの務めが成し遂げられ、最後にイエス様は叫ばれました。

「テテレスタイ（完了した）」

こうして息を引き取られるや否や、聖所と至聖所を仕切る7・5㎝もある神殿の垂れ幕は人手による下から上ではなく、超自然的に上から下までみごとに引き裂かれたのです。それはちょうど、イエス様の御体が人手によらず、天の父なる神様の御心で引き裂かれたようにです。そしてこのように息を引き取られたイエス様のわき腹から流れ出た血潮と水はあがないの血潮と実にひとり子さえも与えるほど私たちを愛された父なる神様の涙でもあったかのようでした。

今は、すでにイエス様の血潮が契約の箱に注がれ、父なる神様に受け入れられた証拠の聖霊様も暗い全世界に注がれた希望の時代です。暗い至聖所内で大祭司が聞いたイスラエルの民へのおごそかな御声のように、注がれたイエス様の血潮に答え、まことの至聖所なる天国の父なる神様の御座からも大きなみ声が全世界に響いています。

黙示録16：17「大きな声が御座を出て、聖所の中から出てきて、『事は成就した。』と言った。すると、いなずまと声と雷鳴があり、大きな地震があった。」

十字架で肉体という垂れ幕を裂いて血潮を流し「テテレスタイ（完了した）」叫ばれたイエス様の死と復活に答えて、今や天上では正義の裁きがこの乱れた世界に対して始まろうとしています。

黙示録16：20「島はすべて逃げ去り、山々は見えなくなった。」

日本列島という「島」も例外なく消え去る最後の日、第一の死、第二の死という地獄の裁きが現実化します。しかし、聖書ではまったく同じイエス様の注がれた血潮のゆえに、もう一つの別なメッセージも同じ父の御座から大きな御声として全世界に響いています。

黙示録21：3、4「そのとき私は、御座から出る大きな声がこう言うのを聞いた。『見よ。神の幕屋が人とともにある。神は彼らとともに住み、彼らはその民となる。また、神ご自身が彼らとともにおられて、彼らの目の涙をすっかりぬぐい取ってくださる。もはや死もなく、悲しみ、叫び、苦しみもない。なぜなら、以前のものが、もはや過ぎ去ったからである。』」

これは父なる神様と和解し、神様の子供となり、天国へ入る新しい生ける道、復活のイエス様を信じる命の道です。ここに預言された来るべき天国で父なる神様ご自身が直接、「彼らの目の涙をすっかりぬぐいとってくださる」という「彼ら」の中には、将来天国に入る私たちだけでなく、将来のイエス様ご自身も含まれているのです。

イエス様は今、この罪に乱れた矛盾多い世界を見て、天国で涙されています。しかし、最後の審判以降は父なる神様の御手によってイエス様も私たちも目の涙が永遠に取り去られて天国の喜びに打たれるのです。イエス様はかつて聖餐式を永遠の記念に定めて弟子たちの前で誓願されました。

マタイ26：27－29「みな、この杯から飲みなさい。これは、わたしの契約の血です。罪を赦すために多くの人のために流されるものです。ただ、言っておきます。わたしの父の御国で、あなたがたと新しく飲むその日までは、わたしはもはや、ぶどうの実で造った物を飲むことはありません。」

ぶどう酒は喜びを象徴します。イエス様はこの世の有様を見て今は喜ぶことを選ばず、むしろ父なる神様の御前で涙を流して真剣にとりなし祈っておられます。愛するあなたのために！

「わたしの父の御国で、あなたがたと新しく飲むその日までは」

すなわちあなたがイエス様を信じて天国に入るその日までは、涙で祈ります。

御座におられる父なる神様の叫ぶ大きな二つの御声、それは地獄の裁きか天国の祝福、二つに一つです。今は右に座す、真の大祭司としてぶどう酒の喜びではなく、残された私たちの救いのために目から涙を流しながら本気でとりなし祈るイエス様の切実なる願い、それはたった一つの思い、父なる神様と同じ聖霊様と同じ思いです。

それは「地の果てのすべてのものよ。わたしを仰ぎ見て救われよ。わたしが神である。他にはいない」（イザヤ45：22）。

全世界がイエス様の十字架を仰ぎ見て、その流された契約の血潮によりて救われることです。

和解の道、命の道、天国の道です。これを選択して右にも左にもそれないで主イエス・キリストの道だけを進むことです。

黙示録1：5、6「忠実な証人、死者の中から最初によみがえられた方、地上の王たちの支配者であるイエス・キリストから、恵みと平安が、あなたがたにあるように。イエス・キリストは私たちを愛して、その血によって私たちを罪から解き放ち、また、私たちを王国とし、ご自分の父である神のために祭司としてくださった方である。キリストに栄光と力とが、とこしえにあるように。アーメン。」

第七章

モーセとパウロ（聖書を書いた二人）が告げる新油田のありか（聖書は宝の地図）

イスラエルにどのくらい莫大な地下資源があるかについての補足説明

その始まりは聖書のこの御言葉でした。

出エジプト2：1－3「さて、レビの家のひとりの人がレビ人の娘をめとった。女はみごもって、男の子を産んだが、そのかわいいのを見て、三か月の間その子を隠しておいた。しかしもう隠しきれなくなったので、パピルス製のかごを手に入れ、それに瀝青と樹脂とを塗って、その子を中に入れ、ナイルの岸の葦の茂みの中に置いた。」

モーセ誕生です。古代エジプトでヘブル人に対する人口削減計画が実行されたとき、母は信仰で幼子モーセをパピルス製のかごに入れて救いました。この聖書記述によると、かごには防水加工に「瀝青《れきせい》と樹脂」が塗られていました。ある会社の重役がこの聖書箇所を読んで驚きました。「古代エジプトではナイル川流域に油田があった！」なぜなら「瀝青」は英語でピッチ（pitch）ですが、それは石油の「原油」を意味する言葉です。

別訳では「アスファルト」ですが、石油からの蒸留残留物であり、古代には壁面のつぎ目に使用した液体です。重役はギリシャ語でasphaltonということばを見て、古代エジプトの地下には油田があったことを確信しました。

早速、掘削するためにエジプト政府の許可を求め、友人に出資を求めました。しかし、会社も友人も猛反対。なぜなら当時、常識ではエジプトに石油はないと考えられていたからです。

しかし、重役は聖書を信じて無理に押して地質学者であるチャールズ・ウィットショット一行の調査団をエジプト現地へと派遣しました。その後、彼はモーセの母親がパピルス製のかごを作ったと推測される場所で試掘し、油田探査に着手した結果、石油層を掘り当てて大規模な油田を発見しました。こうして大財閥になったのが、スタンダードオイル石油会社なのです。

そのようなわけで人々は今や宝の地図であることを知った真実の書、聖書から、第二のお宝発見になる啓示の言葉を探し求めました。そこで新たに注目された記述が「イスラエルにも油田がある」という創世記49章の預言でした。

聖書にある通りイスラエルに油田発見！

近年、イスラエル国内で相次いで発見されるガス田や油田の埋蔵量は莫大です。ガス田では、リバイアサン天然ガス田でガス埋蔵量が21兆９３００億立方フィート！　タマールガス田の天然ガス埋蔵量が10兆８０００億立方フィート！

米エネルギー情報局のデータでは、イスラエル全体の天然ガス埋蔵量は35兆立方フィート！

これらはイスラエルの天然ガス年間消費量の200年分以上にあたる埋蔵量とのこと！　さらに原油ですが、ロシュハアインで見つかった油田は埋蔵量15億〜30億バレル！　イスラエルの年間消費量の18年〜36年分。

アメリカのクリスチャンテレビ番組の「プロフェシー・イン・ザ・ニュース」によるとさらに、イスラエルが地中海の領海内に大油田か大ガス田を発見！

この大発見ニュースをメディアは伝えていませんが、間違いなくイスラエルは地中海に発見したとのこと。実はこの発見は、かねてより聖書情報を知る人々に認識され、待望されていた聖書預言の実現でした。

創世記49：22－25節「ヨセフは実を結ぶ若枝、泉のほとりの実を結ぶ若枝、その枝は垣を越える。弓を射る者は彼を激しく攻め、彼を射て、悩ました。しかし、彼の弓はたるむことなく、彼の腕はすばやい。これはヤコブの全能者の手により、それはイスラエルの岩なる牧者による。あなたを助けようとされるあなたの父の神により、また、あなたを祝福しようとされる全能者によって。その祝福は上よりの天の祝福、下に横たわる大いなる水の祝福、乳房と胎の祝福。」

ここで「下に横たわる大いなる水の祝福、乳房と胎の祝福」と表現された御言葉が「地下に横たわる大油田や大ガス田」を意味します！「下」というヘブル語「カハット」は「地中の深部」です。実際に「地中の深部」に横たわる大ガス田が発見された現場は、イスラエル12部族のうちのアシェル族とヨセフの息子から出たマナセ族の相続地沿岸（ヨシュア記19、17章）です。大ガス田のある所には大油田も必ずあります。

聖書はアシェルについても意味深な預言をしていました。

申命記33：24－25節「アシェルについて言った。『アシェルは子らの中で、最も祝福されている。その兄弟たちに愛され、その足を、油の中に浸すようになれ。あなたのかんぬきが、鉄と青銅であり、あなたの力が、あなたの生きるかぎり続くように。』」

「その足を、油の中に浸す」とは、油田がアシェルの相続地にあることを預言しており、「あなたのかんぬきが、鉄と青銅」の意味は、現代の海底油田掘削に使う「ビット」を指します。海底下の地層掘削の際、資源探査船を海上停泊させて、そこから真下にドリルパイプの先端に「ビット」という特殊な切削ツールを取り付けて、回転させながら掘り進めます。その「ビット」が「鉄と青銅」で出来た「あなたのかんぬき」であると聖書は言います。

「かんぬき」とは、象形文字の漢字そのままで、左右の門の扉に通す建具で、開かないようにする横棒の長い金物や木材です。「かんぬき」を抜けば扉は開き、差し込むと開けられません。聖書通り回転する切削ツールの「ビット」ドリルから放水しながら真下に真下に掘削して油田の扉を開いたということです！

ドリル先端に付ける「ビット」は天然温泉に展示されていることがあります。

ロシ（ロシア）はこの石油資源ゆえイスラエルを襲う⁉

イスラエル領内の石油資源は莫大です。しかし、油田に国境はなく地下でレバノン領にも入り込んでいます。掘削権を巡っては、隣国レバノンとの間、一触即発のヒズボラ戦争の火種になりかねない大変な爆薬庫でもあります。近い将来、油田をはじめ、イスラエル死海に眠る鉱物資源を狙ったロシア連合国が軍事侵攻する第三次世界大戦勃発を聖書は預言します。

ロシアの空軍編隊による軍事侵攻の目的がこのような地下資源強奪なのです。

エゼキエル38：9－11「あなた（ロシア）は、あらしのように攻め上り、あなたと、あなたの全部隊、それに、あなたにつく多くの国々の民は、地をおおう雲のようになる。神である主はこう仰せられる。その日には、あなたの心にさまざまな思いが浮かぶ。あなたは悪巧みを設け、こう言おう。『私は城壁のない町々の国（イスラエル）に攻め上り、安心して住んでいる平和な国

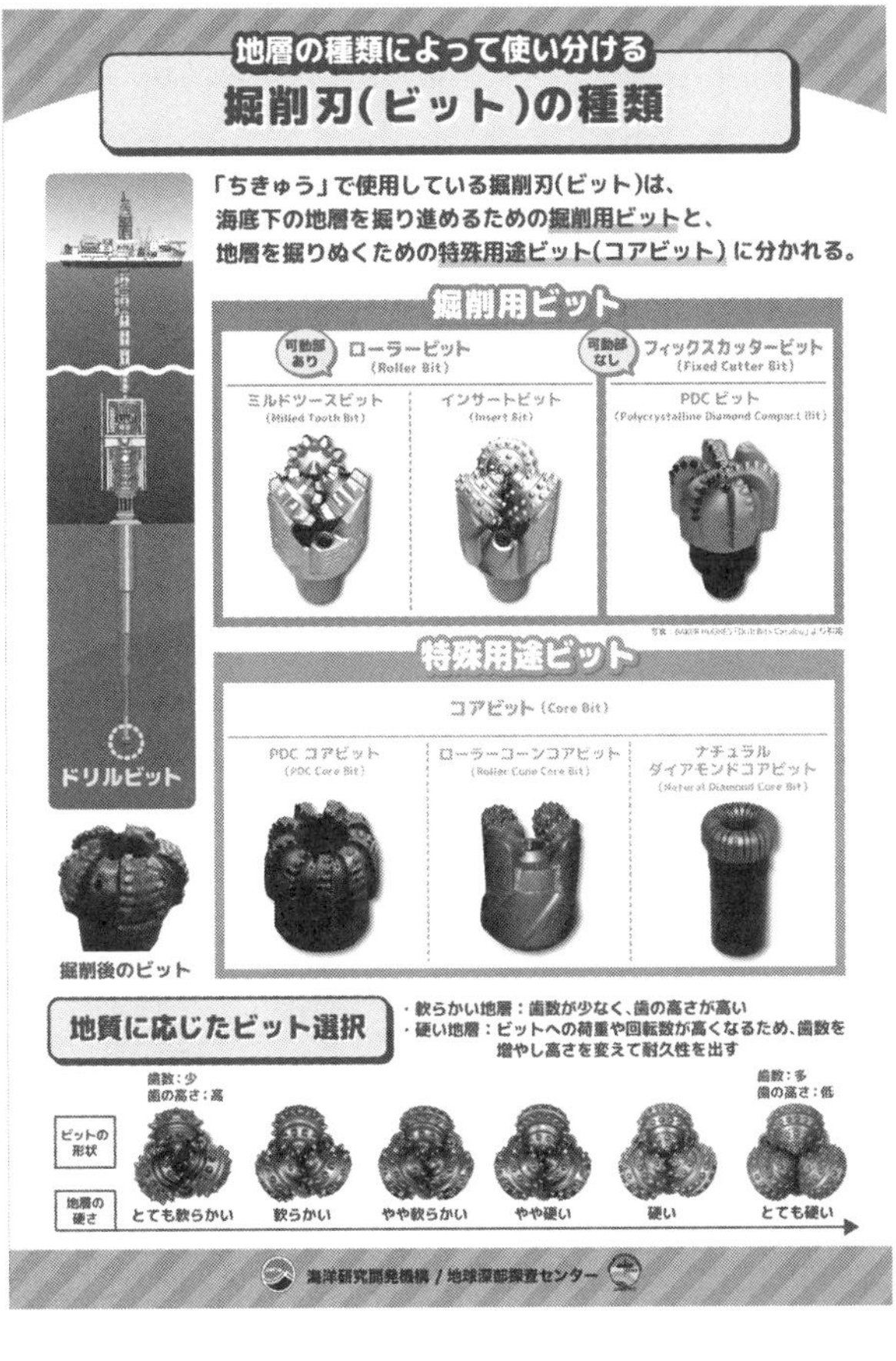
地層の種類によって使い分ける
掘削刃(ビット)の種類
「ちきゅう」で使用している掘削刃(ビット)は、
海底下の地層を掘り進めるための掘削用ビットと、
地層を掘りぬくための特殊用途ビット(コアビット)に分かれる。
ドリルビット
掘削用ビット
可動部あり
ローラービット
(Roller Bit)
ミルドツースビット
(Milled Tooth Bit)
インサートビット
(Insert Bit)
可動部なし
フィックスカッタービット
(Fixed Cutter Bit)
PDC ビット
(Polycrystalline Diamond Compact Bit)
特殊用途ビット
コアビット (Core Bit)
PDC コアビット
(PDC Core Bit)
ローラーコーンコアビット
(Roller Cone Core Bit)
ナチュラル
ダイアモンドコアビット
(Natural Diamond Core Bit)
掘削後のビット
地質に応じたビット選択
・軟らかい地層：歯数が少なく、歯の高さが高い
・硬い地層：ビットへの荷重や回転数が高くなるため、歯数を増やし高さを変えて耐久性を出す
歯数：少
歯の高さ：高
歯数：多
歯の高さ：低
ビットの形状
地層の硬さ
とても軟らかい
軟らかい
やや軟らかい
やや硬い
硬い
とても硬い
海洋研究開発機構 / 地球深部探査センター

に侵入しよう。彼らはみな、城壁もかんぬきも門もない所に住んでいる。』」

しかし、本当の利権国は日本なのですよ！

イザヤ45：1－3「主は、油そそがれた者クロスに、こう仰せられた。『わたしは彼の右手を握り、彼の前に諸国を下らせ、王たちの腰の帯を解き、彼の前にとびらを開いて、その門を閉じさせないようにする。わたしはあなたの前に進んで、険しい地を平らにし、青銅のとびらを打ち砕き、鉄のかんぬきをへし折る。わたしは秘められている財宝と、ひそかな所の隠された宝をあなたに与える。それは、わたしが主であり、あなたの名を呼ぶ者、イスラエルの神であることをあなたが知るためだ。』」

本書読者に特別開示する第三の原油のありか！

スタンダードオイル社がエジプトナイル川近郊に聖書の記述から原油のありかを特定して大発見したように。また次に聖書の記述からイスラエル国内に原油のありかを特定して大発見したように、私は第三の原油のありかを大発見してしまいました。

これはたまたま私が牧師として様々なメッセージをしているうちに気づいた大発見ですが、個人的には現地入りしてボーリングする資金も時間もありませんので、読者の皆様で実力者がおられましたら、ぜひチャレンジしてみてください。

そもそもお宝のありかを示す宝の地図なる聖書からわかっている莫大な富は、先述の通り、契約の箱です。まず、この土地を購入できれば、莫大なお宝がそこの地中に眠っています！

次にご提案できるのが、原油のありかです。前置きが長くなりましたが、これを理解するには、まず聖書の話を学ばなければなりません。

旧約時代のモーセと新約時代のパウロを学びながら比較検討すると、原油発見ポイントにつながります。

旧約時代のモーセと新約時代のパウロ、一見似ても似つかない二人を比較するとき、何千年もの時代を超えた二人の不思議な共通点が多くあります。

まず、彼らはいずれもヘブル人ですが、生後まもなく王の権威筋から迫害を受け、あわや殺される九死に一生を得るスリリングな体験がありました。一般人からの通常の迫害では殺害の意は稀な体験ですが、彼らの体験はいずれも王権筋からのものです。

モーセの場合は「生まれたヘブル人男児はすべて殺害せよ」というエジプトのパロ王の命令に

よる迫害でした。幼子モーセはその際、パピルス製のかごに瀝青と樹枝とを塗って防水加工を施したものに入れられてナイル川岸の葦の茂みの中に置かれ、たまたま水浴びに来たパロの娘がこれを見つけ、はしためにに引き上げさせたことによって救いを得ました。ここからモーセのエジプト新生活が始まります。

一方、パウロの場合は肉の生まれではなく霊的な生まれ変わりである新生体験以降まもなくすると、彼がキリスト者になったことを背信的な異端行為とみなしたユダヤ人たちから陰謀が企てられ、昼も夜も町の門を全部見張られました。パウロを見つけ次第、即刻殺害するためです。

使徒9：22、23「しかしサウロ（サウロはヘブライ語でラテン語はパウロ）はますます力を増し、イエスがキリストであることを証明して、ダマスコに住むユダヤ人たちをうろたえさせた。多くの日数がたって後、ユダヤ人たちはサウロ（パウロ）を殺す相談をした。」

そこでパウロの弟子たちは、幼子モーセのようにパウロをかごに乗せ、町の城壁伝いにつり降ろして死の試練を逃れさせました。後日、パウロはこの体験を振り返ってコリント教会員へ詳細にこう証言しています。

第二コリント11：31「主イエス・キリストの父なる神、永遠にほめたたえられる方は、私が偽りを言っていないのをご存じです。ダマスコではアレタ王の代官が、私を捕えようとしてダマスコの町を監視しました。そのとき私は、城壁の窓からかごでつり降ろされ、彼の手をのがれました。」

ダマスコに住むユダヤ人たちのパウロ殺害計画には、実にアレタ王の代官までもあるいは買収されたのか、全面協力していたのです。

これがモーセ同様、王権筋につながる国家権力サイドからの迫害体験です。

次にパウロとモーセ。時代の異なるまさに新旧約の代表的な主のしもべである二人の救い体験にも共通点が見られます。いずれも超自然的な神様との劇的な出会いから献身的な本当の信仰生活が始まりました。

モーセはそれまでの単に知識としてのヘブル人の神様を燃えるミデアンの荒野の柴の中から語られる御声を通じて知りました。炎がついているのに柴が燃え尽きないという不思議で大いなる光景の中、近づくと神様が火の中からモーセに語りかけ、彼をイスラエルの指導者としてその場で任命されました。

同じくパウロにおいてもダマスコに行く途上で復活の主イエス様が天からの光を照らす中から語られる御声を通じて知り、その場で今後のなすべき使命について啓示を受けています。モーセもパウロも一方的な予期せぬときに、神様を肉眼で直視ではなく、突然の光のうちに御声で啓示された共通点がここにありました。

使徒9：4、5「彼は地に倒れて、『サウロ、サウロ。なぜわたしを迫害するのか。』という声を聞いた。彼が、『主よ。あなたはどなたですか。』と言うと、お答えがあった。『わたしは、あなたが迫害しているイエスである。』」

さらに、共通事項はエジプト王子として各種の優れた富と教育を受けたモーセも、著名な律法学者ガマリエルのもとでパリサイ派として律法教育を厳格に受けたパウロも共に博学な人でした。

モーセは大きくなるまでヘブル人のうばとして母から養育されたので（出エ2：7）、ヘブライ語ができただけでなく、学問の盛んなエジプトの言葉や世界中の言葉も学んでいたと考えられます。

一方、パウロもまた、ヘブライ語以外、ギリシャ語（使徒21：37）も流暢に語れました。そのパウロは言います。

第一コリント14：19「教会では、異言で一万語話すよりは、ほかの人を教えるために、私の知性を用いて五つのことばを話したいのです。」

異言も一つの言葉ですが、一説では博学なパウロは文字通り「五つのことば」すなわち世界の五カ国語が話せたという面白解釈もあります。また、ダビデは五つのなめらかな石の一つでゴリヤテを倒しましたが、教会では他の人を教えて益を与えるため、知的な「五つのことば」、すなわち異言ではなく、会衆が聞いてわかる知性のことばで「五重の福音」を伝えることも有益です。

イエス様を信じると、
1、「罪が赦されて清い神様の子供になれます」
2、「病が癒されて健康になれます」
3、「呪いが解かれて経済が祝福されます」
4、「聖霊に満たされて勝利者になれます」
5、「復活の体をいただいて永遠命の天国に入れます」
ハレルヤ！

「イエス様を信じましょう！」という具合の「五つのことば」です。
モーセもパウロも諸国の語学と文学に精通した情報通の国際人でした。

ところが彼らは神様からフルタイムの献身者として召されると、過去の栄光も学歴も豊富な知識も情報通のアンテナもすべてを捨て去りました。人間的なものを頼みとせず、神様だけを頼みとして従い、人からの栄誉を一切求めないで神様からの栄誉だけを求めてフルタイム献身したという信仰姿勢は次の御言葉に示された通り偉大です。

モーセ
ヘブル11：24－27「信仰によって、モーセは成人したとき、パロの娘の子と呼ばれることを拒み、はかない罪の楽しみを受けるよりは、むしろ神の民とともに苦しむことを選び取りました。彼は、キリストのゆえに受けるそしりを、エジプトの宝にまさる大きな富と思いました。彼は報いとして与えられるものから目を離さなかったのです。信仰によって、彼は、王の怒りを恐れないで、エジプトを立ち去りました。目に見えない方を見るようにして、忍び通したからです。」

パウロ
ローマ3：4－9「ただし、私は、人間的なものにおいても頼むところがあります。もし、ほかの人が人間的なものに頼むところがあると思うなら、私は、それ以上です。私は八日目の割礼を受け、イスラエル民族に属し、ベニヤミンの分かれの者です。きっすいのヘブル人で、律法についてはパリサイ人、その熱心は教会を迫害したほどで、律法による義についてならば非難されるところのない者です。しかし、私にとって得であったこのようなものをみな、私はキリストのゆえに、損と思うようになりました。それどころか、私の主であるキリスト・イエスを知っていることのすばらしさのゆえに、いっさいのことを損と思っています。私はキリストのためにすべてのものを捨てて、それらをちりあくたと思っています。それは、私には、キリストを得、また、キリストの中にある者と認められ、律法による自分の義ではなくて、キリストを信じる信仰による義、すなわち、信仰に基づいて、神から与えられる義を持つことができる、という望みがあるからです。」

さらに、過去の栄光を全面放棄したという肯定的な信仰姿勢ばかりか、反対に彼らはマイナス面においても同じく、いずれも過去に殺人体験があり、心の傷も深く、主の中で悔い改めて赦され、生まれ変わった人たちです。

モーセは誤った愛国心で同胞の同国人であるヘブル人を助けようとエジプト人を打ち殺し（出エ2：12）、パウロも誤った律法主義で神様に奉仕していると信じて積極的に死刑に投票してクリスチャンを殺しました（使徒8：1、9：1）。いずれも当時は自分が正義の裁きつかさと信じて過ちを犯した二人です。

モーセを通じて現れた多数の奇蹟と同じくパウロを通じて現れた多数の奇蹟。

聖書を誰よりも多く書いた二人。そのメッセージまでもよく似ていて、時に旧約のモーセによるレビ記や新約のパウロによるヘブル書のように聖書中、最も難しく堅い箇所も神様に示されるそのままを彼らは記録しました。

数多い共通点がありますが、ここで彼ら最も大きく神様に用いられた二人に通じる特徴はやはりその心の姿勢にあります。まさにそれこそ彼らのうちに共通に働いた聖霊様によるイエス様と同じ聖なる思いです。これを体得したいものです。それは魂の救いに対する燃える愛の情熱です。

イエス・キリストから流れる人々に対するあふれるばかりの愛とあわれみ、実に自己犠牲さえまったくいとわないほどの本物の愛です。

イスラエルが偶像の鋳物の子牛を作り、それを伏し拝み、それにいけにえを捧げる大変な罪を犯したそのときです。モーセは命を張ってとりなし祈りました。

出エジプト32：31、32「そこでモーセは主のところに戻って、申し上げた。『ああ、この民は大きな罪を犯してしまいました。自分たちのために金の神を造ったのです。今、もし、彼らの罪をお赦しくだされるものなら――。しかし、もしも、かないませんなら、どうか、あなたがお書きになったあなたの書物から、私の名を消し去ってください。』」

モーセは「自分が天国の命の書から名前が削除されて、地獄に行ってもいいから、どうか彼らイスラエルを赦して助けてください！　天国に入れてあげてください！」と本気で神様にお願いしたのです。ものすごい祈りです。勇気ある我が身を捨てた言葉です。もちろん神様はモーセの願いを拒まれましたが、モーセの同胞の同国人を思う愛は限りなく大きく、十字架で全人類の身代わりとなって我が身に地獄の審判を受けたイエス様の御心によくよく似ています。

私たちもこのレベルの献身的な本気の祈りができるでしょうか？

「主よ！　この国の救いのためなら、私がどんなに犠牲となってもいいのです！　すべてを失ってもいいから彼らを赦して救ってください！」という祈りです。

私たちが今の時代、誰かの救いのために命を削って断食祈禱《きとう》を捧げるそのとき、時間を捧げて奉仕に献身するとき、すべては愛のゆえに支払われる代価と犠牲の表れであり、イエス様の御心を実践するそのときです。あなたの貴重で栄えある行動のとき、その与えられたチャンスと霊的祝福を逃さないでください。受けるより、与えるほうが幸いです。不平不満をつぶやくよりとりなし祈る者、憎むより赦す者、助けられるより願わくばチャンスがあれば助ける者になれれば幸いです。

命を張ってとりなし祈ったモーセ同様のパウロの祈りと願いです。

ローマ9：1－3「私はキリストにあって真実を言い、偽りを言いません。次のことは、私の良心も、聖霊によってあかししています。私には大きな悲しみがあり、私の心には絶えず痛みがあります。もしできることなら、私の同胞、肉による同国人のために、この私がキリストから引き離されて、のろわれた者となることさえ願いたいのです。」

なんと、モーセと同じ告白ではありませんか！　時代を超えても共通して主のしもべに生じる変わらない聖霊様の御心と御思い、「自分がどうなってもいいから、彼らを赦してお救いくださいい！」

それがイエス様の十字架で完結したアガペーの犠牲愛です。聖霊様は旧約のモーセ、新約のパウロ、そして私たちにも働かれ、同じ思いを与えてくださいます。それは主からの聖なる重荷です。救霊への情熱と強烈な願望、おしせまる重圧レベルの深いとりなし祈り、それは聖霊様によるものです。決して私たちを滅ぼす悪い思いではありません。むしろ私たちには、この聖なる重荷があるほうが本当に選ばれた霊的に目覚めた大物になれます。主なる神様は一人悩むモーセに語られました。

出エジプト11：17「わたしは降りて行って、その所であなたと語り、あなたの上にある霊のいくらかを取って彼らの上に置こう。それで彼らも民の重荷をあなたとともに負い、あなたはただひとりで負うことがないようになろう。」

聖霊様がモーセのみならずイスラエルのつかさである70人の長老の上にも置かれたので、彼らは使命感ある奉仕者に生まれ変わりました。

もし、魂の救霊に対する情熱や聖なる重荷が感じ取れないならば、聖霊様の満たしを祈り求める必要があります。本当に祈り、霊的現状に目覚めるならば、多くの心身共に病める人々、孤独な人々、私たちの助けを今、必要としている誰かが見えてきます。新旧約の著名な主のしもべに働かれた聖霊様は今も同じ思いを私たちに継続的に与えてくださいます。

パウロ記念館教会の下に大油田がある⁉

さて、モーセとパウロが共通点が多いということを、理解できたと思いますが、そうなると古代エジプトにはナイル川岸に油田があったと聖書から気づいたスタンダードオイル社同様の悟りがここにあります。

それは生まれてまだ幼いモーセがパピルスのかごに入れられて川岸に置かれて、王権筋の迫害から救われたように、同じ体験がパウロにおいては、新生と呼ばれるクリスチャンなった直後に、それは霊的にはまだ幼子のパウロの時代、アレタ王の迫害から逃れて、かごに入れられてエレベーターとして城壁伝いに吊り下ろされて九死に一生を得たことです。

いずれもかごで救われたわけですが、ここに共通点をもう一つ見出します。それは、モーセの救われた現場近くには真っ黒なコールタールの池のようなものがモーセの時代にはあったはずと、現代のスタンダードオイル社重役クリスチャンが考えたように、モーセが吊り下ろされたかごの着地点近くにも原油の湧くポイントがあったはずです！

調べてみるとそこは「ダマスコではアレタ王の代官が、私を捕えようとしてダマスコの町を監視しました。そのとき私は、城壁の窓からかごでつり降ろされ、彼の手をのがれました」（第二コリント11：31）とあるようにダマスコで城壁があった場所です。そこに原油の埋蔵ポイントが絶対あるはずです。

そこを調べてついに発見しました。ダマスコ南東のナバテヤ王国のアレタ王の代官が、パウロを捕えようと日夜、見張ったようですが、パウロを助けたのは、その弟子たちであったと説明されています。パウロにはこのときすでに弟子たちがいたようです。「彼の弟子たちは、夜中に彼をかごに乗せ、町の城壁伝いにつり降ろした」（25節）のです。その城壁とは、ダマスカス旧市街南東のバブ・キサン門の近くであるという言い伝えがあります。現在そこには「パウロ記念教会」が建っています（写真は内戦前のもの）。

ここです！　この教会を目印に、すぐその近くをボーリング調査してみてください。きっと地中から大油田が湧き出るに違いありません！

ただ、注意点が一点だけあります。この地図に示されたようにダマスカス＝ダマスコとも呼びますが、ダマスコの現場はシリアの真下に位置してほぼユダヤとの軍事境界線の境目ですが、領土的にはシリア領です。そこにはＩＳＩＬイスラーム過激派組織という、内戦が続くシリアで国家樹立を強行宣言したフル装備の怖い武装集団が大勢います。彼らは奴隷制導入や処刑による

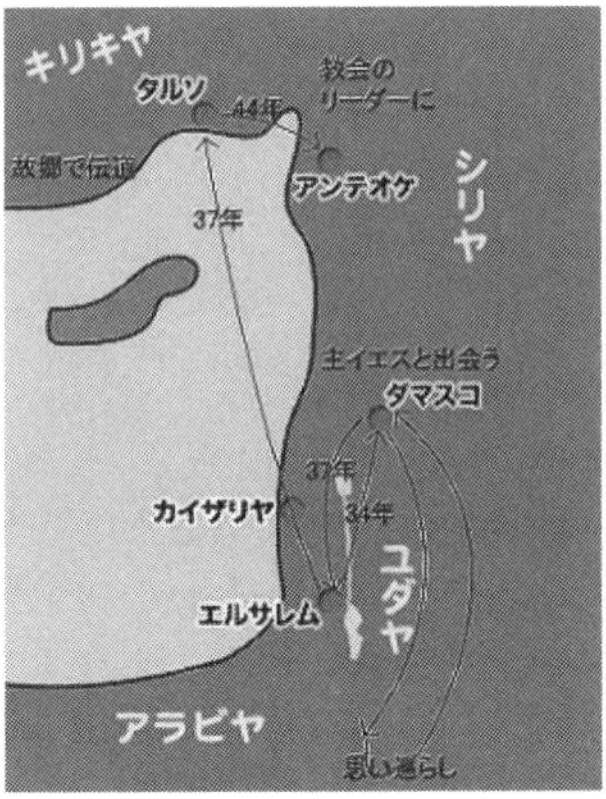

「パウロ記念教会」で展示用に飾られたパウロを乗せて吊り下ろした「かご」のレプリカ

「恐怖統治」で住民に問答無用の服従を強いて、米軍主導の「有志連合」の空爆作戦も長期化の様相を呈してうまくいっていません。

この難しい人たちをうまくかわして、仲良くなり、誰の主権国家かわからなくなっている無政府状態でも採掘許可を得て、まずは現地でのボーリング調査からチャレンジ開始となります。

時間的余裕と資金潤沢で勇気と実行力がある方、この機密情報を信じて、一攫千金に賭けてみませんか？　聖書は宝の地図です。間違いなく、そこには地中深くにたぶん、大油田が眠っているはずです。

イザヤ17：1－3「ダマスコに対する宣告。見よ。ダマスコは取り去られて町でなくなり、廃墟となる。アロエルの町々は捨てられて、家畜の群れのものとなり、群れはそこに伏すが、それを脅かす者もいなくなる。エフライムは要塞を失い、ダマスコは王国を失う。アラムの残りの者は、イスラエル人の栄光のように扱われる。――万軍の主の御告げ――」

宝の埋蔵地ダマスコは聖書の通り、今は廃墟！

ダマスコはシリアの首都で世界最古の都市の一つですが、過去に戦争に巻き込まれることはあっても人口大量流出はありませんでした。

しかし、２７００年前のイザヤによる預言通り今は人口１７０万人が3分の１にまで激減し、難民はヨーロッパに流れ込んで廃墟化が進行しています。

内戦原因は２００７年イスラエル防衛軍ＩＤＦが「イスラエルと地域全体への核の脅威を除去し、イスラエルの存在を脅かす能力を取り除く」ことが目的だとして、ダマスコ北東４５０キロにある未完成の北朝鮮製原子炉を空爆破壊しました。

当然にして周囲には放射性物質のヨード１３１、セシウム１３７、プルトニウム２３９、ストロンチウム90等が飛散したはずです。大量の放射性同位元素が存在するため、吸入しないよう重装備が必要です。体内にプルトニウムやセシウムを吸い込むと、ほぼ一生涯被曝が続き、発ガンします。

さらに2016年、イスラエル防衛軍IDFは、ヒズボラに運送されていた武器とダマスコの武器庫を攻撃破壊しました。理由は住民を楯に地下に埋蔵されている大量破壊兵器、汚染爆弾の生物兵器、化学兵器のVX神経ガス、サリンガス、塩素ガス、マスタードガス、核兵器によって何十万人も殺される可能性があったからだと主張します。

聖書の「ダマスコは取り去られて町でなくなり、廃墟となる」という預言はこれらの脅威から実現します。しかし、これらの障害を乗り越えてもっと深い地中を掘削ボーリングできれば変わらず油田が眠っています。

それから、契約の箱の埋蔵ポイントと油田埋蔵ポイントともう一つ、極秘お宝情報があります。ポイントは、イエス様を信じたら、将来、死んだ後のことですが、天国の都で金銀、宝石の大豪邸をいただけます。永遠の命と天国の美しい栄光の体もいただけます。天国は豊かで道路さえ純金で出来ています。これは間違いない確かな機密情報で権威筋からのトップシークレットです！

黙示録21：11－21「都には神の栄光があった。その輝きは高価な宝石に似ており、透き通った碧玉のようであった。…その城壁は碧玉で造られ、都は混じりけのないガラスに似た純金でできていた。都の城壁の土台石はあらゆる宝石で飾られていた。第一の土台石は碧玉、第二はサファイヤ、第三は玉髄、第四は緑玉、第五は赤縞めのう、第六は赤めのう、第七は貴かんらん石、第八は緑柱石、第九は黄玉、第十は緑玉髄、第十一は青玉、第十二は紫水晶であった。また、十二の門は十二の真珠であった。どの門もそれぞれ一つの真珠からできていた。都の大通りは、透き通ったガラスのような純金であった。」

黙示録22：12－14「『見よ。わたしはすぐに来る。わたしはそれぞれのしわざに応じて報いるために、わたしの報いを携えて来る。わたしはアルファであり、オメガである。最初であり、最後である。初めであり、終わりである。』自分の着物を洗って、いのちの木の実を食べる権利を与えられ、門を通って都に入れるようになる者は、幸いである。」

ヨハネ14：1－3「あなたがたは心を騒がしてはなりません。神を信じ、またわたし（イエス）を信じなさい。わたしの父の家には、住まいがたくさんあります。もしなかったら、あなたがたに言っておいたでしょう。あなたがたのために、わたしは場所を備えに行くのです。わたしが行って、あなたがたに場所を備えたら、また来て、あなたがたをわたしのもとに迎えます。わたしのいる所に、あなたがたをもおらせるためです。」

第八章

イスラエルの7つの祭りは、実はすべて日本・皇室で行われていること!

イスラエルで毎年、祝われている7つの恒例祭は、形を変えて日本の皇室でも毎年行われています。もともと、7つの祭りは旧約聖書に記された行事ですが、意味は7つともイエス・キリストの生涯のおもだった出来事を預言しています。
しかし、ユダヤ教徒も皇室も隠された本来の意味を気づかずにお祀りしています。隠された真意を学びましょう。まず50日間に4回ある春の祭り。

1．過越祭《すぎこしさい》（ペサハ）3～4月頃

レビ23：5「第一月の十四日には、夕暮れに過越のいけにえを主にささげる。」

過越祭は、イスラエルがエジプトから奴隷解放される日に、エジプト中の初子は滅ぼされましたが、同様の災害はイスラエル人の家を過越して、無事に祝福のカナンへ旅立てたことを記念しています。ただ小羊の肉を食べ、その血を家の門柱とかもいに塗りつけさえすれば、それが神様との契約のしるしとなり、滅びの災いは過越しました。

これは預言的に、イエス様が私から滅びの災いを過越して天国のカナンに旅立たせるために、十字架で肉体を裂かれて血を流して死なれたことを表します。

過越祭では、いけにえの小羊を4月10日に用意し、4日間吟味して後、14日の夕暮れ（日没から15日に入る）にほふって食しました。4日間も自宅飼育すれば、子供たちの心は小羊に愛情いっぱいです。しかし、最終日にほふられます。子供たちの嘆願する声が聞こえそうです。

「お父さん、メリーちゃんを殺さないで。もう大事な家族だから！」

しかし、人間の罪とは無情で恐ろしく、可愛い小羊をほふって血を流さなければ赦されないほど、厳しいものです。イエス様もそのようでした。弟子たちと過ごした3年半、イエス様の愛と清さが弟子たちを魅了し、愛情いっぱいになりました。しかし、イエス様は神の小羊、十字架で死ぬ運命で世に来られた救い主です。そんなイエス様について聖書は証言します。

第一ヨハネ1：1－2「初めからあったもの、私たちが聞いたもの、目で見たもの、じっと見、また手でさわったもの、すなわち、いのちのことばについて、このいのちが現れ、私たちはそれを見たので、そのあかしをし、あなたがたにこの永遠のいのちを伝えます。すなわち、御父とともにあって、私たちに現された永遠のいのちです。」

イエス様は日曜日にエルサレムに入場されましたが、その日も同じ4月10日。その後4日間パリサイ人や律法学者、サドカイ人らに吟味されましたが、罪は認められず、15日の朝に十字架にかけられ、日程がみごとに一致します。

第一コリント5：7「新しい粉のかたまりのままでいるために、古いパン種を取り除きなさい。あなたがたはパン種のないものだからです。私たちの過越の小羊キリストが、すでにほふられたからです。」

過越祭は、イエス様の十字架の死で完了しました！　新約時代の今はイエス様の十字架の血潮を感謝して心の門柱とかもいに塗りつければ、それが神様との契約のしるしとなり、滅びの災いは過越し、天国のカナンに入れます。

考古学者によると古代ヘブル人の居住区ゴシェンの住居跡の遺跡には共通した不思議な穴が玄関前に開いていました。それはエジプトを信仰で立ち去る古代ヘブル人の信仰告白です。「この家は立ち去るからもういらない」。だから玄関前の危険な場所にあえて穴を掘ったのです。穴は過越の小羊をほふる場所です。

イエス様を信じたら、私の中に聖霊様が住まわれて、神様の神殿となります。私の心の入り口の門柱である両サイドにはイエス様の右手と左手に打たれた釘から流れ出た血を適用して塗りましょう。上のかもいにも、頭部にいばらの冠を受けたイエス様の血を適用して塗りましょう。小羊をほふった穴の足元にはイエス様の両足に打たれた釘から流れ出た血を適用して塗りましょう。

こうすることで、それが神様との契約のしるしとなり、死の災いは過越し、罪悪のこの世という古いエジプトを出て、天国のカナンに向けた信仰生活の旅が始まります。こう祈りましょう。「父なる神様、私は心の入り口全体にイエス様の血を塗ります。滅びの災いが過越して罪の奴隷からも解放され、祝福の天国に旅立つようお守りください。イエス様の御名《みな》で祈ります。アーメン」

沖縄のカシチー祭は「過越祭」

日本では、過越祭は、カシチー祭や初詣《はつもうで》に形を変えました。

日本全国には様々な規模で30万以上の祭りがありますが、中でも過越祭の真意も知らずに、形を変えて、ほそぼそと行なっているのが、沖縄県の兼城《かねぐすく》のカシチー祭です。

南風原町《はえばるちょう》の伝統文化資料館によると「魔物や妖怪を追い払う行事」として、沖縄県南風原町で、過越祭の年代とほぼ同じ約３５００年前からカシチー祭が毎年行なわれています。

聖書の示す小羊もヒソプの木もない南風原町で、代わりに桑の葉とサンの束を、バケツに入っている牛の血に浸して自宅に持ち帰り、門柱とかもいに塗って神様に祈ります。角笛代わりにホラ貝も吹くカシチー祭は来日したユダヤ人による過越祭が本来の起源です。しかし、もうこの祭りはしなくていいです。イエス様の十字架の勝利の血潮が魔物や妖怪をすでに追い払って、救いを完了したからです。「イエス様の血潮でお守りください」と信じて祈れば悪霊どもは過越して逃げていきます。

元旦の初詣も、皇室の歳旦祭も過越祭

また逆に、大胆に大勢で行なわれている過越祭は、元旦の初詣です。正月になると、皇室では1月1日に年始を祝う祭祀、歳旦祭《さいたんさい》が行なわれ、日本国民は全国の身近な神社に初詣に行きます。警察庁の統計発表によると、初詣の人出は2008年に過去最高9818万人を記録、翌年には前年を上回る9939万人を突破しました。彼らが意味を知らずに神社で初詣参拝する対象は、神道の日本神話であり、象徴天皇です。

その神社の模型が家庭の神棚です。正月に玄関の両サイドに門松を置き、お餅をついて神棚に鏡餅として供え、しめ縄を新調したり、しめ飾りを付けます。1月7日の朝には野草の入った春の七草粥《ななくさがゆ》を食して15日まで新年を祝います。いったいこれらの習慣はどこから来たのでしょうか？　それが聖書の過越祭です。

出エジプト12：1「主は、エジプトの国でモーセとアロンに仰せられた。『この月をあなたがたの月の始まりとし、これをあなたがたの年の最初の月とせよ。』」

出エジプト12：6－8「あなたがたはこの月の十四日までそれをよく見守る。そしてイスラエルの民の全集会は集まって、夕暮れにそれをほふり、その血を取り、羊を食べる家々の二本の門柱と、かもいに、それをつける。その夜、その肉を食べる。すなわち、それを火に焼いて、種を入れないパンと苦菜を添えて食べなければならない。」

ユダヤの種を入れないナンみたいなパンが日本では鏡餅となり、苦菜は野草の入った春の七草粥となりました。

しかし、この真意は「種を入れないパン」は、罪のパン種のないイエス様を預言し、「苦菜」はイエス様の十字架の苦い苦しみを預言し、犠牲にほふられる「雄の小羊」は罪のしみも呪いの傷もない「男性イエス様」の十字架の死を預言します。

2．種なしパンの祭り　3～4月頃

レビ23：6「この月の十五日は、主の、種を入れないパンの祭りである。」

この祭りはイスラエルで7日間、先ほどのパン種を入れないパンを食べて過ごします（出エジプト12：15〜20）。しかし、現代では種なしパンの祭りは、イエス様が罪のない体と血を十字架で捧げたことで完了しましたから、私たちが罪を告白するとき、赦されます。罪から清めるイエス様に感謝しましょう。

第一コリント5：8「ですから、私たちは、古いパン種を用いたり、悪意と不正のパン種を用いたりしないで、パン種の入らない、純粋で真実なパンで、祭りをしようではありませんか。」

第一ヨハネ1：7－9「もし神が光の中におられるように、私たちも光の中を歩んでいるなら、私たちは互いに交わりを保ち、御子イエスの血はすべての罪から私たちをきよめます。もし、罪はないと言うなら、私たちは自分を欺いており、真理は私たちのうちにありません。もし、私たちが自分の罪を言い表すなら、神は真実で正しい方ですから、その罪を赦し、すべての悪から私たちをきよめてくださいます。」

御頭祭は種なしパンの祭りそのもの！

日本では、種なしパンの祭りは、御頭祭《おんとうさい》に形を変えました。

数万人単位で来日したユダヤ人の秦氏《はたうじ》は、原始キリスト教を信仰したユダ族の末裔で、彼らが住み着いた長野県の守屋山《もりやさん》の麓にある諏訪大社での奇祭、御頭祭は毎年、過越祭と同じ4月15日に捧げられ、過去75頭の鹿がいけにえとして捧げられていましたが、動物を捧げる儀式は農耕民族日本発祥ではなく、遊牧民族ユダヤ発祥です。

鹿の数は、かつて過越祭で75頭の小羊を捧げていたことからの伝統で、御頭祭のクライマックスは、御贄柱に少年が縄で縛られ、神官が小刀で少年を切りつけようとした瞬間、使者が現れて神官を止め、少年が解き放たれます。代わりに鹿75頭がいけにえとして捧げられます。聖書を知らないとまったく意味不明な奇祭でしょう。

聖書では守屋山＝モリヤ山で祭壇上、縛られた少年イサクをアブラハムが刀で切りつけようとした瞬間、天使が現れてアブラハムを止め、少年イサクが解き放たれます。代わりに雄羊一頭がいけにえとして捧げられます。

アブラハムは父なる神様、イサクは神様の独り子イエス様を象徴します。

ヨハネ3：16「神は、実に、そのひとり子をお与えになったほどに、世を愛された。それは御子を信じる者が、ひとりとして滅びることなく、永遠のいのちを持つためである。」

さらにイサクの身代わりに捧げられた罪なき「雄羊」もまた、「神の小羊」と呼ばれたイエス様の身代わりの死を象徴しています。雄羊は角をやぶにひっかけていたため逃げられなかったのですが、イエスの御頭の上にも煩《わずら》わしいやぶによく似た植物がまとわりついていました。それは十字架上のイエスの頭に、ローマ兵によって巻かれた、いばらで編んだ王冠を皮肉ったトゲの冠です。元来、「御頭祭」の名称はここからきているはずです。

雄羊の前足は関節の作りから、自力で頭上のやぶを取り除けないです。同様にイエス様の場合も、両手が十字架の横木に釘付けになっていたため、トゲの集合体であるいばらの冠を取り除くことができませんでした。額の流血は目も開けられないほどで、死の苦しみを増したものと考えられます。イサクの身代わりに捧げられた御羊のように、イエス様は人類の身代わりに十字架の祭壇に捧げられました。

諏訪大社の神ミサクチは、イサク（イエス）のこと

諏訪大社のもともとの神は、ミサクチと呼ばれていますが、これは「御（ミ）十イサク十（地）チ」と分解され、イサクの名前が発祥です。そのイサクの救いとは、神様の独り子イエス様が私たちの罪を除

くために十字架の祭壇上、いけにえとなられて死なれたこと、３日後にイエス様はよみがえって再び命を得たことを事前に型として表す行動だったのです。

イエス様の十字架の死と復活によって救いの道は完了しました。もはや鹿も小羊も少年も神官も必要ないです。私たちこれを信じる者は誰でも罪から自由に解放されます！

ローマ６：10－11「なぜなら、キリストが死なれたのは、ただ一度罪に対して死なれたのであり、キリストが生きておられるのは、神に対して生きておられるのだからです。このように、あなたがたも、自分は罪に対しては死んだ者であり、神に対してはキリスト・イエスにあって生きた者だと思いなさい。」

3. 初穂《はつほ》の祭り（ヨム・ハ・ビクリーム）

レビ23：10－11「わたしがあなたがたに与えようとしている地に、あなたがたがはいり、収穫を刈り入れるときは、収穫の初穂の束を祭司のところに持ってくる。祭司は、あなたがたが受け入れられるために、その束を主に向かって揺り動かす。祭司は安息日の翌日、それを揺り動かさなければならない。」

神楽祭は初穂の祭りから……

初穂の祭りは、イスラエルで3～4月に大麦収穫期を迎え「安息日の翌日」、過越祭後の最初の安息日（土曜日）の翌日である（日曜日）に行ないます。

過越祭が預言的にイエス様の十字架を意味しましたが、初穂の祭りはイエス様の復活の日と日程が一致します。

イエス様は「過越の小羊」として4月14日（木）に最後の晩餐である過越しの食事を摂られ、15日（金）に十字架に架かり、復活の初穂として17日（日曜日）の「初穂の祭り」によみがえりました。初穂の祭りは、イエス様が死から復活したことで完了しました。

第一コリント15：20－23「今やキリストは、眠った者の初穂として死者の中からよみがえられました。死が一人の人を通して来たのですから、死者の復活も一人の人を通して来るのです。アダムにあってすべての人が死んでいるように、キリストにあってすべての人が生かされるのです。しかし、それぞれに順序があります。まず初穂であるキリスト、次にその来臨のときにキリストに属している人たちです。」

初穂の祭りは収穫の初穂である大麦の束を祭司のところに持ってきて、祭司はそれを主に向かって揺り動かします。一度バサッと刈り取られて死んだ大麦を、祭司が生きているかのように主に向かって揺り動かすことが復活の表現です。イエス様の復活が私たちの将来の復活のモデルです。イエス様の復活に感謝しましょう。

第一コリント6：14「神は主をよみがえらせましたが、その御力によって私たちをもよみがえらせてくださいます。」

第一コリント15：52「終わりのラッパとともに、たちまち、一瞬のうちにです。ラッパが鳴ると、死者は朽ちないものによみがえり、私たちは変えられるのです。」

日本では、初穂の祭りは、神楽祭《かぐらさい》に形を変えました。

毎年、天岩戸神楽という祭りが全国の神社で人形を使って行なわれますが、それは天の岩戸の物語を原材とし天照大御神をたたえ、日本における祭祀、神楽の起源を語ろうとする目的です。その天の岩戸から出てくる主人公、天照大御神は、岩をくり抜いて作られた洞窟の墓から復活されたイエス様を表す架空の象徴的人物です。

4. 七週の祭り（シャブオット）5月～6月

レビ23：15「あなたがたは、安息日の翌日から、すなわち奉献物の束を持って来た日から、満七週間が終わるまでを数える。」

七週の祭りは、初穂の祭り（イエス様の復活）から50日後の日曜日に聖霊様が降り（使徒の働き2章）、教会が誕生したペンテコステ（ギリシャ語で50日の意味）を表します。ヘブル語で「シャブオット」、ギリシヤ語で「ペンテコステ」の日に聖霊様が降った完了を祝います。聖霊様をくださったイエス様に感謝しましょう。

テトス3：4－6「私たちの救い主なる神のいつくしみと人への愛とが現れたとき、神は、私たちが行った義のわざによってではなく、ご自分のあわれみのゆえに、聖霊による、新生と更新との洗いをもって私たちを救ってくださいました。神は、この聖霊を、私たちの救い主なるイエス・キリストによって、私たちに豊かに注いでくださったのです。」

御柱祭は七週の祭りのこと！

日本では、七週の祭りは、御柱祭《おんばしらさい》に形を変えました。

御柱祭は、長野県諏訪地方で行われる諏訪大社における最大行事、死者が出るほど危険な祭りに男たちはなぜ命をかけるのか。どのような由来でしょうか？

イスラエル人のある者は堕落してカナン人の女神アシュラ信仰を持っていましたが、来日以降、アシュラがハシラに変化し、「柱」信仰に変わったようです。その柱を山中から切り出し、危険を承知で滑り落とす様は、昔ソロモン王が神殿を立てるとき、レバノン山中から杉を買い取って、エルサレムまで運んだ大事業の伝承を彷彿させます。

中近東には緑が少なく、レバノン杉は2000年前も今と同じような状況で、1000m以上の山でしか採れなかったので、切り出すや否や大木は傾斜を勢いよく滑って下り、制御するのに大変危険を伴った命懸けの作業でした。しかし、神様の神殿建築のために資材となる柱輸送に命をかける、死んでも柱を離さない使命感、そんな意気込みが変形したのが、御柱祭の起源です。

レバノンからエルサレムまで、いかだの海上輸送もルートに入りますが、御柱祭のラストイベントで茅野市中河原と安国寺の境にある幅約40mの宮川をあえてルートに入れて越えるのも、この名残りでしょう。

第一列王記5：8－10「ヒラムはソロモンのもとに人をやって言わせた。『あなたの申し送られたことを聞きました。私は、杉の木材ともみの木材なら、何なりとあなたのお望みどおりにいたしましょう。私のしもべたちはそれをレバノンから海へ下らせます。私はそれをいかだに組んで、海路、あなたが指定される場所まで送り、そこで、それを解かせましょう。あなたはそれを受け取ってください。それから、あなたは、私の一族に食物を与え、私の願いをかなえてくださ い。』こうしてヒラムは、ソロモンに杉の木材ともみの木材とを彼の望むだけ与えた。」

以上がイスラエルの春の4つの例祭でした。その後、4カ月の休止期間があります。預言的には、教会時代の今が春の4つの例祭と、秋の3つの例祭の間の中間期、夏です。

レビ23：22「あなたがたの土地の収穫を刈り入れるとき、あなたは刈るときに、畑の隅まで刈ってはならない。あなたの収穫の落ち穂も集めてはならない。貧しい者と在留異国人のために、それらを残しておかなければならない。わたしはあなたがたの神、主である。」

イエス様の十字架から復活、聖霊様が注がれて今、春の4つの例祭はすでに完了しました。残りの秋の3つの例祭は今後、世の終わりに挑む私たちが実体験する魂の大収穫なるリバイバルとイエス様の再臨、天国です。

聖書の律法では収穫のとき、畑の隅々まで刈り取らないで貧しい者と在留異国人を救済するために落穂をわざと取り残しておく愛の配慮を教えています。彼らはそれを拾い集めて生活の糧とします。

教会史は2000年前が春の大収穫として、初代教会では大勢が救われました。しかし、今は取り残しを拾い集めるようにわずかです。しかし、今後、最も優れたシーズンである秋の大収穫が必ず来ます。これからは日本にも魂の大収穫なるリバイバルが来て、たくさんの人々がイエス様を信じて天国に入ります。

ですから、今後、秋の例祭3つが始まります。今は秋の収穫まで例祭のない夏の4カ月のようです。しかし、イエス様が言われました。

ヨハネ4：35「あなたがたは、『刈り入れ時が来るまでに、まだ四か月ある』と言ってはいませんか。さあ、わたしの言うことを聞きなさい。目を上げて畑を見なさい。色づいて、刈り入れるばかりになっています。すでに、刈る者は報酬を受け、永遠のいのちに入れられる実を集めています。それは蒔く者と刈る者がともに喜ぶためです。こういうわけで、『ひとりが種を蒔き、ほかの者が刈り取る』ということわざは、ほんとうなのです。わたしは、あなたがたに自分で労苦しなかったものを刈り取らせるために、あなたがたを遣わしました。ほかの人々が労苦して、あなたがたはその労苦の実を得ているのです。」

5．ラッパの祭り（ヨム・テルーア）9～10月

レビ23：24「第七月の第一日は、あなたがたの全き休みの日、ラッパを吹き鳴らして記念する聖なる会合である。」

イスラエルの民は、この日にラッパ（角笛）を吹き鳴らしました。ネヘミヤ8：2～12では「悲しんではならない」、「民はみな、行き、食べたり飲んだり、ごちそうを贈ったりして、大いに喜んだ」とあり、この日は喜びの日です。

これは預言的にイエス様の空中再臨の準備が完了です。花嫁である私たちを迎えに今後、天から降りてこられるイエス様を喜び感謝しましょう。

伝統的なイスラエルのしきたりでは、花婿は花嫁を迎えに彼女の住む町へ行き、彼女を自分の町へ連れ帰り婚礼を挙げます。迎えに行くタイミングは、花婿の家に部屋を増築するなどし場所を備えた後に、花婿の父が決めます。

イエスはこう言われました。

ヨハネ14：2、3「わたしの父の家には、住まいがたくさんあります。もしなかったら、あなたがたに言っておいたでしょう。あなたがたのために、わたしは場所を備えに行くのです。わたしが行って、あなたがたに場所を備えたら、また来て、あなたがたをわたしのもとに迎えます。わたしのいる所に、あなたがたをもおらせるためです。」

マタイ24：36「ただし、その日、その時がいつであるかは、だれも知りません。ただ父だけが知っておられます。」

第一コリント15：52「終わりのラッパとともに、たちまち、一瞬のうちにです。ラッパが鳴ると、死者は朽ちないものによみがえり、私たちは変えられるのです。」

第一テサロニケ4：16－18「主は、号令と、御使いのかしらの声と、神のラッパの響きのうちに、ご自身天から下って来られます。それからキリストにある死者が、まず初めによみがえり、次に、生き残っている私たちが、たちまち彼らといっしょに雲の中に一挙に引き上げられ、空中で主と会うのです。このようにして、私たちは、いつまでも主とともにいることになります。こういうわけですから、このことばをもって互いに慰め合いなさい。」

4カ月の中間時代（世界宣教の時代）の後には、イエス様の空中再臨が来ます。テサロニケのクリスチャンは、この御言葉によって慰め合いました。

新嘗祭の起源もやはり聖書！

日本では、ラッパの祭りは、新嘗祭《にいなめさい》に形を変えました。11月23日に、天皇は五穀の新穀を供え、自らもこれを食べ、その年の収穫に感謝する（収穫祭）と共に、神の御霊を身に体して生命を養うそうです。

最近、天皇即位にあたって天皇即位後最初に行なう新嘗祭である大嘗祭《だいじょうさい》を行なっている報道がされていました。しかし、起源はイスラエル、真意はイエス様の再臨を祝うものです。

6．贖罪《しょくざい》の日（ヨム・キプール）9～10月

レビ23：27「特にこの第七月の十日は贖罪の日、あなたがたのための聖なる会合となる。」

この日の特徴は「身を戒める」ことにあり（民数記29：7）、捧げものはイスラエルの民全体の罪をあがなうためです。彼らはこれを最も厳粛な日として、神様の御前に悔い改めを徹底しました。

これは預言的には大患難時代を意味し、私たちにとっては空中7年婚宴の準備完了を意味します。新郎イエス様に感謝しましょう。

贖罪の日には、アザゼルのためのくじに当たった山羊を捧げて、それを罪のためのいけにえとします。山羊は、アザゼルとして不毛の荒野に放たれますが、それは死を意味します。山羊は、イエス様が私たちの罪を背負わされて宿営の外、エルサレム城外ゴルゴタの十字架で死なれる預言です。

贖罪の日は、日本で大祓となった……

日本では、贖罪の日は、大祓《おおはらい》に形を変えました。

民間では、毎年の犯した罪やけがれを除き去るための除災行事として定着しました。12月31日の大晦日《おおみそか》には一年の間に受けた罪けがれを祓うために、大晦日大祓《おおつごもりおおはらい》が宮中ならびに全国の神社で行なわれます。

7．仮庵《かりいお》の祭り（スコット）9～10月

レビ23：34「この第七月の十五日には、七日間にわたる主の仮庵の祭りが始まる。」

この祭りは、出エジプト後にイスラエルの民がシナイの荒野を旅したことを記念します。7日間の祭り期間に、雄牛70頭がいけにえとして捧げられました（民数記29：12～34）。1日目は13頭、2日目は12頭、3日目は11頭と1頭ずつ少なくなり、7日間で合計70頭になります。そのいけにえは、ノアの子供から派生した70の異邦人の国々（創世記10章）のためと考えられます。

これは預言的には千年王国と天国を表し、永遠の命にあずかる準備完了です。天国に入れてくださるイエス様に感謝しましょう。

祇園祭は仮庵の祭りのこと

千年王国は、イエス様と教会の結婚披露宴にたとえられます（マタイ22：1～14）。

イスラエルの伝統的な披露宴は、仮庵の祭りの期間と同じく7日間続きます。

祭りの期間、庭にスカーという仮小屋を建てて住みながらお祝いしますが、ユダヤ人がエジプトから脱出し、荒野を旅した時代に、仮庵に住んだことを記憶する祭りで、この時期にイスラエル旅行すると、様々な場所に仮小屋が建ち、まるでホームレス村のような状態ですが、これは楽しい祭です（ゼカ14：16〜19）。仮庵の材料は、美しい木の実、なつめやしの葉、茂り合った木の太枝、川縁の柳。仮庵の祭りは天国の家を象徴します。

日本では、仮庵の祭りは、祇園祭《ぎおんまつり》に形を変えました。

ギオンに似た呼び名のイスラエルのシオン祭と同じく1カ月間祝います。

起源は聖書のノアの洪水からの救いが7月17日です。祇園祭で、山車《だし》の一種、山鉾《やまぼこ》巡行がピークを迎えるのも同じ日です。ですからイスラエルのスカーという仮小屋も日本の山車も山鉾も元来はノアが箱舟で洪水を逃れ、ユダヤ人がエジプトの奴隷から逃れたように、自由と解放を喜ぶ天国の家を象徴します。

イエス様は十字架の上で「完了した」（テテレスタイ）と叫んで死なれました。イスラエルの７つの祭りはイエス様によって完了して終わりを告げたという意味です。

連動してそれを受けた日本の皇室、神道の７つの祭りも完了して終わりを告げています。

今はただ一度、神様であられるイエス様が十字架で死んで３日目に復活されたことを信じるだけで誰でも救われて天国に入れます。イエス様の救いにはこれら7つの祭りの意味がすべて含まれていたのです。それゆえイエス様は言われました。

ヨハネ4：21－24「イエスは彼女に言われた。『わたしの言うことを信じなさい。あなたがたが父を礼拝するのは、この山でもなく、エルサレムでもない、そういう時が来ます。救いはユダヤ人から出るのですから、わたしたちは知って礼拝していますが、あなたがたは知らないで礼拝しています。しかし、真の礼拝者たちが霊とまことによって父を礼拝する時が来ます。今がその時です。父はこのような人々を礼拝者として求めておられるからです。神は霊ですから、神を礼拝する者は、霊とまことによって礼拝しなければなりません。』」

ヨハネ14：6「イエスは彼に言われた。『わたしが道であり、真理であり、いのちなのです。わたしを通してでなければ、だれひとり父のみもとに来ることはありません。』」

これらは、函谷鉾《かんこぼこ》の見事な前掛けと言われますが、題材は「イサクに水を供するリベカ」、「イサクの嫁選び」です。

重要文化財で、16世紀末のベルギー製ということですが、日本の神道なのになぜ中東の絵の数々？　しかも聖書の物語！　祇園祭は、明らかに聖書のシオン祭です。

山鉾

熱海城に展示されている山鉾の模型。昔からこのような山車です。しかし、気になるのはそこに掲げられた刺繍の絵。それがこれです

イラクのバグダッド宮殿

ピラミッド

聖書のイサクに水を供するリベカ

聖書のイサクの嫁選び物語の一場面

祇園祭では「エンヤラヤー」と掛け声しますが、「私はヤハウェの神を讃える」の意味です。

「イサクに水を供するリベカ」と「イサクに水を供するリベカ」は、いずれも聖書の創世記22章に出てくる一連のストーリーです。その意味は何でしょうか？

その意味に祇園祭の本当の意味が隠されています。それはイサクとリベカの結婚物語です。つまり私たちにとってのシオン祭とは、近い将来、花婿イエス・キリストと花嫁なる教会は結婚して愛されて天国に入るという意味です。その象徴であって、もはや祇園祭もイスラエル7つの祭りのすべても意味がないのです。

私は大学生のとき、アルバイトの掲示板で見つけた「山《だ》車《し》」に関わったことがあります。一日だけでしたが、変わったバイトだと思いました。事実、仕事は変でした。札幌の市内を何百人という祭り関係者たちがタイヤのついた大きな「山車」を中心に踊りながら練り歩くものです。

私はなぜかその中で一番簡単な仕事、「山車」の一番上に乗って座り、稀に住宅街で電線が近づいてきたときだけ、背の高い「山車」に引っかからないよう長い棒で持ち上げる単純作業でした。沿道に人の多い場所に来ると、これ見よがしにハンドルを回して「山車」内蔵の大きな人形を下から上に登場させることも業務でした。ほとんど仕事はなく座っているだけでしたが、眺めていると市内中心部で何万人と集う大群衆の中、私の乗る「山車」に向かって手を合わせる高齢者たち、寄付金を捧げる人たちが大勢いました。内心、馬鹿だなと思いました。「こんなものただの作った偶像の人形で、神秘的な力も御利益もない金集め、大半のスタッフはバイトなのに」

しかし、市内中心部で特に沿道に群衆が多い場所に来ると、あれだけ多い群衆の中、反対を表明する変わった人たちを発見しました。彼らは「山車」に向かって持ち手のついた黒い看板の板を持ち上げましたが、そこには白い字で「悔い改めよ。聖書」と書いていました。今考えると、あの人たちは勇気ある丸森伝道隊というクリスチャンたちです。私はその言葉がなぜか、心に残りました。あれだけ何万人と沿道に群衆がいて「山車」と踊り、仮装された祭り衣装を面白がっているのに、ごくごく少数派の彼らだけは「皆と違う見解の、何かが違う人たちだ。でも彼らは正しい」。そう思いました。

今、自分は悔い改めて聖書の神の子イエス・キリストを救い主と信じた牧師ですが、「山車」には、なんの力も御利益もありません。当時の私は初めから参加していたわけではない一アルバイトでしたが、主催者たちでさえ、「山車」なんか信じていないし、拝んでもいないです。まったくの嘘の金集め目的のパフォーマンスです。それどころか、神ならぬものを神として祀ることは、本当の神様に対する冒瀆《ぼうとく》であり、大罪です。冷静になって一人静まり考えるなら聖書が正しいこと、創造者の真の神様がおられることがわかるはずです。

イザヤ44：6－11「イスラエルの王である主、これを贖う方、万軍の主はこう仰せられる。『わたしは初めであり、わたしは終わりである。わたしのほかに神はない。わたしが永遠の民を起こしたときから、だれが、わたしのように宣言して、これを告げることができたか。これをわたしの前で並べたててみよ。彼らに未来の事、来たるべき事を告げさせてみよ。恐れるな、おののくな。わたしが、もう古くからあなたに聞かせ、告げてきたではないか。あなたがたはわたしの証人。わたしのほかに神があろうか。ほかに岩はない。わたしは知らない。偶像を造る者はみな、むなしい。彼らの慕うものは何の役にも立たない。彼らの仕えるものは、見ることもできず、知ることもできない。彼らはただ恥を見るだけだ。だれが、いったい、何の役にも立たない神を造り、偶像を鋳たのだろうか。見よ。その信徒たちはみな、恥を見る。それを細工した者が人間にすぎないからだ。彼らはみな集まり、立つがよい。彼らはおののいて共に恥を見る。』」

アブラハムの契約、ダビデの契約、そしてもう一つの万世一系

創世記の記録では、神様は100歳で生まれた独り子イサクをモリヤ山で神様にいけにえとして捧げる過酷な命令に従順したアブラハムを喜ばれ、信仰の父と称賛して契約されました。

創世記22：15−17「主の使いは、再び天からアブラハムを呼んで、仰せられた。『これは主の御告げである。わたしは自分にかけて誓う。あなたが、このことをなし、あなたの子、あなたのひとり子を惜しまなかったから、わたしは確かにあなたを大いに祝福し、あなたの子孫を、空の星、海辺の砂のように数多く増し加えよう。そしてあなたの子孫は、その敵の門を勝ち取るであろう。あなたの子孫によって、地のすべての国々は祝福を受けるようになる。あなたがわたしの声に聞き従ったからである。』」

このアブラハム契約はアブラハムの子孫を無数に増やし、彼らは強国の支配者となり、全世界で繁栄して、祝福の基になるという約束です。

この契約通りアブラハムの子イサクからヤコブが生まれ、ヤコブからイスラエルの12部族長たちとなる12人が生まれました。そのうちの一人ユダ族長の子孫からダビデ王が生まれ、南ユダ族

の万世一系の王族が始まりました。神様がダビデ王をも選んで、その子孫たちが代々王となり、統治するダビデ契約を結ばれたのも、ダビデ王が徹頭徹尾、神様に従順したからです。

ダビデ王のユダ族からの万世一系（皇室）はイエスとも直系！

日本の皇室はギネスブックにも載っている世界最古の王朝です。
歴史の長い王室ランキングでは、
1位　日本（BC660年〜）
2位　モナコ（AD1297年〜）
3位　ブルネイ王国（AD1405年〜）
4位　リヒテンシュタイン（AD1608年〜）
5位　モロッコ（AD1631年〜）
……と続きますが、数え方によっては
1位　日本
2位　デンマーク王国
3位　イギリス王室
4位　スペイン王国

5位　スウェーデン王国

となります。しかし、日本の場合はただ単に歴史がダントツに長いだけでなく、同じ血族の男子男系の万世一系が徹頭徹尾、継承されてきた類い稀なる特徴があります。

それは神様がダビデ王との間で契約されたダビデ契約のため、皇室という王朝は代々、王が絶えない奇蹟が現代まで続いているのですが、イスラエル国内でダビデ王から南ユダ滅亡までの約400年間と、その後、ユダ族の神武天皇、来日以降の皇室史約2600年を加えると、実に3000年もの長きにわたって万世一系が途切れずに続いていることです。驚くべき奇蹟の連続であり、背後に神様の契約と不可視な守りを悟って認める人は幸いです。

しかし、ここに意外に知られていない、もう一つの驚くべき奇蹟の万世一系があります。ダビデ王のユダ族が来日して強国の天皇となって栄えただけでなく、ダビデ王の霊的子孫は、来日しなかったユダ族の民間でもイエス・キリストまで系図が代々つながっているという新事実です。聖書は証言します。

マタイ1：6－16「ダビデに、ウリヤの妻によってソロモンが生まれ、ソロモンにレハブアムが生まれ、レハブアムに……ヤコブにマリヤの夫ヨセフが生まれた。キリストと呼ばれるイエスはこのマリヤからお生まれになった。」

このマタイの福音書を系図にすると、

ダビデ↓ソロモン（ダビデの子）↓レハブアム（ソロモンの子）↓アビヤ（レハベアムの子）↓アサ（アビヤムの子）↓ヨサパテ（アサの子）↓ヨラム（ヨシャパテの子）↓ウジヤ↓ヨタム↓アハズ↓ヒゼキヤ↓マナセ↓アモン↓ヨシヤ↓エコニヤ↓サラテル↓ゾロバベル↓アビウデ↓エリヤキム↓アゾル↓サドク↓アキム↓エリウデ↓エレアザル↓マタン↓ヤコブ↓ヨセフ↓イエス・キリスト。

となりますが、これぞ！　クリスマスに連結するダビデ王の真の霊的子孫、神のイスラエルです！　一方、天皇につなぐ王位継承したユダ王族の系図ではダビデ王からヨラム（ヨシャパテの子）までではこれと同じですが、その次代から人物が違いました。ユダ王族の万世一系の系図では、ヨラム王（ヨシャパテ王の子）の次はアハズヤ王（ヨラム王の子）となっています。その後も、マタイの福音書の系図とは、違います。

アハズヤ王（ヨラム王の子）↓ヨアシュ王（アハズヤ王の子）↓アマツヤ王（ヨアシュ王の子）↓ウジヤ王（アマツヤ王の子）↓ヨタム王（ウジヤ王の子）↓アハズ王（ヨタム王の子）↓ヒゼキヤ王（アハズ王の子）↓インマヌエル王（神武天皇）（ヒゼキヤ王の子）↓歴代天皇

125代→現在126代目 今上天皇

同じユダ族でもバビロン捕囚以降に日本国内とイスラエル国内の2種類の系図がある、この違いは何でしょうか？

黙示録5：5ではこれについて

「見なさい。ユダ族から出た獅子、ダビデの根が勝利を得たので、その巻き物を開いて、七つの封印を解くことができます。」

とありますが、イエス・キリストは「ユダ族から出た獅子、ダビデの根」なるお方で、天国から来てユダ族の歴史に割って入った王の王です。

神様が人類史に介入されて、地上のダビデ王の子孫と天国の王イエス・キリストの歴史が一つに結ばれました。この霊的なリンクによる「神が人となった」のが、イエス・キリストの新契約、天国の万世一系です。

マタイの福音書の系図はヨラム王以降、実際の統治者だった当時の王ではない人々の名前もつらなっています。ヨセフ→イエス・キリストなどは典型的で、ヨセフは統治者の王でなく、大工です。しかし、このマタイの福音書の系図は職業としての王ではなく、霊的な意味での王たち、すなわち信仰者たちをイエス様までつないだもう一つの系図なのです。その信仰者たちについてペテロはこう言いました。

第一ペテロ2：9「あなたがたは、選ばれた種族、王である祭司、聖なる国民、神の所有とされた民です。それは、あなたがたを、やみの中から、ご自分の驚くべき光の中に招いてくださった方のすばらしいみわざを、あなたがたが宣べ伝えるためなのです。」

この意味はイエス・キリストを「王の王」として心に受け入れて信じた信仰者たちは、神様が王権を与えて天国で永遠に生きる「王である祭司」にしてくださる永遠の命の契約なのです。新生した神の子となって霊的に生まれ変わり、救われます。

これこそ最重要な、もう一つの同じ血族による王族が絶えない永遠の万世一系なのです。

代々流れる血統の血流はイエス・キリストの十字架から王位継承されます。その系図に連係して組み込まれる現代の王は、イエス様を神様の独り子、救い主、王の王と信じるあなたです！イエス様以降はあなたが霊的な王位継承者となって永遠まで最強の王国を統《す》べ治める王の一人になります。系図は永遠に続きます。

「……聖霊によってマリヤにイエス・キリストが生まれ、イエス・キリストにあなたが生まれる！」

イザヤ60：21－22「あなたの民はみな正しくなり、とこしえにその地を所有しよう。彼らはわたしの栄光を現す、わたしの植えた枝。わたしの手で造ったもの。最も小さい者も氏族となり、最も弱い者も強国となる。時が来れば、わたし、主が、すみやかにそれをする。」

第九章

祇園祭は新郎イサク（イエス）とリベカの結婚物語

祇園祭はイエスと私たちの結婚物語⁉

祇園祭は新郎イエス・キリストと新婦である私たちの結婚物語です。その意味をさらに深く考察しましょう。祇園祭の2枚の絵は聖書の創世記24章1～21節の御言葉です。

創世記24：4－16「『あなたは私の生まれ故郷に行き、私の息子イサクのために妻を迎えなさい。』しもべは彼に言った。『もしかして、その女の人が、私についてこの国へ来ようとしない場合、お子を、あなたの出身地へ連れ戻さなければなりませんか。』アブラハムは彼に言った。『私の息子をあそこへ連れ帰らないように気をつけなさい。私を、私の父の家、私の生まれ故郷から連れ出し、私に誓って、〈あなたの子孫にこの地を与える〉と約束して仰せられた天の神、主は、御使いをあなたの前に遣わされる。あなたは、あそこで私の息子のために妻を迎えなさい。もし、その女があなたについて来ようとしないなら、あなたはこの私との誓いから解かれる。ただし、私の息子をあそこへ連れ帰ってはならない。』」それでしもべは、その手を主人であるアブラハムのもものの下に入れ、このことについて彼に誓った。しもべは主人のらくだの中から十頭のらくだを取り、そして出かけた。また主人のあらゆる貴重な品々を持って行った。彼は立ってアラム・ナハライムのナホルの町へ行った。彼は夕暮れ時、女たちが水を汲みに出て来るころ、町の外の井戸のところに、らくだを伏させた。そうして言った。『私の主人アブラハムの神、主よ。きょう、私のためにどうか取り計らってください。私の主人アブラハムに恵みを施してください。ご覧ください。私は泉のほとりに立っています。この町の人々の娘たちが、水を汲みに出てまいりましょう。私が娘に〈どうかあなたの水がめを傾けて私に飲ませてください〉と言い、その娘が〈お飲みください。私はあなたのらくだにも水を飲ませましょう〉と言ったなら、その娘こそ、あなたがしもべイサクのために定めておられたのです。このことで私は、あなたが私の主人に恵みを施されたことを知ることができますように。』こうして彼がまだ言い終わらないうちに、見よ、リベカが水がめを肩に載せて出て来た。リベカはアブラハムの兄弟ナホルの妻ミルカの子ベトエルの娘であった。この娘は非常に美しく、処女で、男が触れたことがなかった。」

祇園祭の真意、イサクの花嫁捜しから教訓を得たいと思います。

父・子・聖霊の神様の働き、おのおの役割がこの「イサクの花嫁捜し」を通じてより一層わかりやすくなります。アブラハムとその子イサクは天の父なる神様とひとり子イエス・キリストの姿を象徴しています。大富豪のアブラハムは父なる神様を象徴します。その子イサクはイエス・キリストを象徴する人物です。アブラハムは自分の寿命が来て死ぬ前に我が子の結婚を見たいと願い、最年長のしもべを選んで彼を自分の故郷へと花嫁捜しの旅に遣わしました。

最年長のしもべは10頭のラクダを取り、貴重な品々をそれぞれ10頭のラクダに乗せ、主人アブラハムが指定したアラム・ナハライムのナホルの町に行きました。このしもべは聖霊様を象徴します。長い時間、砂漠を越えてようやく町に到着します。夕暮れ時、しもべはイサクの花嫁探しのために遣わされたわけですが、花嫁といってもたくさんいる娘たちの中からどの人がイサクの花嫁であるかを見分けることは非常に難しいことです。ただこのしもべにおいては、神様を信じる信仰があったので、井戸のほとりにやってきたとき、神様にこう祈りました。今から来る娘に「どうか少し水を飲ませてください」と要求します。娘は水をくれるだけではない。「連れてきた10頭のラクダにも水をのませて差し上げましょう」と自ら申し出て、ラクダ10頭にも水を注ぐような、積極的で気配りのできる女性。もしそんな女性が現われたら、それをしるしとして、その人がイサクの花嫁であると。彼はしるしを求める祈りをしました。

なんと、彼の祈りが終わらないうちに女性がやってきました。それがリベカでした。この娘は非常に美しく、処女で、男が触れたことがなかった。彼女は泉に降りていき、水がめに水を満たし、そして上がってきた。

このようなリベカを見たときに、「まさにこの人だ」と思いましたが、彼は質問します。「どうか、あなたの水がめから、少し水を飲ませてください」

すると彼女は答えて「どうぞお飲みください。だんなさま」

この見ず知らずの旅人である最年長のしもべに、リベカは素早く手に水がめをとっておろし、水を充分に汲んできて奉仕をします。そして、しもべは祈りの内容は明かさず「主が自分の旅を成功させてくださったかどうかを知ろうと、黙って彼女を見つめ」（創世記24：21）ていると、彼女は自ら自発的に言いました。

創世記24：19、20「彼に水を飲ませ終わると、彼女は、『あなたのらくだのためにも、それが飲み終わるまで、水を汲んで差し上げましょう。』と言った。彼女は急いで水がめの水を水ぶねにあけ、水を汲むためにまた井戸のところまで走って行き、その全部のらくだのために水を汲んだ。」

彼女は急いで水がめの水を水ぶねに空け、水を汲むためにまた井戸の所まで走っていき、全部のラクダのために10頭分、水を汲んだのです。

自分の旅を主が成功させてくださったかどうか知ろうと黙って彼女の奉仕をじっと見つめていたしもべは、ラクダ10頭全部に水を飲ませ終わったそのとき、重さ1ベカの金の飾り輪、腕には重さ10シェケルの二つの腕輪、さらに耳に金の耳輪、鼻に金の鼻輪……。これらのプレゼントをしました。

そして、しもべはリベカに尋ねました。

「あなたは、どなたの娘さんですか。どうか私に言ってください。あなたの父上の家には、私どもが泊めていただく場所があるでしょうか？」

リベカは答えます。

「私はナホルの妻ミルカの子ベトエルの娘です。私たちの所には、わらも、飼料もたくさんあります。それにまたお泊まりになる場所もあります」

そこで、このしもべはひざまずて神様を礼拝してこう言います。

「私の主人アブラハムの神、主がほめたたえられますように。主は私の主人に対する恵みとまことをお捨てにならなかった。主はこの私をも途中つつがなく、私の主人の兄弟の家に導かれた」

その娘リベカは走って行って、自分の母の家の者に、これらのことを兄ラバンと母に告げました。彼らが見ると、今までなかった彼女に与えられた装飾品が輝き、なんと彼女の腕には金の腕輪、鼻には金の飾り輪、それを見たら明らかに彼女が今、何らかの大富豪と謁見し関わったとはっきりとわかります。そして彼女は「あの人が私にこう言われました」とその旨を告げます。彼女の母、兄ラバンにしても悪い気はしません。この縁談は大富豪との結納ですから。

彼らはこのしもべを大歓迎します。

「どうぞおいでください。主に祝福された方。どうして外に立っておられるのですか。私は家と、らくだのための場所を用意しております」と。

こうしてアブラハムのしもべはリベカの家に招かれ、ラクダの荷は解かれ、ラクダにはわらと飼料が与えられ、その人の足と、その従者たちの足を洗う水も与えられました。リベカの兄ラバンは、ご馳走でもてなそうとします。しかし、しもべはこう言います。

「私の用向きを話すまでは食事をいただきません」

最優先したのは縁談話です。ラバンは「お話しください」と答えます。そこで、しもべは経緯を話しました。

要約すると、「主人アブラハムは羊・牛・銀・金・男女の奴隷、ラクダやロバを持つ大富豪。そのご子息がイサク。ご子息の花嫁捜しに今私はやってきました。しるしを求める祈りを神様に捧げて、その通り行動したのが、リベカさんでした……」というのです。

なぜ井戸がリベカとの出会いの場となったのか⁉

こうしてこの縁談はみごとにまとまり、リベカがイサクの花嫁となるわけです。

小説として読んでも、素晴らしい感動的な純文学と言えるでしょう。しかしここから私たちへ神様からの教訓があります。

もし教訓がなかったら、単なる他人の結婚話。「いったい何なんだろうか」となりますが、これが私に関わる話です。

冒頭でご説明したように、このアブラハムは父なる神様を象徴しています。イサクは独り子イエス・キリストを象徴します。今、天の父なる神様は、その独り子イエス・キリストのために、大いなる天国を相続するべく選ばれた花嫁を探していらっしゃいます。どこで探すのでしょうか？　それは井戸場です。なぜ最年長のしもべは井戸のほとりに座って、そこで待っていたのですか？

娘たちなら市場にいるし、公園にもいるでしょう。広場もあるのに、なぜ井戸ですか？　理由があります。教会は命の泉が湧き出る井戸場のような所です。教会はキリストの体。そして一切のものを一切のもので満たす方の満ちておられる所です。イエス様は言われました。井戸に対して、

「この水を飲むものはだれでもまた渇きます。しかし、私が与える水を飲むものはだれでもけっして渇くことがありません。私が与える水を飲むものはその人のうちで泉となり、永遠の命の水がわきでます」と。

これは後になって受ける聖霊様を指して言われたのです。この世の井戸の水は飲んでもまた喉が渇く。でも、「聖霊の命の泉」を飲んだら、渇かない。この渇くことのないたえなる絶えず湧き出る泉、それがまさにイサクとリベカの物語で象徴されている出会いの場「井戸」です。

聖霊なる神様は霊的泉のわき出でる源泉なる教会におられます。教会の中で待機してキリストの花嫁を探していらっしゃいます。私たちはそれゆえ神様との出会いの場、教会を大切にしなくてはなりません。

今の時代はインターネットで教会が礼拝の様子をYouTubeでアップしていますから、ワンタ

ッチで教会の礼拝を自宅で見られる時代です。私たちも毎週2回、礼拝メッセージをYouTubeでネット配信していますが、神様と出会うには充分ではありません。実際に教会に通うとき、命の泉の井戸を発見して飲めます。

家で礼拝メッセージを見たら、立派に家の教会ではありませんか⁉　献金の時間になったらネットバンキングで振込めば簡単⁉　でもそれだけではいけません。

「教会」とは、単なる建物を指しているのではなく、「聖徒たち一人ひとりの群れ・集い」のことです。それはギリシャ語の「コイノニヤ」という言葉から来ており、「交わり」を指すのです。

聖書に「あなたがたは神の神殿であり、神の御霊があなたがたに宿っておられる」（第一コリント3：16）と書いてあるから、「ああ、私は一人部屋の中でインターネットしながら家の教会で充分」と、そこに留まっていてはいけないです。私たちは互いに集まり、イエス・キリストをお祝いする礼拝に積極的に参加するべきです。

そこにこそ、聖霊の命の泉が湧き出るからです。「聖霊の命の泉を飲みなさい」と神様は言われ、また、そう願っておられ、最年長のしもべが井戸で花嫁を待っていたように聖霊様が教会で待っておられます。そこで神様に出会えます。

最年長のしもべが井戸場で祈るや否や、まったく祈りの内容の通りに行動したのが、リベカでした。彼女は積極的な空気を読める、気配りのできる女性です。
というのも長旅と思しき、10頭ものラクダを連れてきた見ず知らずの人が今、喉が渇いている
ならば、「ラクダだってそうに違いない。いや、もっと渇いているだろう。荷物運んで砂漠を越
えて長旅をしてきたのですから」
そう考えながら、すぐに気を配って、「あなたのラクダのためにも、私が水を汲んでさしあげ
ましょう」とそのように自ら申し出、実行する積極的な女性です。
今日、イエス・キリストの花嫁にふさわしい天国に入る人もそのように積極的でなければなり
ません。一つ言われたら、二つ、三つもっと多くのことを見出して、言われなくても気配りして
自発的に行なえる。そんなリベカのような花嫁を神様は教会に対して願っておられます。積極的
な生き方というのはとても大切です。

成功の法則は今も昔もたった一つ！

イエス・キリストはこれから、十字架にかかって死に、3日目によみがえるという大切なメッ
セージをされたときになんとイエス様ご自身その後、一行と共にエルサレムに行くはずでしたが、
「先頭に立って歩いて行かれた」というのです。
弟子たちは驚き、後について行く者は恐れを抱くほどでした。なぜなら、イエス様は「これか

ら私は迫害されて十字架で殺される。3日目に死者の中から復活する。エルサレムに行くのは死ぬために行く」と言われ、厳しい試練の前、積極的に先陣を切って歩いていかれました。だから、弟子たちも一行も驚き、おののいたことでしょう。

イエス・キリストは、いつも非常に積極的です。実に試練の十字架に対してさえ恐れず、退かず前向きに、先頭を歩まれるお方なのです。イエス様に従って歩みたいと思う方はリベカ同様、神様の御心に対して積極的に事を行なう人が願わしいです。

アメリカで大富豪となって成功した人200人を対象にインタビューをし、それが成功の秘訣についての書籍『ピュアリーピープル』という一冊の本になり、全米でヒットしました。この著書で言うところの成功とは、クリスチャンの言う天国に入る種類の霊的祝福ではなく、この世的な経済力に対する成功のお話ではありますが、参考としてこれを読むと、200人の大富豪たちの共通点が見出せます。

注目すべき点は、社会的な圧力に屈することなく、跳ね返して、自分の思いに対して積極的に取り組む大胆さがある。これらの人たちの共通点は、他の人から好かれようという思いよりも、自分の好きなことに専念して燃えている。たった一度の挫折でうろたえたり落ち込まない人たち。物事がうまくいかないときに責任を他人に転嫁しない。それは彼らの夢を追い求めるために積極的に前むきに取り組んでいる姿勢であり、それらが成功者200人の共通点でした。あくまで経済的な意味での成功者の話ですが、世で成功している人たちもやはり、積極的な人たちであるのは事実です。

スティーブ・ジョブズ、トーマス・エジソンの場合

私たちがこの世においても、また霊的世界においても成功したいと願うならば、やはり、ポジティブに積極的に前向きに生きることが大事です。コンピューターの世界で名のあるスティーブ・ジョブズはこう言いました。

「失敗したからといって、失敗の経験さえも失ったものの10倍は価値がある。失敗する覚悟も必要だね」

積極的に失敗さえも肥料とする生き方です。またトーマス・エジソンは「失敗は成功の母」「失敗は失敗ではなくて、その方法がうまくいかないとわかったのだから成功だよ」と語ったと言います。失敗は授業料の一つだということです。また、アルバート・アインシュタインも言いました。「一度も失敗したことのない人は何も新しいことに挑戦しない人だ。大切なのは疑問を持ち続けて、新鮮な好奇心を失わないことだ。やはり積極的に前向きに生きよ」と。

ディズニー、松下幸之助の場合

ウォールト・ディズニーは、「失敗したからとして何なんだ。そこから学びを得て、そこから挑戦すればいいいじゃないか」

松下電器（現・パナソニック）の松下幸之助は、「人には燃えることが重要だ。燃えるためには、薪が必要だ。薪は悩みである。悩みは人を成長させる。失敗することを恐れるよりも、真剣でないことを恐れたい。真剣であれば、失敗しても問題はない。むしろ悩みがあれば、燃え上がる薪のように肥料となるエネルギーになる。活力となるんです。私たちは何においても積極的に事を行うこと」と言います。

リベカは結果として大富豪アブラハム家のご子息の花嫁として選ばれました。異例の大抜擢です。田舎娘のなんのとりえもない人が、たった一つあえて言うならば、美貌と前向きな積極性。それで彼女は成功しているわけです。私たちも積極的でなければなりません。否定的に消極的に何かネガティブに引きこもっていると、怖いです。今の時代はお部屋の中ですべてを経営する時代です。

まずは、礼拝に行かないで、家の中でインターネット礼拝します。遊ぼうと思ったら、インターネット操作でソフトを使ってネットの仮想世界に入り、その中で仮想彼女ができます。そして、デートします。またあるゲームをピピッとするとマンションのオーナーになって、家賃を回収したり、原状回復したりマンション経営して集金したり、それで仕事しているんですね。ゲームですが。

また、ちょっと運動不足だなと思ったらバトル何とかという通信型対戦ゲームをする。最高得点を出すと、いつのまにかダイレクトメールが米軍から来て、招へいされる。それは戦争さえゲーム感覚でモニター見ながら無人機を飛ばしてピンポイントで攻撃する卓上感覚で行なう時代だからです。何もかも全部お部屋の中で。

そうしてはいけないですね。私たち人間、手足を与えられたのは、自由に外に出て行って大胆に前向きに積極的に自然の中で活発に動いて、いろいろな人と接しながら、教会、コイノニアという天国の集いを大切に生き生きと輝くことにあります。積極的に生きる人はいつの時代も祝福を発見できます。

大躍進を遂げた家具屋の場合

ある積極的な男性が、冴えない小さな家具屋で働いていました。ある日、突然の大雨が降り、一人のおばあさんが店内に入ってきました。あきらかに、家具を見に来たのではない、雨宿りのために入店したとわかりました。家具を見ているふりをしているけれども、買うつもりはない。バレバレです。それでも店員はあえて気づかないふりをして、おばあさんが家具を眺めてアイショッピングしているのを待っていました。いつまでたっても雨がやまず、おばあさんも気まずくなってきました。すると、この積極的な青年は傘を取り出して、「おばあさん、雨は当分やみそうにないから、お帰りに使ってください」。

自分の傘をあげたんですね。「返さなくてもいいし、いつでもいいですよ」

そして、おばあさんを丁寧に送り出しました。おばあさんは本当に感謝して、傘を受け取って雨の中を出ていきました。

それから数日たった晴れたある日に、小さな家具屋の前に、リムジン高級車がドンと止まりました。運転手がガッと扉を開けると、先だってのおばあさんが降りて、家具屋に入ってきました。そして、傘を渡して、「この間は見ず知らずの老婆に本当に親切にしてくださり、ありがとうございました。実は私カーネギーの母親なんです」。

カーネギーと言えば鋼鉄王ですね。「あなたは何も知らずに私にとても親切にしてくださって感謝しております。そこで一つお願いがあります。今後カーネギー財団の一切の家具系の調度品はお宅の会社だけで専属購入することにしましたので、ぜひ取引をよろしくお願いします」。そんなふうに言ってきたそうです。

積極的に愛に生きて素晴らしいチャンスに出会った一つの証でした。また、こんな類似の体験談もあります。積極的に隣人愛を実践した教授です。

ジェームズ・レイニー教授の場合

ジェームズ・レイニー教授は、アメリカのエモリー大学のケンドルロ神学大学の教授として在職していた頃に、健康のためによく歩いて学校に出勤していました。大学に行くその道は公園のそばを通り過ぎて行くのですが、公園のベンチに朝から一人の老紳士がボーッと座っていました。それで、「あぁ、ひとりぼっちなんだな」と思って、パンとコーヒーを二人分持っていきました。こうして約2年の間に、非常に親しい友になりました。

しかしある日、大学に出勤しようとそのベンチのそばを通り過ぎたのですが、その老人がいません。その翌日もおらず、周囲の人に聞いてみると亡くなったというのです。それで噂を頼りに捜しに行きました。葬式の日に間に合って、葬儀場の椅子に座っていると、ある人が深刻な表情で一通の封筒を持ってきました。それでレイニー教授は、その遺書を読み始めるや、驚き、腰を抜かしそうになりました。その人は何とコカ・コーラの会長だったのです。引退して、特別に何もすることなく公園に来て座っていたのです。レイニー教授はこの老紳士が子供たちもなく、ひとりぼっちだと思って友達になったのですが、何とコカ・コーラの会長だったのです。さて、その手紙に何と書いてあったでしょうか。

「あなたは2年余りの間、私の家の前を通り過ぎながら、私の話し相手になってくれた。私の友レイニー！　ありがとう。私はあなたに、コカ・コーラ株の5%とともに25億ドルを差し上げます。あなたの思うまま使ってください。5%の株はあなたが良いと思う事業に使ってください」

25億ドルなので、今の日本のお金でも約2500億円以上です！　それでレイニー教授は、このお金を大学に全部捧げました。その大金を受け取ったエモリー大学は驚くほどに成長し、アメリカ南部の非常に有名な総合大学になり、レイニー教授は16年間、その大学の総長として働くことになったのです。

何はともあれ、愛において積極的な生き方が最高です。イエス・キリストは逃げ出したくなるような苦しみの死の前に、エルサレムに行く途中、先陣をきって歩いていかれて、その積極性のゆえに弟子たちは驚き、恐れを覚えるほどであったとあります。本物の成功者はこのようです。

イエスとリベカの場合

私たちも先陣を切って行くくらい普段ならできますが、いい所に行くからではなく、十字架の死の試練を前に積極的に立ち向かえるでしょうか？

イエス様は人類を地獄の滅びから救う道が、ご自身の身代わりの死しかないことを知られ、愛のゆえに動かされて、いばらの道の最前線を進まれたのです。試練を恐れて逃げてはいけません。恐れて逃げたら、ますます私たちに襲いかかり猛威をふるうのです。私たちは、積極的にイエス様に学んで、前向きに取り組もうではありませんか。リベカのような積極的な奉仕の姿。私たちはどうやったらこのようにできるでしょうか。

それは祈りです。問題が来たら祈りをもって取り組み、祈って消化する。

水を飲ませたラクダは全部で10頭いました。これは大仕事、大変な作業です。リベカは自発的に「ラクダ10頭にも水を汲んで飲ませる」と簡単に言ったけれど、ラクダに飲ませる水の量は大量です。ラクダは砂漠を通過してやって来て本当に渇いており、しかもデカイ。1頭に飲ませるのにも、現代のようにスイッチ一つでできる機械時代ではなく、当時は木の重たいバケツを手動でドンと井戸の中に投げ込んで、ロープをたぐって引っ張りあげてようやく一杯。ザッーと水船に汲むと、ラクダがグーンとすぐ飲んでしまいます。そうしたら、「メェ〜、メェ〜、もう一杯水をくれ〜」と鳴く。リベカは、また走っていって、バケツを投げ込み、引き上げ、注ぐ。するとまた「メェ〜、もう一杯くれ〜」。苦労しながら、手は痛い足も痛い腰痛と背部痛、ふしぶし痛むんです。なぜなら10頭です。1番目にようやく飲ませたと思ったら2番目ラクダが鳴くんです。「メェ〜俺にもくれ〜水」。それで奉仕して急いで汲んで、それが終わったら3番目ラクダが「メ〜」。そして4番ラクダ、5番、6番、7番、8番、9番、10番……。ようやく全部のラクダに飲ませると、「メェ～、メェ～、水くれ～」と鳴いていたうるさいラクダが静かにおさまるんですね。

　その時点では、背部痛、腰痛で、くたくた。それがリベカの純粋な愛の奉仕の姿です。これは容易なことではないです。この象徴、水汲みというのは、「聖霊の命の泉を引き込む祈り」を象徴します。

「先生、祈りって簡単だよ。口でぺっぺっぺっと言えば終わり」。そうではありません。それは祈りを知らない人です。本物の祈りは重労働です。

「主よ～」と一生懸命に汗流しながら早朝早くに起きて祈る、あるときは徹夜で長く祈る。そうしたら前後に揺れたりして祈るから後で腰が痛いです。目まいもします。そんな重労働が本物の祈りです。汗絞って一生懸命祈ったら、その後に奇蹟が起きます。これら10頭のラクダが「メェーメー」鳴き続けたように聞こえませんか？　試練の問題の鳴き声が。リベカにとってラクダは「試練」を象徴するものです。1頭1頭飲ませていたら大変な働きです。ですから、ラクダの試練というのがあるんですね。

　そのラクダの試練というのは、例えば「対人関係のラクダの試練」があります。人間関係がもつれてしまって難しいんですね。敵になってしまって。どうやっても説明しても和解できない。上司からにらまれている。職場の同僚と雰囲気悪く険悪になっている。どうやって解決すればいいんですか？

祈ればいいのです。熱心に祈るんです。それがすなわち、「対人関係の難しい人たちラクダ」に水を飲ませるものです。クレームを出していた人のために愛でとりなし祈って、彼らが充分飲んだら静かになるんです。その静かになるまで飲ませなくてはなりません。そこまでの戦いが祈りなんです。

経済のラクダ、試練のラクダの場合

またある人は「経済のラクダ」で悩まされるんですね。

借金を作って右にも左にも首が回らなくなって支払いもとどこおって、どうしたらいいか。ピンチです。そんなときは神様の御前に正しい心で祈りを捧げ、十分の一献金を捧げ、そして御前に祈るんです。

「私の事業を繁栄させ、経済的なうるおいを与えて助けてください」。熱心に祈ると「経済ラクダ」は静かになってやがて収まるものです。ですから、私たちは祈らなくてはならないのです。「あなた方の信仰の試練は火で精錬されてもなお朽ちていく金よりも尊く、イエス・キリストの現れの時、称賛と光栄と栄誉にいたるものであることがわかります」

試練のラクダが来たら、祈ることです。祈ってそれをおさめることです。そうしたら神様の奇蹟が起きます。何か心に苦しみが来たら、それはまさに祈りの材料です。それを糧として祈らなくてはなりません。

見てください。リベカがラクダに飲ませ終えました。するとその後に何が起こりましたか？充分ラクダが飲んで、静かになったら、最年長のしもべがラクダの背中から宝物を降ろすんです。そしてそのお宝をあなたに差し上げます。素晴らしいですね。「金の腕輪、金の耳輪、金の鼻輪」。欲しいでしょ。そんな素晴らしい宝物をいただけるんです。

ラクダは試練です。飲ませることは祈り。でも充分飲ませたら、お宝が来るんです。ですから、試練のラクダを追い出してはいけないんです。お宝背負って一緒に逃げてしまうからです。

得策は飲ませて静かにさせるんです。祈って。そうしたらお宝いただけるんです。大きいラクダは背中が大きく積載能力が高くてたくさんお宝を積めるんですね。大きな試練が来た人は、その後に大きなお宝が待っているんです。

小さなラクダの試練を受けた人は、その後に小さな祝福が待っているんです。今、あなたがどんな大きな試練を受けているかを見ることによって将来のお宝の大きさがわかります。大きな試練を受けても、それゆえ心配しないでください。ちゃんとお宝があるわけです。「経済ラクダ」。これは本当に厳しいものでしょう。

ロックフェラー一世の場合

世界的に最も裕福だと言われた、ロックフェラー一世。彼は当初信仰があったのですが、若くイエス様を信じていた頃に友人の紹介で、鉱山業を始めて、失敗の連続で借金を抱え、投資したすべてのお金を失ったことがあります。雇った炭鉱員にも賃金が払えず、賃金支払要求がデモのようになって、債権者たちが連日訪れては返済を強く迫る。そんな中で彼は苦しくて疲れ果てて、廃坑同然の鉱山の入り口に座り込んで、自殺したくなったそうです。

ところがそのときに「自殺してはいけない。神にすがろう」という思いが心を満たし、彼はこの「経済ラクダ」に対して、逃げようしたんだけど、そうせず、これを飲ませようと決断をくだし、そこでひざまずいて、「主よ！　神様の御言葉は一点一角も変わりません。どうか私を助けてください。あなたの助けなくば、私は自殺しかありません。全能なる主イエス様よ！　どうか、私を助けてください」。こうして、夜通し徹夜で祈ったそうです。すると心の中に神様の御声が「もっと深く堀り下げよ。もっと深く堀り下げよ」と言われている気がして、意欲が満ちました。

ですから、彼は神様の細い御声を信じて、炭鉱の坑道をもっと深く掘り下げるよう炭鉱員に命じました。その結果、騙されて買った鉱山で、黄金は最後まで出なかったんですが、神様の「掘り下げよ。掘り下げよ」の御声に従って、掘り進んだら、黄金の代わりに黒い水が噴水のように噴き出してきました。

なんと巨大な「油田」がそこにあったんです。こうして彼は石油財閥として成功しアメリカ最大の富豪となったのです。

彼にとって大きく厳しかった「経済ラクダ」。もしこれを「これはラクダだ」「嫌な試練だ」と叩いて追い出したら、お宝も背中に背負ってラクダと一緒に逃げてしまったんです。

でも、それを叩いて追い出さないで祈って飲ませたから、結果、「経済ラクダ」が静かになって、背中から「油田」というお宝が降りてきたわけなんです。

私たちはすべての問題はイエス様の名前で祈りでおさめるものなんです。

ある人は家庭内で子供たちが堕落して「子供ラクダ」になるんです。「子供ちゃんラクダ」。言うこと聞かないで、不良になって、あっちこっちで問題起こして親は謝りに行くんですね。本当にこの「子供ちゃんラクダ」困ったな〜。叩くわけにも追い出すわけにもいかないし。そんな「子供ちゃんラクダ」。それは祈れば解決します。またあるときは「夫ラクダ」になるんですね。もうわかんないこと言い出して、イエス様信じないし、商売もできないし、教会も来ないし、もう「これはラクダだ。何もできないし」。そう思うんだけれども追い出してはいけません。それは飲ませて、静かにさせるものなんです。

ゴルファー中嶋常幸の場合

1980年代に活躍したプロゴルファーご存知ですか？　青木功、尾崎将司、中嶋常幸、だいたいこの時代この3名が日本で最も活躍しましたが、3番目の中嶋常幸は、お父さんが物凄いゴルフ狂で、その影響の中、子供のときから連日特訓させられて、世界的プロゴルファーとして活躍していましたが、95年以降、彼は調子が悪くなって、成績がガタ落ちしてスランプにハマったそうです。

きっかけがお父さんが亡くなったこと。そのきっかけに熟考してみると「私は自分の夢でゴルフをしているのではない。お父さんの夢の実現の道具として今までプロゴルファーをやっていたんだ。」そんな思いが繰り返し心に来て、父が憎くなったし、ゴルフも馬鹿らしくなった。そして彼はスランプで成績も上がらず、気づいたらついにスポンサーからも契約を解除されて、収入がなくなってしまった。

そして、中嶋常幸は奥さんにつらくあたったそうです。彼の奥さんはクリスチャンだったので、奥さんに対して、「お前は人は救うことができても、俺を救うことができないじゃないか。俺を救えないなんて、そんなキリスト教は！」

彼女にとって試練の「夫ラクダ」ですね。彼女は2日間泣いて、夫のために祈りました。すると悟りが来ました。

私は今まで夫のためにこんなに真剣に祈ったことがなかった。彼女は悔い改めて、それ以降、決断を下して、毎日夫の成功のために祈り始めました。こうして連日「夫ラクダ」に聖霊の泉をとりなし祈りで飲ませ続けると、再び彼は調子が上がってきて、その後2002年、再びトーナメントで優勝したそうです。これは明らかに夫ラクダに飲ませた結果です。

天の輝きで私たちを満たすこと

私たちはラクダが、試練が来たら、追い出したらいけません。お宝も一緒に逃げてしまうからです。飲ませるんです。そうしたら、ゴルフ優勝というようなお宝が降りるんですね。私たちは祈って戦いましょう。ある人は「病ラクダ」。病気は苦しくてつらいんですね。生きるのも大変。そんなときは必死で「主よ！　イエス様の打たれたうち傷で癒されました。癒されました」と、祈り続けて飲ませて、イエス様の打たれた傷で奇蹟的に癒されるんですね。私たちは戦うことです。

ラクダが水を飲み終わると、「彼は重さ1ベカの金の鼻輪一つと10シェケルの金の腕輪二つを与えた」と書かれています。

その後、リベカを連れて一緒に家に行くわけです。家には一人の兄ラバンと母がいました。そこで彼は用向きのためにやって来たその事情を全部話すわけですが、話す前に家族は悟れるものがあります。それは、今、妹リベカの美しく着飾れた金銀に満ち溢れた装飾品につつまれた姿です。

ラバンが見ると妹の鼻に高価な光り輝く飾りの鼻輪と腕に輝く腕輪。そして、「あの人がこう行ってプレゼントしてくれたんだ」というから、大歓迎です。「間違いなく彼ら一族は金持ちだ」。見たらわかるんです。もしかしたら、見ず知らずの旅人が娘を拉致しようとして、嘘をついてやって来たかもしれない。でもそうではない。見たら、明らかに10頭もラクダを連れながら旅ができる、そして礼儀正しく訓練された立派なしもべたちも大勢同伴している。おそらく10頭ラクダのゆえに他にも、しもべたちが大勢いたんです。

代表者は最年長のしもべです。一目瞭然、「明らかにここは大富豪の一族だ」。それだけではない、背中からおろされた美しい金の輪の数々をいただいている。それを見たら間違いない。「主人アブラハムという人は、本物の大富豪だ。うちの娘リベカは今、大変なチャンスをつかんでいる。私たち家族と共に玉の輿だ！　乗るぞ！　チャンス到来！」ですから、このとき、彼らは納得して、「ぜひ、ぜひおいでください。どうして外に立っておられるんですか？」と大歓迎するわけです。

私たちも必要なこと。すなわち、家族の救い。それは私たちが天国の輝きを見せなければいけないのです。だから、成功しなくては、祝福されなければいけないのです。もし、私たちが失敗して、敗北してボロボロの乞食のような、真っ黒に汚れた状態の姿になって、「イエス様信じましょう」と言ったら、「とんでもない、私は充分満たされています」と素早くご丁寧にお断りするんですね。その姿を見て。

でもシャキッとしっかりして、「私はイエス様を信じたら、経済的にも豊かになったし、人格的にもよくなったかな」と立派にふるまったら、「私もイエス様信じたいね。あなたのイエス様を私にも紹介してください」となるわけです。

ですから私たち、成功して立派に栄えなくてはならないのです。リベカの立派な姿を見たからこそ「金の腕輪、金の耳輪、金の鼻輪」これを見たときに兄ラバンも母も「オッケー！　これは間違いなく大富豪だ。10頭のラクダ、オッケー！　これはぜひお嫁に行きなさい」となるわけです。天国の輝きで私たちを満たしましょう。

秦の始皇帝、スターリンの場合

「人間は死ぬ間際にその人の本性があらわれる」と言われています。

天国の輝きを持つ人は幸いです。ＢＣ２０００年頃中国を統一したのは秦の始皇帝ですね。彼は統一を成し遂げて絶対権力をもって、これまで先にも後にもないと言われるような大富豪でした。ないものは何もなかった。しかし、彼が一つ持っていないものは、不老不死の妙薬だった。彼は多くのしもべを世界に遣わして、そのようなものはないかと探させたけれども、結局、老いることもない、死ぬこともない不老不死の妙薬というものはこの世に存在せず、彼は、49歳という若さでこの世を去りました。聖書は言います。

ヤコブ4：14「あなたがたは明日のことは、わからないのですから、あなたがたの命はいったいどのようなものですか。あなたがたはしばらくの間現われて、そして消えてしまう霧にすぎないではありませんか。」

と、人生のはかなさをヤコブは嘆いております。

またあの広大なロシアの独裁者スターリンはどうだったでしょうか。彼も心一つで人を出世させることも処刑させることもできるほど、絶対権力を握りました。しかし、そのスターリン自身が死に直面したときに目を大きく見開いて、狂ったように叫んで、身もだえしながら死を恐れてこの世を去ったと言われています。私たちそうはなりたくないですね。宗教改革者のジョン・カルバンは言いました。「人はその人が死ぬときにその人の人生がどのようなものであったかを知ることができます」と。

死に際がどうであるかということなんです。

野菜屋のおばあさんの場合

私たちは醜い地獄のような人生を生きてきたならば、目を閉じることができず、歯ぎしりしてなんとか死を逃れようと身もだえして、結局全身が硬直する、そんなパターンの人が意外に多いというのです。

ある方の話を聞きましたら、野菜屋のおばあさんが亡くなりました。お葬式に行ってみたら、そのおばあさんの顔が「鬼のようであった。髪の毛が立ち上がって、目を見開いて、歯をむき出して鬼のようであった」というのです。そして葬式当日から息子たちが駅前一等地の大きな相続地の分割案件で揉めていたと言います。それは悲しいことです。身もだえしながら、死を恐れながら歯ぎしりして全身硬直して死んでしまった。

しかし、主イエス・キリストを信じる者は幸いです。神様から遣わされた天使が天国に招き入れようと案内係としてやって来るのです。それを見ながら神様の栄光のほほえみの中で亡くなるので、その顔も柔らかく美しいものです。

D・L・ムーディーの場合

D・L・ムーディーという伝道者はアメリカからヨーロッパにいたるまで世界的に大きな働きをしました彼は死ぬ前に息子のウィルが病床の傍らにいたとき、こう語ったそうです。

「ウィルよ。これは夢ではないんだ。本当に美しい。うっとりするほどだ。もしこれが死というものであるなら、どうして恐ろしいことがあろうか。神様は私を呼ばれている。私は行かねばならない」と言うや否や、ムーディー牧師は昏睡状態に陥り意識を失ったそうです。

それを見て息子、娘たちは「お父さん！　お父さん死なないで」と叫びました。するとしばらくした後にムーディー牧師はもう一度意識を取り戻して、はっきりとした意識の中で言ったそうです。

「私は天国の門の前に今行ってきた。けれどもそこは言葉には言い表せないほど素晴らしく、美しい所だ。もう私を縛るものは何もない。あそこを見てみろ。私を迎え入れるために、部屋の中に馬車まで来ているではないか」

息子、娘たちは部屋の中を見ても馬車なんかは見えないんです。そんななかムーディー牧師は「天国でまた会おう」。こう言ってほほえみながら、天国に召されていったそうです。

これが理想的な死に方ですね。私たちイエス様を信じたら誰でも輝くんです。整えられて、経済も祝福され、健康も素晴らしくよく、人格者として御霊の実を結んだ愛に富んだ人に変わるんです。その姿を見て「天国に行きましょう」と言えば、皆、「行きま～す」とついてくるんです。魅力のある証人になればいいんです。偉くならなくていいんです。魅力ある証人になったら、魅力のある人の後は人がついてくるでしょう。そんなやり方で私が変わるんです。

いつか、いつかは、悪魔の常套手段！

リベカの「金の腕輪、金の耳輪、金の鼻輪」。それを見たときにラバンもお母さんも「オッケー行きなさい」と大歓迎です。これが本当の伝道なんですね。

このしもべは「私の用事が済まなければ食事はいただきません」と言うものですから、「どうぞお話しください」と聞き始めます。

「実は私はアブラハムのしもべです。そして私はこのような事情でここに来て、その選ばれた娘がリベカさんです」

一生懸命に説明するから、「なるほど……」心がだんだん傾くんです。まだ見たことのない夫イサクに対してリベカは心惹かれていくんです。

「そんな立派なご子息なら、ぜひお会いしてみたいわ」

心がだんだん惹かれていくんです。しもべは熱心に説明して誘惑します。

「リベカさんあなたは幸いですよ。父アブラハム様は大富豪で、あなた一生楽に生きられますよ。仕事しなくてもオッケー。あなたはまだ、一人息子のイサクを知らないでしょう。この人は人格者。頭が良くて、ハンサムで足がすごく長いんです。そんな人はめったにいませんよ」

立派にこのしもべが説明するから、まだ見たこともないイサクに憧れて、「行きます。私そちらに行きます」とだんだん心動くんですね。

ところが、ここで注意点があります。彼女はここで決断を下したんだけれども、彼女の兄と母は違うんですね。

「娘をもうしばらく10日間ほど、私たちと一緒にとどめておいてから行かせたいんです」「もうちょっと待って」と言うんです。

「行かせるのはオッケー。でも10日ほどゆっくりさせてください」

これが問題なんです。しもべは抵抗して言います。

「私が遅れないようにしてください。この旅を主が成功させてくださったのだから」。この世の力というものです。この世は、「いつか主にお仕えするチャンスが来るから、いつかやればいいんでしょう。いつか10日間ほど娘をここにとどめましょう。その後でいいんでしょう。まだ時間がありますよ」。

これがこの世のやり口なんです。誰かがイエス様を信じようとしたら、「いや今、もうちょっと世を満喫して、エンジョイして、もうちょっと悪いことして死ぬ寸前に悔い改めてイエス様を信じたらいいんじゃないですか」。

悪魔の嘘で常套手段です。

「奉仕、やります。だけど明日。いつか、いつか」

そんないつかは来ないんです。

「伝道、するよ。伝道いいことですもんね。いつかします。いつか」

いつかは来ないんです。

今日、私たちは決断を下さなくてはならないんです。そのために必要なのが、しもべの説得なんです。

「リベカさん、イサクさんは頭がいいんですよ。IQ200以上と噂に聞きました。」いろいろうまく話すから、リベカも心惹かれるわけで、その説得力が大事なんです。

そうするとリベカの心から、住み慣れた山、川、里が出ていくんです。そしてアブラハムの国、息子イサクの待つ大富豪の家へと心が移るわけです。

こうして、「早く行きたい」と言うしもべと、「もう少し娘をとどめましょう。」と言う母と兄の押し問答の中で、結局、娘に聞いてみることになりました。「あなたどうする、この人と今すぐに行くか？」

彼女は「はい。まいります」と答えます。こうして彼女は出発することになりました。

聖霊様の働きは今、私たちの心をこの世から引きはがして、永遠の神の御国、独り子イエス・キリストのいる天国に招き入れるためのメッセンジャーです。聖霊なる神様は私の所に突如として来られ、私たちを祝福してくださり、語りかけるんです。

「あなた最高ですよ。選ばれた人です。天の父なる神様は金も銀もあなたのもの。大富豪で、天国は道路さえ金で出来ています。宝石の家がいっぱいあって、あなたはそこに住むことができますよ。何と、独り子イエス・キリストは素晴らしい人格者、ハンサムで足が長くて物知りで、素晴らしい。物凄い人ですよ。あなた、選ばれて妻になれるんですよ」

「試練よ来なさい」この世に見切りをつけるとき!

そんなに語りかけるのが聖霊様なんです。そして聖書持ってきて「読みなさい。イエス様からのラブレターです」と言うんです。

聖霊様が働くと「なんか読みたいな」。読み始めるとイエス・キリストの愛が伝わってくるんです。そして引き続き聖霊様は、「天国は素晴らしいですよ。賛美が満ちて、喜びに満ちあふれ、愛があり、不幸も死も悲しみも病も呪いも悪魔も一切ない最高の明るい愛の都です」。いろいろ天国の美しい話を聞いていたら心惹かれるんですね。

そして住み慣れたこの世が、影になるんです。「こんなものは未練ない」。こういうふうに働くのが聖霊様の働きなんです。ですから、聖霊様の働き、語りかける御声に心を向けなければなりません。なぜなら、この世の引き留めようとする力が強いから、家庭礼拝や聖書勉強会が必要なんです。みんなで互いに集まって、一緒になって祈らないと、この世にひかれてしまうんです。たき火では、一本では消えやすいのを束ねたら燃え続けるように、集まらないといけないんです。

そうするときに私たちはこの世の引き留める力、「もう10日間待ってから旅立たせよう」という妥協の力を砕くことができるんです。聖霊様は日々私たちにアプローチしています。だから、教会に通い始めると聖霊様が臨まれて、「また教会に行きたいな。イエス様のラブレターもう少し読んでみたいな」というふうに何か不思議に興味が湧き、「イエス・キリストはどんなお方ですか？」と、自分から興味を持って質問し始めるんです。それが聖霊様の素晴らしい働きです。

さて、私たちは最終的に決断を下して、世に見切りをつけて、天国に向かって出発します。

「リベカは侍女たちと立ち上がり、ラクダに乗りその人の後について行った」。アブラハムの最年長のしもべについていったわけです。こうして、しもべはリベカを連れて出かけた。そのとき、「イサクは遠方のベエル・ラハイ・ロイから帰っていた。彼はネゲブの地に住んでいた」というのですが、リベカはその際、自分だけではなく侍女たちも連れて、イサクの待つアブラハムの国に旅立っていくのですが、何に乗っていくのですか？

「電車？　飛行機？　車？　自転車？」

違います。「ラクダ」ですね。「ラクダ」は何の象徴でしたか？「試練」です。試練によって、つちかわれた霊的に強くなった足腰を通じて私たちは立ち上がって天国に行くんです。
ですから、「試練よ来なさい」。私たちはこうして、鍛えられて強くなって天国に行くのです。試練がなければ私たち強くなれないんです。リベカは「試練のラクダ」。それは水を飲ませて元気にしたものです。
それに乗って行くわけです。聖書は美しいですよ。

創世記24：63－65「イサクは夕暮れ近く、野に散歩に出かけた。彼がふと目を上げてみるとラクダが近づいてきた。リベカも目を上げ見ると、ラクダから降り、しもべに尋ねた。野を歩いてこちらの方に私たちを迎えにくるあの人は誰ですか？　しもべは答えた。あの方が私の主人です。そこでリベカはベールをとって、身をおおった。」

美しいですね。このようにして彼らは出会うのですね。私たちの祇園祭、それは新郎イエス様と新婦、私たちが結婚することにたとえられる幸いです。

黙示録21：1－10「私は、新しい天と新しい地とを見た。以前の天と、以前の地は過ぎ去り、もはや海もない。私はまた、聖なる都、新しいエルサレムが、夫のために飾られた花嫁のように整えられて、神のみもとを出て、天から下って来るのを見た。そのとき私は、御座から出る大きな声がこう言うのを聞いた。『見よ。神の幕屋が人とともにある。神は彼らとともに住み、彼らはその民となる。また、神ご自身が彼らとともにおられて、彼らの目の涙をすっかりぬぐい取ってくださる。もはや死もなく、悲しみ、叫び、苦しみもない。なぜなら、以前のものが、もはや過ぎ去ったからである。』すると、御座に着いておられる方が言われた。『見よ。わたしは、すべてを新しくする。』また言われた。『書きしるせ。これらのことばは、信ずべきものであり、真実である。』また言われた。『事は成就した。わたしはアルファであり、オメガである。最初であり、最後である。わたしは、渇く者には、いのちの水の泉から、価なしに飲ませる。勝利を得る者は、これらのものを相続する。わたしは彼の神となり、彼はわたしの子となる。しかし、おくびょう者、不信仰の者、憎むべき者、人を殺す者、不品行の者、魔術を行う者、偶像を拝む者、すべて偽りを言う者どもの受ける分は、火と硫黄との燃える池の中にある。これが第二の死である。』また、最後の七つの災害の満ちているあの七つの鉢を持っていた七人の御使いのひとりが来た。彼は私に話して、こう言った。『ここに来なさい。私はあなたに、小羊の妻である花嫁を見せましょう。』そして、御使いは御霊によって私を大きな高い山に連れて行って、聖なる都エルサレムが神のみもとを出て、天から下って来るのを見せた。」

「イエス・キリストは、よみがえりです。いのちです。イエス様を信じる者は、死んでも生きるのです。このことを信じますか？」
「信じない者にならないで、信じる者になりましょう」
信じる者は幸いです。最後の日に生き返って、天国の美しい天使のような体と多くの報いをいただけます。天国の聖都エルサレムに入って、もはや死も悲しみも涙もない永遠の喜びと信仰と希望と愛を持ち、イエス・キリストと共にとこしえまで生きることができます。

今、もしまだ救い主イエス様を受け入れていない方が読者の皆様におられましたら、以下の祈祷文を声に出して神様に祈り、本当に心で信じてください。

なぜなら、聖書はこう約束します。

ローマ10：9－11「もしあなたの口でイエスを主と告白し、あなたの心で神はイエスを死者の中からよみがえらせてくださったと信じるなら、あなたは救われるからです。人は心に信じて義と認められ、口で告白して救われるのです。聖書はこう言っています。『彼に信頼する者は、失望させられることがない。』」

そして今度の日曜日から十字架のある教会に毎週通われることを切望します。教会の牧師にあなたの悩みを相談してみてください。きっと親身になってあなたのためにお祈りしてくださることでしょう。勇気ある信仰告白で清く正しく豊かなクリスチャンになりましょう。

神様があなたを愛しています。人間はみんな一度死ぬことと死後に神様の前に立たされて一人一人が正しい裁きにあいます。神様は愛です。決してあなたが滅びることを望んでいません。あなたが心を開いてイエス・キリストにある永遠の命を見出して救われてほしいのです。本当に神様はあなたを愛しています。ただイエス様を信じて今まで犯してきた罪を正直になって悔い改めてほしいのです。もし、誰でも罪の悔い改めがないまま死んでしまったら、絶対、絶対行ってほしくない地獄に落ちてしまいます。どうか、どうか愚かと思わないで読み続けてください。ある人にとってはこれが神様からの最後の呼びかけかもしれません。私たちはみんな罪を犯して神様から離れていることを知っています。神様は私たちのために独り子イエス・キリストをこの世に救い主として遣わされました。イエス様は天国を捨ててこの世で苦しみと悲しみの多い道を歩まれました。あなたのために。イエス様は神様の力で本当に病人の心と体を癒され、罪ある人間に天国の希望を与えて、新しい人生を与えてくださいました。誰でもキリストのうちにある者は、新しくつくられた者です。古い者は過ぎ去ってすべてが新しくなります。イエス様は道で真理で命です。イエス様はまったく罪がない唯一のお方なのに十字架にかかって私たちの身代わりとなって血を流して死なれました。そして3日目に死人の中からよみがえられた真の神様だったのです。このイエス様を信じるだけで誰でも罪が赦され、神様の子となって新しく生まれ変われるのです。本当です。神様が欲しいのはただあなたが今、素直になって神様の御前で罪を悔い改める心を持って信じてほしいのです。
イエス様はすでに私たちの犯したすべての悪い罪の行ないのため死後に私たちが受けなければならない地獄の苦しみと罰を身代わりとなって十字架で受けてくださいました。ただ信じるだけです。イエス様が十字架上、祈られた神様の言葉です。「父よ。彼らをおゆるしください。彼らは何をしているのか自分でわからないのです」

彼らとは今の私であり、あなたです。どうか神様の和解を単純で素直に受け入れてください。聖書の教えはすべて本当のことです。勇気を持って神様の救いのチャンスをつかんでください。たとえ今までどんなに大きな罪を犯してきたとしても、どんな宗教をしてきたとしても、これを読める今ならまだ、間に合います。ただ生きているうちに、今このときが恵みの救いの時間です。遅すぎないうちに、裁きが決定されていない生きている今の地上で。どうか、どうか神様に代わって嘆願します。神様があなたのために準備された最高の人生計画と永遠の命の救いを無駄にすることなく受け入れてください。神様はあなたを永遠に変わらない愛をもってあわれんでいます。あなたは神様の御目に高価で尊い愛されている存在です。

今から導く祈りをあなた自身の祈りとして信じて受け入れて、小さな声でもいいですから、神様に告白してください。神様はあなたの永遠の父となってその大切な祈りを喜んで受け入れて、あなたに今、罪の赦しと聖霊様を注ぎ永遠の命を与えてくださいます。避けるべき地獄と行くべき天国は現実にあります。本当です。今が決断のときです。心配しないで、素直にイエス様を信じてご一緒にお祈りください。では以下を声に出して告白しましょう。

祈禱文

私と一緒に祈ります。「天の父なる神様。私は今まで、あなたを知らずに、神様から離れて生きてきました。今まで、私が犯した罪をすべて赦してください。悔い改めます。私は私のために身代わりとなって、罪なき神様の独り子イエス・キリストが十字架で血を流して死んだこと。3日目に死人の中からよみがえったことを信じます。イエス様の血潮で私の心を洗ってください。私の心に聖霊様を与えてください。私に真理をさとらせてください。私の祈りを聞いてください。私は救われました。神様は私の永遠の父です。私は神様の子供です。イエス様は私の救い主《ぬし》です。聖霊様、私を悪から守り、助けてください。神様はすべてをご存知で今の私のすべてをご存知です。天の父なる神様。罪深かった私を、愛して、赦して、救ってくださったことを感謝します。天国と永遠の命をありがとうございます。イエス・キリストの名前でお祈りいたします。アーメン」

おめでとうございます。告白した、あなたはたった今、救われた神様の子供となって天国にある永遠の命の書にあなたの名前が書き記されました。あなたは必ず、天国に入れる幸いな人です。喜んでください。あなたの罪は赦されました。神様があなたを喜んでいます。今からは自己流でいいので神様にあなたの言葉で祈ってください。祈りは初めに、「神様！」あるいは「天の父なる神様！」と呼びかけて正直になって祈ることです。人はうわべを見ますが、神様はあなたの心を見ます。自分の言葉で心の重荷をすべてうちあけてください。きっと、生きる希望と救われた喜びが与えられます。そして祈りの最後には必ず、「イエス・キリストの名前でお祈りいたします。アーメン」と言ってください。その祈りは天国に届き、必ず答えが返ってきます。神様は力強くやさしい愛のお方です。信じてください。聖書は本当です。神様はあなたを愛して永遠の命を与えて救うことができます。今の不安や苦しみを祈ってください。神様はあなたを今見ています。聞いています。神様は目に見えなくとも本当に生きておられ、あなたを愛し、あなたを救われます。

黙示録22：12－21「『見よ。わたしはすぐに来る。わたしはそれぞれのしわざに応じて報いるために、わたしの報いを携えて来る。わたしはアルファであり、オメガである。最初であり、最後である。初めであり、終わりである。自分の着物を洗って、いのちの木の実を食べる権利を与えられ、門を通って都に入れるようになる者は、幸いである。犬ども、魔術を行う者、不品行の者、人殺し、偶像を拝む者、好んで偽りを行う者はみな、外に出される。わたし、イエスは御使いを遣わして、諸教会について、これらのことをあなたがたにあかしした。わたしはダビデの根、また子孫、輝く明けの明星である。御霊も花嫁も言う。『来てください。』これを聞く者は、『来てください』と言いなさい。渇く者は来なさい。いのちの水がほしい者は、それをただで受けなさい。私は、この書の預言のことばを聞くすべての者にあかしする。もし、これにつけ加える者があれば、神はこの書に書いてある災害をその人に加えられる。また、この預言の書のことばを少しでも取り除く者があれば、神は、この書に書いてあるいのちの木と聖なる都から、その人の受ける分を取り除かれる。これらのことをあかしする方がこう言われる。『しかり。わたしはすぐに来る。』アーメン。主イエスよ、来てください。主イエスの恵みがすべての者とともにあるように。アーメン。」

ハレルヤ　\(^O^)/

泉パウロ
純福音立川教会　牧師
『本当かデマか３・11［人工地震説の根拠］衝撃検証』ヒカルランド
『３・11人工地震でなぜ日本は狙われたか１』ヒカルランド
『３・11人工地震でなぜ日本は狙われたか２』ヒカルランド
『３・11人工地震でなぜ日本は狙われたか３』ヒカルランド
『３・11人工地震でなぜ日本は狙われたか４』ヒカルランド
『３・11人工地震でなぜ日本は狙われたか５』ヒカルランド
『３・11人工地震でなぜ日本は狙われたか６』ヒカルランド
『人工地震７　環境破壊兵器HAARPが福島原発を粉砕した』ヒカルランド
『「イルミナティ対談」ベンジャミン・フルフォード×泉パウロ』学研
『悪魔の秘密結社「イルミナティ」の黙示録』学研
『大発見！　主イエスの血潮』マルコーシュ・パブリケーション
『イエス・キリストの大預言』マルコーシュ・パブリケーション
『大地震』フルゴスペル出版
『クリスチャンになろう！』フルゴスペル出版
『イエス様 感謝します』フルゴスペル出版
その他、日本CGNTV、月刊誌HOPE、
月刊誌HAZAHなど連載多数。

ダビデ・ソロモンから神武へ
天皇家はユダ族直系！
万世一系最後の超ひみつ

第一刷　2020年3月31日

著者　泉パウロ

発行人　石井健資
発行所　株式会社ヒカルランド
〒162-0821　東京都新宿区津久戸町3-11　TH1ビル6F
電話　03-6265-0852　ファックス　03-6265-0853
http://www.hikaruland.co.jp　info@hikaruland.co.jp
振替　00180-8-496587

本文・カバー・製本　中央精版印刷株式会社
DTP　株式会社キャップス
編集担当　TakeCO

ISBN978-4-86471-858-5

ヒカルランド　好評既刊＆近刊予告！

地上の星☆ヒカルランド　銀河より届く愛と叡智の宅配便

令和と新天皇
著者：飛鳥昭雄
DVD　本体10,000円+税

［新装版］古代天皇家「八」の暗号
著者：畑アカラ
四六ソフト　本体4,040円+税

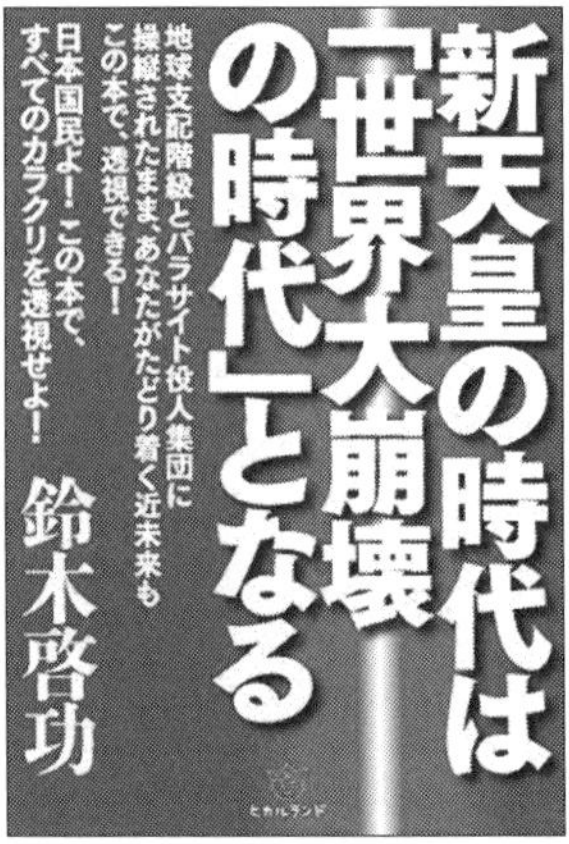

新天皇の時代は「世界大崩壊の時代」となる
著者：鈴木啓功
四六ソフト　予価2,000円+税

天皇は朝鮮から来た
著者：奇 埈成（キ・ジュンソン）
解説：船瀬俊介
四六ソフト　本体1,500円+税

ヒカルランド　好評既刊！

地上の星☆ヒカルランド　銀河より届く愛と叡智の宅配便

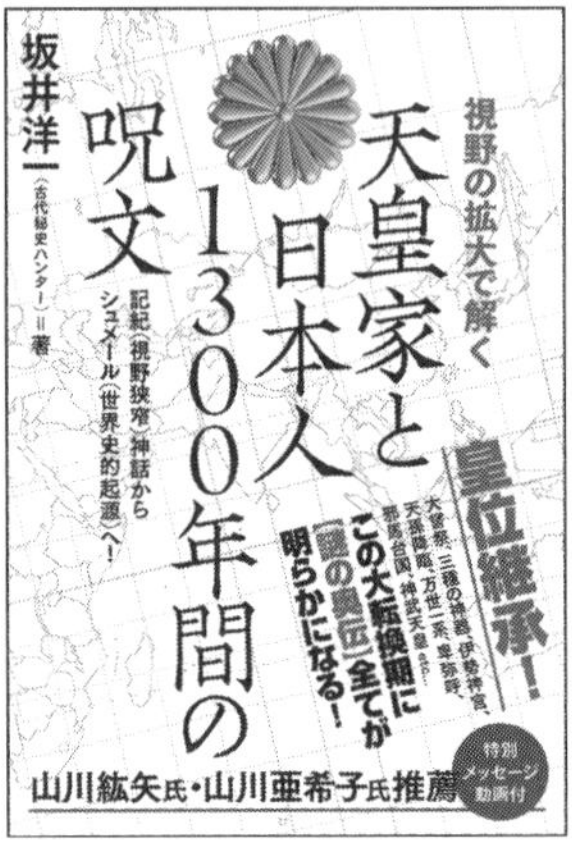

天皇家と日本人1300年間の呪文
著者：坂井洋一
推薦：山川紘矢／山川亜希子
四六ソフト　本体2,000円+税

裏天皇、八咫烏、南朝系、
今こそ天皇家の真実を話そう
著者：張 勝植
協力：鶴見和夫
四六ハード　本体2,500円+税

日月神示と世界天皇の
近未来「超」タイムテーブル
著者：木川勝植（張勝植）
四六ソフト　本体2,000円+税

【大嘗祭・天皇号・伊勢神宮】
著者：畑アカラ
A5ソフト　本体8,080円+税